乡村振兴背景下新型职业农民培育体系建设研究

蔡 青 ◎ 著

中国纺织出版社有限公司

图书在版编目（CIP）数据

乡村振兴背景下新型职业农民培育体系建设研究 / 蔡青著. -- 北京：中国纺织出版社有限公司，2023.8
　ISBN 978-7-5229-0980-6

Ⅰ.①乡⋯　Ⅱ.①蔡⋯　Ⅲ.①农民教育—职业教育—研究—中国　Ⅳ.①G725

中国国家版本馆 CIP 数据核字（2023）第 170538 号

责任编辑：张　宏　　责任校对：高　涵　　责任印制：储志伟

中国纺织出版社有限公司出版发行
地址：北京市朝阳区百子湾东里 A407 号楼　邮政编码：100124
销售电话：010—67004422　传真：010—87155801
http://www.c-textilep.com
中国纺织出版社天猫旗舰店
官方微博 http://weibo.com/2119887771
三河市宏盛印务有限公司印刷　各地新华书店经销
2023 年 8 月第 1 版第 1 次印刷
开本：787×1092　1/16　印张：12.25
字数：232 千字　定价：98.00 元

凡购本书，如有缺页、倒页、脱页，由本社图书营销中心调换

前言 PREFACE

随着中国乡村振兴战略的提出和实施，新型职业农民成为乡村振兴的重要力量。新型职业农民具有一定的科技素养和管理能力，能够带领其他农民致富，推进现代农业的发展。《乡村振兴背景下新型职业农民培育体系建设研究》旨在探讨乡村振兴背景下新型职业农民培育体系建设的研究，并为中国农村经济的发展提供理论支持和实践指导。

第一章为导论，包括研究背景和研究综述两节。在研究背景中，简要概述了乡村振兴战略和新型职业农民的概念，指出了培育新型职业农民的重要性和必要性。在研究综述中，回顾了国内外关于新型职业农民和乡村振兴战略的相关研究，总结了已有的研究成果和不足之处，为本文的研究奠定了基础。

第二章为概念界定，包括新型职业农民和乡村振兴战略以及新型职业农民理论基础三节。在新型职业农民一节中，详细阐述了新型职业农民的概念和特点，对新型职业农民的分类和培育目标进行了说明。在乡村振兴战略一节中，介绍了乡村振兴战略的背景、目标和举措，探讨了乡村振兴战略对于新型职业农民培育的意义。在新型职业农民理论基础这一节中，总结了关于新型职业农民的两种理论，为新型职业农民的培育和发展提供了理论支撑。

第三章为乡村振兴战略背景下培育新型职业农民的重要性，包括实现乡村农业转型的迫切需要、构建现代农业产业体系的迫切需要和构建现代农业经营体系的迫切需要三节。在这一章中，阐述了新型职业农民在乡村振兴中的作用和重要性，为之后的研究提供了理论支持。

第四章为乡村振兴背景下培育新型职业农民的可行性，包括党委、政府的政策、资金支持，农民对于现代化农业的需求持续提升和农业科学技术水平的提升三节。在这一章中，分析了乡村振兴背景下培育新型职业农民的可行性，为培育新型职业农民提供了可行性的理论依据。

第五章为乡村振兴背景下新型职业农民培育的障碍，包括重视程度有待提高、培育体系不够完善、培育机制不健全和信息化建设滞后四节。在这一章中，分析了当前乡村振兴背景下新型职业农民培育面临的障碍和问题，并提出了相应的解决方案和建议。

第六章为乡村振兴背景下新型职业农民培育体系建设策略，包括大力开展新型职业农民培育工作、提高新型职业农民培育精准度、整合各类资源形成培育合力和增强新型职业农民管理规范性四节。在这一章中，提出了具体的乡村振兴背景下新型职业农民培育体系建设的策略和措施，并对其进行了详细阐述。

总之，本书对于乡村振兴背景下新型职业农民培育体系建设的研究具有一定的理论和实践价值。通过对现有研究成果和乡村振兴实践的深入分析和总结，提出了一系列针对性强的培育策略和措施，有望为中国农村经济的发展和乡村振兴事业的推进提供有力支持。

著者

2023 年 5 月

目 录
CONTENTS

第一章 导论 ··········· 1
 第一节 研究背景 ··········· 1
 第二节 研究综述 ··········· 1

第二章 概念界定 ··········· 5
 第一节 新型职业农民 ··········· 5
 第二节 乡村振兴战略 ··········· 21
 第三节 新型职业农民理论基础 ··········· 31

第三章 乡村振兴战略背景下培育新型职业农民的重要性 ··········· 35
 第一节 实现乡村农业转型的迫切需要 ··········· 35
 第二节 构建现代农业产业体系的迫切需要 ··········· 47
 第三节 构建现代农业经营体系的迫切需要 ··········· 60

第四章 乡村振兴战略背景下培育新型职业农民的可行性 ··········· 71
 第一节 党委、政府的政策、资金支持 ··········· 71
 第二节 农民对于现代化农业的需求持续提升 ··········· 76
 第三节 农业科学技术水平的提升 ··········· 83

第五章 乡村振兴背景下新型职业农民培育的障碍 ··········· 93
 第一节 重视程度有待提高 ··········· 93
 第二节 培育体系不够完善 ··········· 103
 第三节 培育机制不健全 ··········· 116
 第四节 信息化建设滞后 ··········· 131

第六章　乡村振兴背景下新型职业农民培育体系建设策略 …… 143
第一节　大力开展新型职业农民培育工作 …… 143
第二节　提高新型职业农民培育精准度 …… 155
第三节　整合各类资源形成培育合力 …… 161
第四节　增强新型职业农民管理规范性 …… 170

参考文献 …… 185

第一章 导论

第一节 研究背景

农业是国民经济的基础，也是保障国家粮食安全和农民生计的重要产业。在中国，农村经济是国家经济的重要组成部分，但长期以来，由于农村经济发展滞后，农村地区经济增长缓慢，贫困人口众多，农民收入水平低，存在着许多问题和挑战。

为了解决这些问题，中国政府提出了"乡村振兴战略"，旨在加快农村经济发展，推动农业现代化，改善农民生活质量，促进城乡一体化发展。在乡村振兴战略的实施过程中，新型职业农民的培育成了一个重要的议题。

新型职业农民是指具有一定文化素质、科技素养和管理能力的农民，在现代农业生产、经营和管理中起着重要的作用。新型职业农民具备较高的农业专业知识和技能，能够运用现代科技手段，提高农业生产效率和品质，提高农产品附加值，带领其他农民致富，推进农业现代化的发展。

在乡村振兴战略的实施过程中，新型职业农民的培育对于农村经济的发展和乡村振兴事业的推进具有重要的意义。然而，目前在新型职业农民的培育工作中还存在着一系列的问题和挑战，如培育机制不健全、资源整合不充分、信息化建设滞后等。

因此，本书旨在探讨乡村振兴背景下新型职业农民的培育体系建设问题，研究如何建立健全新型职业农民培育体系，提高新型职业农民的素质和能力，推动农业现代化的发展。本研究对于深入推进乡村振兴战略和提高农村经济发展水平具有重要的理论和实践意义。

第二节 研究综述

一、国内研究综述

随着中国乡村振兴战略的提出和实施，新型职业农民的培育成了一个重要的议题。在国内，学者们已经对新型职业农民的概念、特点、培育模式、政策支持等问题进行了广泛的研究。

对于新型职业农民的概念和特点，国内学者们的研究主要聚焦在新型职业农民的定义、特征和分类等方面。王芬芳等（2016）认为，新型职业农民是指农村居民中拥有较高文化素质、科技素养和管理能力的人员，具有创新意识和开拓精神，能够为现代农业的发展提供支持。吴美红等（2018）则进一步将新型职业农民分为生产型、经营型和服务型三类，根据不同的职能培育不同类型的新型职业农民。陈蕾（2020）则认为，新型职业农民应该具备创新精神、市场意识、企业家精神和社会责任感等特点。

对于新型职业农民的培育模式和路径，国内学者们的研究主要从培训、创业支持、产业融合等角度进行探讨。赵永辉等（2019）认为，新型职业农民的培育应该注重从传统农民向现代农民的转型，通过开展职业教育、技能培训、实践锻炼等方式，提高新型农民的综合素质和能力。杨磊等（2018）则提出了"基地＋农户"模式，即以农业产业园区或农业龙头企业为基础，联合周边农户开展现代农业生产和经营。陈瑞（2018）则从多元化农业经营、品牌建设和科技创新等方面提出了培育新型职业农民的路径。

政策支持也是国内学者们关注的焦点之一。陈旭等（2018）指出，政府应该加大对新型职业农民的培育和支持力度，通过提供资金、技术、服务等方面的支持，推进新型职业农民的培育和发展。胡鹏（2018）则强调政府应该制订相应的政策，促进农村创业创新，提高新型职业农民的社会地位和待遇。

在实践方面，国内各地也在探索新型职业农民的培育和发展。例如，福建省建立了新型职业农民工作站和技能培训中心，开展职业技能培训和创业扶持；湖南省实行了农村青年人才特殊支持计划，鼓励农村青年就业创业，培育新型职业农民。

总体而言，国内学者们在新型职业农民的概念、特点、培育模式和政策支持等方面进行了广泛的研究，为新型职业农民的培育提供了理论支持和实践指导。然而，在新型职业农民的培育实践中仍然存在着许多问题和挑战，需要进一步深入研究和探索。

二、国外研究综述

随着全球农业现代化和可持续发展的需求增加，国外学者们开始关注新型职业农民的概念、特征、培育和政策支持等问题，并开展了广泛研究。

首先，国外学者们对新型职业农民的概念和特点进行了深入探讨。巴尔扎洛娃和卡斯特卡（2017）认为，新型职业农民是具有现代化技能和知识的农民，他们致力于提高农业的生产效率和质量，通过市场化的方式从事农业经营。劳伦斯和布勒（2017）则进一步将新型职业农民分为技术型、经营型和社区型三类，强调新型职业农民既需要具备先进的农业技术，又需要具备经营管理和社区建设的能力。

其次，国外学者们对新型职业农民的培育模式和路径进行了探索。哈珀和戈尔丁

（2016）认为，新型职业农民的培育应该注重提高农民的技能和知识水平，通过职业教育和技能培训等方式，提高农民的生产效率和质量。博伊德和帕克（2017）则提出了"多方合作"模式，即政府、企业和社区等各方合作，共同推进农村经济的发展和新型职业农民的培育。

此外，政策支持也是国外学者们研究的重点之一。布勒和劳伦斯（2016）指出，政府应该通过提供资金、技术和政策支持等方式，推动新型职业农民的培育和发展。弗莱彻和格林肖（2016）则认为，政府应该加强农村社区的建设，提高农民的社会保障和福利水平，鼓励更多的人参与到农村经济的发展中。

值得注意的是，国外学者们对新型职业农民的研究更加注重农业可持续发展和环境保护方面的问题。例如，韦瑟勒和齐尔伯曼（2014）认为，新型职业农民需要具备绿色农业和生态环保的理念和能力，推进农业的可持续发展。

在新型职业农民的研究中，国外学者们也普遍认为，性别、年龄和文化背景等因素对新型职业农民的培育和发展产生着重要影响。例如，莫瑟和巴雷特（2017）指出，女性在农村地区中扮演着重要的角色，需要在新型职业农民的培育中得到更多的关注和支持。彭德尔和贾格尔（2016）则强调新型职业农民的文化背景和社会认同对其职业发展和成功的影响。

此外，国外学者们也开始关注新型职业农民的市场化和企业化趋势。例如，索达诺和费鲁奇（2017）认为，新型职业农民需要具备市场化经营和创业精神，将农业视为一种创业机会，寻找商业机会并与市场接轨。里佐夫和克劳切（2017）则认为，新型职业农民需要像企业家一样思考，注重经营管理和市场营销，从而实现农业产业化和农村经济的发展。

总体来说，国外学者们对新型职业农民的研究呈现出多学科、跨领域的特点，既注重农业生产技能的提升，也关注农村经济的发展和社会责任的承担。此外，国外学者们的研究还涉及性别、年龄、文化背景、市场化和企业化等方面的问题，为新型职业农民的培育和发展提供更加全面的视角和思路。

第二章 概念界定

第一节 新型职业农民

一、新型职业农民概念产生背景

随着中国经济的快速发展和城市化进程的加速，越来越多的人离开农村，走向城市。这不仅导致了农村劳动力短缺，也使农业生产面临着越来越大的挑战。同时，随着全球气候变化的加剧，传统的农业生产模式也逐渐受到了挑战。为了适应这些变化，中国政府提出了建设现代化农业和促进农村振兴的战略，推进农业现代化和农村产业结构调整，加强农村基础设施建设和公共服务体系建设，提高农民的生产技术和管理水平，以实现农村的可持续发展。

在这个背景下，新型职业农民的概念逐渐受到了人们的重视。新型职业农民是指具有现代化技能和知识的农民，他们致力于提高农业的生产效率和质量，通过市场化的方式从事农业经营。相比传统的农民，新型职业农民具有更高的文化素质、职业技能和市场意识，能够更好地适应现代农业的发展需求。

新型职业农民概念的产生背景有以下几个方面。

第一，国家政策支持。中国政府提出了建设现代化农业和促进农村振兴的战略，明确提出了要培育新型职业农民，推动农业现代化和农村产业结构调整，提高农民的生产技术和管理水平。政府对新型职业农民的培育和发展提供了政策支持和经济补贴，鼓励更多的人从事农业生产和农村经营。

第二，农业生产的变化。随着全球气候变化的加剧，传统的农业生产模式受到了挑战。为了应对这些变化，农业生产需要更多的技术和知识，需要更加注重质量和效率。新型职业农民具有更高的文化素质、职业技能和市场意识，能够更好地适应现代农业的发展需求，提高农业生产的效率和质量。

第三，社会需求的变化。随着城市化进程的加速和人们生活水平的提高，对农产品的需求也发生了变化。传统的农业生产模式已经无法满足市场的需求，需要更加注重质量和安全。同时，随着生活方式和消费观念的改变，人们对于农产品的种类、品质、价格等方面的要求越来越高。新型职业农民具有更高的市场意识和商业思维，能够更好地把握市场需求，生产符合市场要求的优质农产品。

第四，农村劳动力短缺。随着城市化进程的加速和农村人口的流失，农村劳动力短缺已经成为一个普遍存在的问题。传统的农业生产模式需要大量的人力投入，但人力资源的短缺导致了农业生产的效率低下。新型职业农民具有更高的文化素质和职业技能，能够更加高效地利用现代化的生产技术和设备，提高农业生产的效率和质量。

新型职业农民概念的产生背景涉及政策支持、农业生产的变化、社会需求的变化和农村劳动力短缺等多个方面。随着乡村振兴战略的推进，新型职业农民将在农业现代化和乡村振兴中扮演重要角色，为实现可持续农业发展和农民增收致富做出积极贡献。

二、新型职业农民的定义

随着中国农村经济的快速发展和农业现代化进程的加速，职业农民的概念逐渐受到人们的关注。职业农民是指以农业生产、农村经营为主要职业，通过各种方式开展生产经营活动，获得稳定收入并具备一定社会地位的人员。相比传统的农民，职业农民具有较高的文化素质、职业技能和市场意识，能够更好地适应现代农业的发展需求。职业农民不仅是农村现代化建设的重要力量，也是推进农业现代化、乡村振兴的关键人物之一。

（一）新型职业农民的概念

新型职业农民的定义并不是一成不变的，不同的地区和时代会有不同的定义和认识。在中国，职业农民的概念最早出现在《中华人民共和国职业农民条例》中，被定义为"从事农村经济发展中的农业、林业、畜牧业、渔业、农村电子商务、农业技术推广、新农村建设等职业的劳动者"。然而，这个定义并不能完全反映职业农民的特征和本质。

（二）新型职业农民的特点

新型职业农民具有以下几个特点。

1. 具有较高的文化素质和职业技能

在传统的农业生产模式下，农民的文化素质和职业技能并不是特别重要的，但在现代农业生产中，高素质、高技能的职业农民显得尤为重要。他们需要了解农业科技、市场信息、管理技能等多个方面的知识，以应对日益复杂和多样化的农业生产和市场需求。

（1）文化素质

新型职业农民应具备一定的文化素质，包括文化知识、良好的思想道德素质、国家法律法规等方面的知识。农民的文化素质对于其从事现代农业生产和经营具有重要的影响和作用。农民需要通过不断学习和提高，逐步掌握农业科技和管理技能，了解现代市场需求和农产品质量安全标准，才能更好地适应现代农业的发展需求。

（2）职业技能

新型职业农民应具备一定的职业技能，包括农业科技、市场信息、管理技能等多个方面的知识和技能。职业技能的提高对于农民从事现代农业生产和经营具有重要的影响和作用。农民需要掌握现代农业技术，掌握科学的农业生产方法，学习现代管理技能，了解市场需求和行情，才能更好地应对日益复杂和多样化的农业生产和市场需求。

2.具有市场意识和商业思维

随着全球化的加速和市场经济的深入发展，农产品的生产、销售和消费已经成为一个更加复杂和多元化的过程。传统的农民往往只注重生产，而忽视了市场营销和商业运作，导致很多农产品难以销售、价格低廉、利润微薄。为了应对市场化的需求和挑战，新型职业农民需要具备市场意识和商业思维，以更加高效和灵活的方式开展农业经营和管理。

首先，新型职业农民需要深刻理解市场需求和变化，把握市场机遇。在市场经济中，市场需求的变化是一种常态。新型职业农民需要及时了解市场需求和趋势，根据市场需求和消费者偏好调整产品结构和销售策略，以满足市场的需求。例如，随着消费者对健康、安全和环保的关注不断提高，有机农产品和绿色食品市场需求迅速增长。新型职业农民应该抓住这一趋势，加强有机农业和绿色食品的生产和销售。

其次，新型职业农民需要优化产品结构和销售模式，提高产品的附加值和竞争力。在市场经济中，产品的质量和品牌形象是企业获得市场竞争优势的关键。新型职业农民应该注重产品质量和品牌形象的建设，提高产品的附加值和竞争力。例如，通过改进生产工艺、优化包装设计、提高营销技巧等方式，提高产品的品质和形象，以获得更好的市场反应。

最后，新型职业农民需要加强市场营销和商业运作的能力。在市场经济中，销售渠道和营销策略对产品销售的影响非常大。新型职业农民应该学习和掌握市场营销和商业运作的基本理论和方法，建立和完善销售渠道和营销网络，提高产品的销售量和利润率。例如，通过开展电商销售、拓展农村市场、加强与超市和餐饮企业的合作等方式，提高产品的销售额和市场份额。

新型职业农民具备市场意识和商业思维是适应现代市场经济发展的重要标志。他们需要深入了解市场需求和变化，把握市场机遇，优化产品结构和销售模式，以提高产品的附加值和竞争力。同时，他们也需要具备市场营销和商业运作的能力，建立和完善销售渠道和营销网络，提高产品的销售量和利润率。

3.注重环保和可持续发展

随着全球环境问题的加剧和人们对环保意识的提高，农业生产也面临着严峻的挑战。传统的农业生产模式往往会导致大量的土地退化、水资源污染和生态系统破坏，对环境和人类健康造成严重的威胁。新型职业农民应该具有环境意识和环保意识，推广绿色生产和生态农业，促进农业的可持续发展。

首先，新型职业农民需要推广科学的耕作方式和生产技术，减少污染和资源浪费。在传统农业生产中，经常会使用大量的化肥、农药和其他农业化学品，这些化学品不仅会污染土地和水源，还会影响人类健康。新型职业农民应该推广有机农业和生态农业的生产方式，采用科学的耕作技术和管理方法，减少对环境的影响。例如，通过生物防治、有机肥料和科学施肥等方式，减少农药和化肥的使用，保护土地和水源。

其次，新型职业农民需要注重农产品的质量和安全。在市场经济中，农产品的质量和安全是消费者考虑购买的重要因素。新型职业农民应该注重农产品的品质和安全，采用无公害农产品、有机农产品和绿色食品的生产方式，保证农产品的品质和安全。例如，通过严格的生产标准、质量检测和追溯体系，确保农产品的品质和安全，获得消费者的信任和支持。

最后，新型职业农民需要促进农业的可持续发展，保护农村的生态环境和生态文明。在可持续发展的理念下，新型职业农民应该注重农业的生态效益和社会效益，推广循环农业、生态农业和绿色农业，减少资源的浪费和污染，保护自然环境和生态系统。例如，通过推广农田水利、水土保持和生态林果等方式，保护土地资源和水源，促进农业的可持续发展。

新型职业农民应该具有环境意识和环保意识，推广绿色生产和生态农业，促进农业的可持续发展。他们应该注重科学的耕作方式和生产技术，减少污染和资源浪费，保护农村的生态环境和生态文明。同时，他们还应该注重农产品的质量和安全，采用无公害农产品、有机农产品和绿色食品的生产方式，保证农产品的品质和安全。在可持续发展的理念下，他们应该注重农业的生态效益和社会效益，推广循环农业、生态农业和绿色农业，减少资源的浪费和污染，保护自然环境和生态系统。

4. 具有创新精神和实践能力

随着现代农业的快速发展和农村振兴战略的实施，新型职业农民已成为推动农业发展和农村经济增长的重要力量。他们不仅要具备专业知识和技能，还需要具备创新精神和实践能力，能够开发新产品、新技术、新业态，推动农业的创新发展，增强农业的经济效益和社会效益。

首先，新型职业农民需要具备创新精神和创新能力。在现代农业生产中，新型职业农民需要开拓创新思路，积极发现生产和经营中出现的问题，并进行创新解决。例如，新型职业农民可以利用新技术、新材料和新设备改进生产工艺，提高生产效率和产品质量。也可以尝试开发新产品、新业态，开拓农业的市场空间，实现农业产业链的升级和转型。

其次，新型职业农民需要具备实践能力和应变能力。在农业生产中，新型职业农民需要不断应对复杂多变的生产环境和市场需求。他们需要具备丰富的实践经验和应变能力,能够在面对不同的情况时做出适当的决策和应对措施。例如,在遇到自然灾害、疾病和市场波动等问题时,新型职业农民需要灵活应变,及时调整农业生产和经营策略,保证农业生产的稳定性和可持续性。

最后,新型职业农民需要注重团队协作和交流合作。在现代农业生产中,团队合作和交流合作已成为推动农业创新发展的关键要素。新型职业农民需要具备协作精神和交流能力,积极参加各种培训和交流活动,与同行业者交流合作,共同推动农业产业的发展和升级。

新型职业农民应该具备创新精神和实践能力,能够开发新产品、新技术、新业态,推动农业的创新发展。同时,他们也需要具备实践经验和应变能力,能够应对复杂多变的生产环境和市场需求,创造更多的经济效益和社会效益。此外,还需要注重团队协作和交流合作,可以促进农业产业的发展和升级。随着农业现代化进程的加速,新型职业农民的角色和地位将越来越重要,对于促进农业创新发展和推动农村振兴具有不可替代的作用。

三、新型职业农民的类别

新型职业农民的类别可以根据不同的分类标准进行划分,以下是一些常见的分类方式。

(一)技术型新型职业农民

随着现代农业的快速发展和农村振兴战略的实施,新型职业农民已成为推动农业发展和农村经济增长的重要力量。其中,技术型新型职业农民是具有较高技术水平的专业人才,可以从事技术服务、技术推广、技术培训等工作。他们的职业特点主要体现在以下几个方面。

1. 概念

技术型新型职业农民是指那些具备较高技术水平的专业人才,能够从事农业生产中的技术服务、技术推广、技术培训等工作。他们具备深厚的农业专业知识和技能,熟悉先进的农业科技和生产技术,能够为农民提供科学合理的技术咨询和指导,帮助农民提高农业生产效益和质量。

技术型新型职业农民的出现是为了适应现代农业发展的需求,以满足农民对专业技术支持和服务的需求。他们不仅具备扎实的农业专业知识,还掌握先进的农业科技和生产技术,能够应对复杂多变的农业生产环境和市场需求,推动农业的现代化和可持续发展。

2. 特点

(1)具备较高的技术水平和专业知识

技术型新型职业农民具备较高的技术水平和专业知识,掌握先进的农业科技和生

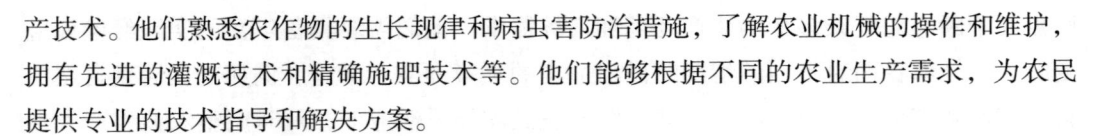

产技术。他们熟悉农作物的生长规律和病虫害防治措施，了解农业机械的操作和维护，拥有先进的灌溉技术和精确施肥技术等。他们能够根据不同的农业生产需求，为农民提供专业的技术指导和解决方案。

（2）从事技术服务、技术推广和技术培训等工作

技术型新型职业农民主要从事技术服务、技术推广和技术培训等工作。他们可以为农民提供农作物种植技术指导、病虫害防治技术支持、农业机械操作培训等服务。他们通过组织技术培训班、开展示范项目等方式，向广大农民普及先进的农业科技和生产技术，提高农民的生产技能和管理水平。

（3）推广创新技术和农业业态

技术型新型职业农民具备推广创新技术和农业业态的能力。他们了解农业领域的最新技术和发展趋势，能够发现和应用新技术、新品种以及新的农业生产模式。他们通过推广先进的种植技术、病虫害防治技术、农机具的使用和农产品的加工等方面的创新，帮助农民提高农业生产的效率和质量。

（4）灵活应对复杂多变的农业环境和市场需求

技术型新型职业农民需要面对复杂多变的农业环境和市场需求，因此需要具备灵活应对能力。他们能够根据不同的农业生产环境和市场需求，灵活调整技术服务和推广策略，提供切实可行的解决方案。同时，他们也能够及时了解和应用新的科技成果，适应农业发展的新要求。

（5）持续学习和创新精神

技术型新型职业农民具备持续学习和创新的精神。由于农业科技和生产技术的不断更新和进步，技术型新型职业农民需要保持对最新知识和技术的学习和掌握。他们积极参与各类培训和学习活动，通过实践探索和创新实践，提高自身的专业水平和实践能力。

（6）促进农业的现代化和可持续发展

技术型新型职业农民的工作目标是推动农业的现代化和可持续发展。他们通过提供技术支持和服务，帮助农民实现农业生产的规模化、标准化和智能化。同时，他们也注重农业的可持续发展，推广生态农业、有机农业和绿色农业的理念和技术，减少农药和化肥的使用，保护生态环境，提高农业的生态效益。

技术型新型职业农民具备较高的技术水平和专业知识，能够从事农业生产中的技术服务、技术推广、技术培训等工作。他们以持续学习和创新精神为基础，通过灵活应对复杂多变的农业环境和市场需求，推动农业的现代化和可持续发展，为农民和农业产业的发展做出积极的贡献。

（二）经营型新型职业农民

经营型新型职业农民是指具备较高的管理和经营水平，能够从事农业企业的经营

管理和市场营销等工作的专业人才。他们在农业生产中起着关键作用，能够有效地组织和管理生产要素，实施市场化经营策略，推动农业企业的发展和增长。

1. 概念

经营型新型职业农民是指那些具备较高的管理和经营水平，能够从事农业企业的经营管理和市场营销等工作的专业人才。他们具备扎实的专业知识和广泛的经验，能够理解和应用现代管理理念和方法，为农业企业的发展提供战略规划、组织管理和市场运作等方面的支持和指导。

2. 特点

（1）具备较高的管理水平

经营型新型职业农民具备良好的管理能力和丰富的知识，能够有效地组织和管理农业生产要素，包括土地、劳动力、资金和技术等。他们了解农业产业链的各个环节，能够协调各个环节之间的关系，优化资源配置，提高生产效率和经济效益。

（2）熟悉市场营销

经营型新型职业农民具备市场营销的知识和技能，能够分析市场需求和竞争状况，制定有效的营销策略，推动农产品的销售和市场拓展。他们了解消费者的需求和偏好，能够开发具有竞争力的产品，并建立稳定的市场渠道和销售网络。

（3）强调经营创新

经营型新型职业农民注重经营创新，能够不断寻求商业模式和产品的创新，提高农业企业的竞争力和市场占有率。他们能够应对市场变化，抓住机遇，开辟新的市场领域，探索新的经营模式，为农业企业的可持续发展提供动力。

（4）关注可持续发展

经营型新型职业农民注重农业的可持续发展，注重环境保护和社会责任。他们通过合理的农业生产管理和资源利用，减少能源消耗和环境污染，推动农业的绿色发展。他们注重农产品的质量和安全，采用可持续的农业生产方式，如有机农业和绿色农业，以保护土壤质量、水资源和生态环境。

（5）注重团队合作和人才培养

经营型新型职业农民注重团队合作和人才培养，懂得发挥团队协作的优势，能够组织和管理团队，共同推动农业企业的发展。他们关注人才培养和终身学习，不断提升自身的管理和经营能力，并培养和引进专业人才，为农业企业输送人才资源。

（6）积极参与政策引导和社会责任

经营型新型职业农民积极参与农业政策的制定和实施，了解相关政策法规，遵守法律规定，推动农业产业的健康发展。他们关注社会责任，积极参与公益活动，回馈社会，为农村经济和社会的可持续发展做出贡献。

经营型新型职业农民具备较高的管理和经营水平，能够从事农业企业的经营管理和市场营销等工作。他们注重市场导向，注重经营创新和可持续发展，具备团队合作和人才培养的能力，积极参与政策引导和社会责任。他们的出现对于推动农业发展、实现农村振兴具有重要意义，为农业产业的现代化和可持续发展提供了有力支撑。

（三）创新型职业农民

1. 概念

创新型职业农民是指那些具备创新意识和创新能力的专业人才，能够从事农业领域的新产品研发、新技术开发和新业态创新等工作。他们具备创新思维和创造力，能够运用科学方法和先进技术，推动农业的创新发展，为农业产业升级和农村经济增长注入新的活力。

2. 特点

（1）创新意识和创新能力

创新型职业农民具备敏锐的创新意识和创新能力。他们对农业领域的问题和挑战有着独到的见解，能够发现和分析问题，并提出创新的解决方案。他们具备开拓进取的精神，勇于尝试新的理念、新的技术和新的业态，能够推动农业的创新发展。

（2）新产品研发

创新型职业农民可以从事新产品研发工作。他们对市场需求和消费者需求有着深刻的理解，能够运用科学的方法和技术手段，研发具有市场竞争力的新产品。例如，他们可以通过品种改良、新农产品的研发和农产品加工等方式，推出满足消费者需求的高品质、特色化的农产品。

（3）新技术开发

创新型职业农民可以从事新技术开发工作。他们了解农业科技的最新进展，掌握先进的农业技术和工具，能够将科技成果应用于农业生产实践。例如，他们可以研发和应用智能农业技术、物联网技术、大数据分析技术等，提高农业生产的效率和智能化水平。

（4）新业态创新

创新型职业农民可以从事新业态的创新工作。他们关注农业产业链的各个环节，通过整合资源、创造新的服务模式和经营方式，开创农业产业的新业态。例如，他们可以开展农业旅游、农产品电商、农村电子商务等业务，促进农业与旅游、电子商务等产业的融合，为农村经济增长提供新的动力。

（5）持续学习和合作创新

创新型职业农民具备持续学习和合作创新的特点。他们不断更新自己的知识和技能，跟随科技进步和行业发展的步伐。他们通过参加培训课程、研讨会和行业交流活动，与同行业者和专家分享经验，探讨创新的思路和方法。同时，他们也注重与农民、农业企业以及科研机构合作，共同开展研究和实践，推动农业的创新和发展。

（6）注重可持续发展

创新型职业农民注重农业的可持续发展，关注生态环境的保护和资源的合理利用。他们致力于开发和推广环保型农业技术，提倡绿色农业生产方式，减少农药和化肥的使用，促进农业的生态化、循环化和可持续化发展。他们注重生态效益和社会效益的提升，既追求经济效益，又关注环境友好和社会责任。

创新型职业农民的出现为农业发展带来了新的机遇和挑战。他们以创新为动力，引领农业转型升级，推动农村经济的增长和农民收入的提高。通过不断创新和实践，他们为农业注入新的活力，推动农业产业的繁荣发展，助力实现农村振兴战略的目标。

（四）特色型新型职业农民

1. 概念

特色型新型职业农民是指那些在传统农业生产中发现并发扬特色农产品，从事种植、养殖和销售等工作的专业人才。他们通过深入了解当地资源和市场需求，选择适宜的特色农产品进行种植或养殖，并通过精心的管理和市场推广，打造具有独特特色和竞争力的农产品品牌，实现农村经济增长和农民收入提升。

2. 特点

（1）发现和发扬特色农产品

特色型新型职业农民具备敏锐的市场洞察力和创新精神，能够通过调研和分析，发现当地农产品的独特特色和市场潜力。他们深入了解土壤、气候、水源等资源条件，选择适宜的农作物或养殖品种，并在生产过程中注重品质和口感的提升，以打造高品质的特色农产品。

（2）精心管理和技术创新

特色型新型职业农民注重精细化管理和技术创新，以提高农产品的产量和品质。他们运用科学的种植或养殖技术，控制病虫害、优化灌溉和施肥等，保证农产品的质量和安全。同时，他们也积极引进和应用先进的农业技术和设备，提高生产效率和经济效益。

（3）建立品牌和市场推广

特色型新型职业农民注重打造农产品品牌，通过包装设计、标识认证、产品宣传等方式，树立起有独特标识的特色农产品品牌。他们积极参与各类农业展览、农产品交易会等活动，扩大产品的知名度和影响力。同时，他们也通过线上线下渠道，开展产品推广和销售，与消费者建立起稳定的合作关系。

（4）促进农村经济发展

特色型新型职业农民通过发展特色农产品，推动农村经济的发展和农民收入的提升。他们在农业生产中注重产业链的延伸和增值，通过农产品加工、农村旅游、农民合作社等方式，拓展农产品的附加值和市场空间。同时，他们也通过开展农产品的品

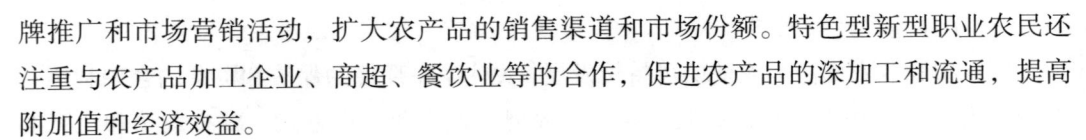

牌推广和市场营销活动，扩大农产品的销售渠道和市场份额。特色型新型职业农民还注重与农产品加工企业、商超、餐饮业等的合作，促进农产品的深加工和流通，提高附加值和经济效益。

（5）保护和传承地方特色文化

特色型新型职业农民注重保护和传承地方特色文化，将地方文化与农产品生产相结合，打造具有地域特色和文化内涵的农产品品牌。他们通过挖掘农产品的历史和文化背景，赋予产品独特的故事和情感，增加产品的吸引力和认同感。

（6）社区参与和农民培训

特色型新型职业农民积极参与社区建设和农村发展，与当地农民建立紧密联系。他们开展农民培训和技术指导，传授农业生产的专业知识和技能，提高农民的种植和养殖水平。通过培训和合作，共同推动当地农产品的发展，增加农民收入，促进农村经济的可持续发展。

（7）创新创业和持续发展

特色型新型职业农民具备创新创业的精神和能力，敢于尝试新的农业业态和经营模式。他们关注农业领域的新趋势和新机遇，积极寻找创新点，开发新产品、新技术和新市场，推动农业的创新发展。同时，他们也注重持续发展和提升，不断学习和吸收新知识，提升管理能力和市场竞争力。

特色型新型职业农民在传统农业生产中发现并发扬特色农产品，从事种植、养殖和销售等工作。他们具备创新意识和创新能力，通过精心管理和市场推广，打造具有独特特色和竞争力的农产品品牌，推动农村经济增长和农民收入提升。他们的工作不仅促进了农产品的发展和销售，还促进了当地农村文化的传承和发展，为农业可持续发展注入新的活力。

（五）环保型新型职业农民

1. 概念

环保型新型职业农民是指那些注重环境保护和可持续发展的专业人才，从事有机农业、生态农业和绿色农业等工作。他们致力于减少农业对环境的影响，推动农业生产的绿色化、可持续化和生态化，以保护自然资源和生态环境，促进农业的可持续发展。

2. 特点

（1）有机农业的推广和实践

环保型新型职业农民注重有机农业的推广和实践。他们通过避免使用化学农药和化学肥料，采用有机肥料和生物防治等方式，保证农产品的无公害和绿色环保。他们注重土壤健康和生态平衡，倡导生物多样性和自然循环。通过有机农业的种植和经营，他们为消费者提供健康安全的农产品，同时保护土壤质量和水源安全。

第二章　概念界定

（2）生态农业的推动和实践

环保型新型职业农民致力于推动生态农业的发展和实践。他们注重生态系统的保护和恢复，通过保护农田水利、水土保持和植被覆盖等措施，改善土地环境和水资源质量。他们注重生态农业与农村生态环境的协同发展，通过种植绿色农作物、生态林果等，促进生态系统的健康和农业的可持续发展。

（3）绿色农业的倡导和实践

环保型新型职业农民倡导绿色农业的理念和实践。他们注重节约资源和能源，推广高效节水灌溉、精确施肥和智能化农机作业等技术，提高资源利用效率和能源利用效益。他们注重减少农业面源污染和农药残留，通过科学管理和监测，控制农业产生的废弃物和污染物，保护环境和生态系统的健康。

（4）可持续发展的实践和探索

环保型新型职业农民注重农业的可持续发展，积极探索可持续发展的路径和模式。他们注重生产、经营和消费的协调，通过农产品产业链的优化和升级，推动农产品从种植、加工到销售的全过程可持续发展。他们注重农业的社会效益和经济效益的平衡，通过农产品品牌的打造和市场推广，提高农产品的附加值和市场竞争力，实现农业的可持续发展和农民收入的提升。

（5）环保意识和环境教育

环保型新型职业农民具备较高的环保意识和环境教育能力。他们注重对农民和消费者进行环境保护和可持续发展的宣传和教育，引导他们养成环保的生活方式和消费习惯。他们积极参与环保组织和社区活动，推动农村社区的环境改善和环保行动，培养农民的环保意识和环境责任感。

3.作用和意义

环保型新型职业农民在农业发展和农村振兴中起着重要作用，具有以下意义：

（1）保护生态环境

他们通过推行有机农业、生态农业和绿色农业，减少农药残留和化肥污染，改善土壤质量和水源安全，保护农田生态系统的健康。他们注重生物多样性和自然循环，促进生态平衡和环境的可持续发展。

（2）促进农产品安全和健康

他们通过有机农业和绿色农业的实践，提供无公害和绿色环保的农产品，保障消费者的食品安全和健康。他们注重农产品的质量和品质，提供满足市场需求的优质农产品，增强消费者的信任和认可。

（3）推动农业的可持续发展

他们注重资源的合理利用和能源的节约，通过技术创新和管理创新，提高农业生产的效率和经济效益。他们倡导农业社会效益和经济效益的平衡，实现农业的可持续发展和农民收入的提升。

（4）传递环保理念和推动社会进步

他们具备环境保护和可持续发展的知识和能力，通过环境教育和宣传活动，向农民和消费者传递环保理念并推动社会进步。他们的工作不仅会影响农业领域，还会对整个社会产生积极的影响。通过推广环保理念和可持续发展的实践，他们引领农村社区向绿色、低碳和可持续的发展方向转变，促进生态文明建设和可持续社会的形成。

环保型新型职业农民在农业生产中注重环境保护和可持续发展，通过有机农业、生态农业和绿色农业的实践，为保护生态环境、推动农产品安全和健康、促进农业可持续发展以及传递环保理念和推动社会进步做出贡献。他们的工作不仅满足人们对绿色食品的需求，也推动了农业的转型升级，为实现可持续发展目标作出了积极的努力。

（六）园艺型新型职业农民

1. 概念

园艺型新型职业农民是指从事花卉、园林、苗木、果蔬等方面的种植、养殖和销售等工作的专业人才。他们具备丰富的园艺知识和技能，熟悉植物生长特性和种植要求，能够进行植物繁育、栽培、管理和销售等工作。他们致力于打造美丽的花园、公园和农田，提供优质的花卉植物和果蔬产品，为人们创造舒适的生活环境。

2. 特点

（1）丰富的园艺知识和技能

园艺型新型职业农民具备广泛的园艺知识和技能，包括植物生长习性、病虫害防治、园艺设施的运用等方面的专业知识。他们了解不同植物的生长环境和生长要求，能够合理选择和利用土壤、水源、光照等资源，提供适宜的生长条件，确保植物的健康生长和高品质产出。

（2）种植和养殖技术的应用

园艺型新型职业农民能够运用先进的种植和养殖技术，包括育苗技术、植物繁育技术、病虫害防治技术等。他们掌握科学合理的种植和养殖方法，能够进行繁殖、嫁接、修剪、施肥等工作，提高植物的产量和质量。他们注重植物的营养需求和生长周期，制定详细的养护计划，确保植物健康成长。

（3）美化环境和创造景观

园艺型新型职业农民注重美化环境和创造景观。他们通过选择适宜的花卉和园林植物，进行植物配置和布局，打造美丽的花园、公园和景区。他们注重植物的色彩搭配和景观设计，使得景区、街道、小区等公共空间充满生机和美感。同时，他们也注重园林设施的维护和管理，保持景观的整洁和品质。

（4）市场营销和产品推广

园艺型新型职业农民注重市场营销和产品推广。他们了解市场需求和消费者偏好，通过市场调研和分析，确定种植和养殖的品种和规模。他们注重产品的品质和包装，提供各类花卉植物和果蔬产品，满足市场需求。同时，他们积极参加花展、农产品展销会等活动，通过线上线下渠道，进行产品推广和销售，建立稳定的市场渠道和客户关系。

（5）技术创新和产业发展

园艺型新型职业农民注重技术创新和产业发展。他们关注园艺领域的新技术和新品种，引进先进的种植和养殖技术，提高生产效率和产品品质。他们积极参与产业合作和技术交流，推动园艺产业的发展和创新。同时，他们也关注园艺市场的变化和趋势，不断调整种植和销售策略，适应市场需求和发展趋势。

（6）促进农村经济增长和农民收入提升

园艺型新型职业农民通过花卉、园林和果蔬等产品的种植和销售，促进农村经济的增长和农民收入的提升。他们创造就业机会，提供农村劳动力的就业岗位。同时，他们注重提高产品附加值和品牌效应，打造具有竞争力的园艺品牌，增加农产品的利润空间，带动农民增收致富。

3.作用和意义

园艺型新型职业农民在农业发展和农村振兴中具有重要作用和意义。

（1）美化环境和提升生活质量

他们通过种植花卉、打造园林景观等工作，美化农村和城市环境，提升人们的生活质量。他们创造了优美的景观和宜人的居住环境，增加了人们的休闲娱乐场所，改善了城乡居民的居住环境。

（2）促进农业结构调整和农村产业升级

他们通过发展花卉、园林、果蔬等园艺产业，促进农业结构调整和农村产业升级。园艺型新型职业农民的工作推动了农业产业结构的优化和转型升级，从传统的粮食生产向高附加值、高品质的园艺产品生产转变。这不仅增加了农产品的附加值和经济效益，还提升了农民的收入水平，促进了农村经济的增长和帮助农民脱贫致富。

（3）保护生态环境和生物多样性

园艺型新型职业农民注重生态环境的保护和生物多样性的维护。他们通过种植各类花卉植物和果蔬作物，增加了植被覆盖，改善了生态环境。同时，他们注重生态种植和绿色生产方式的应用，减少农药和化肥的使用，保护土壤和水源的健康。他们的工作不仅美化了农村和城市环境，还为生物多样性的保护和生态系统的平衡做出了贡献。

（4）传承和弘扬优秀传统文化

园艺型新型职业农民在种植花卉、园林和果蔬的过程中，融入了丰富的传统文化元素。他们注重保护和传承传统园艺技艺和品种，将传统文化与现代园林景观相结合，创造出独具特色的园艺风格。通过展示传统文化，园艺型新型职业农民促进社会传播和弘扬了传统文化，丰富了人们的精神生活。

（5）创新创业和社会就业

园艺型新型职业农民通过创新创业，开辟新的就业机会。他们不仅从事园艺种植和养殖，还涉及园艺设计、园艺技术服务、园林建设等领域。他们的工作为社会创造了大量的就业岗位，吸引了更多年轻人投身于园艺产业，推动了农村劳动力的转移就业和农村人才的培养。

（七）专业服务型新型职业农民

1. 概念

专业服务型新型职业农民是指从事农业科技服务、农业信息服务、农业金融服务等方面工作的专业人才。他们具备丰富的农业知识和专业技能，能够为农民和农业生产者提供科技咨询、信息解读、贷款咨询等服务。他们致力于促进农业科技创新，提升农业生产效益，推动农业现代化和农村经济发展。

2. 特点

（1）农业科技服务

专业服务型新型职业农民在农业科技服务方面具有专业知识和技能。他们了解最新的农业科技成果和应用技术，能够根据农户的需求和实际情况，提供科学的种植、养殖、施肥、防治等方面的咨询和指导。他们通过现场指导、技术培训、示范推广等方式，帮助农民掌握先进的农业技术，提高生产效率和产品质量。

（2）农业信息服务

专业服务型新型职业农民在农业信息服务方面具备丰富的知识和技能。他们通过收集、整理和解读农业信息，为农民提供准确、及时的农业信息服务。他们了解市场行情、天气变化、病虫害防治等方面的信息，能够帮助农民做出科学的决策，优化种植结构和市场销售。他们通过建立农业信息平台、开展信息宣传和培训等方式，提升农民的信息意识和信息素养。

（3）农业金融服务

专业服务型新型职业农民在农业金融服务方面具备专业知识和能力。他们了解农业金融政策和金融产品，能够为农民提供贷款咨询、风险评估、融资申请等方面的服务。他们通过与金融机构建立良好的合作关系，为农民搭建融资平台，提供金融支持和服务。他们通过金融产品的创新和推广，帮助农民解决资金问题，促进农业生产的可持续发展。

（4）农业管理咨询

专业服务型新型职业农民在农业管理咨询方面具备专业知识和能力。他们能够为农民提供农业生产管理方面的咨询和指导。他们了解农业管理的各个环节，包括土地利用规划、种植结构调整、生产管理流程等。他们通过分析农场经营状况、评估农业风险和资源利用效率，提供科学的农业管理方案和决策支持，帮助农民提高生产效率和经济效益。

3.作用和意义

专业服务型新型职业农民在农业发展和农村振兴中具有重要作用和意义。

（1）促进农业科技创新和现代化

他们通过提供农业科技服务，推动农业科技创新和现代化。他们将最新的科技成果应用于农业生产实践，帮助农民采用科学的种植、养殖和管理技术，提高生产效率和产品质量。他们的工作促进了农业的科技进步，推动了农业的现代化转型。

（2）提供农业信息和决策支持

他们通过农业信息服务，为农民提供准确、及时的农业信息和决策支持。他们收集、整理和解读农业相关的信息，包括市场行情、天气变化、病虫害防治等，帮助农民做出科学的决策，优化种植结构、调整销售策略，提高农产品的市场竞争力。

（3）推动农业金融服务和农业发展

他们通过农业金融服务，促进农业发展和帮助农民脱贫致富。他们了解农业金融政策和产品，为农民提供贷款咨询、风险评估和融资申请等服务，解决农民在资金方面的需求。他们与金融机构合作，搭建融资平台，推动农业项目的融资和投资，促进农业的可持续发展。

（4）提升农业生产效益和农民收入水平

他们通过提供农业管理咨询和服务，帮助农民提升农业生产效益和经济收入。他们分析农业生产的各个环节，优化管理流程和资源配置，提供科学的农业管理方案，帮助农民降低生产成本、提高产量和品质，增加农产品的附加值和市场竞争力。他们通过提升农业生产效益，帮助农民实现增收致富，改善农村居民的生活水平。

（5）推动农业可持续发展和生态环境保护

专业服务型新型职业农民在农业发展中注重推动农业的可持续发展和生态环境的保护。他们引导农民采用生态友好的种植和养殖方式，减少农药和化肥的使用，提倡有机农业和绿色生产。他们关注土壤保护、水资源管理和生物多样性保护，帮助农民实施生态农业，促进农业与环境的协调发展。

（6）促进农村就业和人才培养

专业服务型新型职业农民为农民就业提供了新的机会。他们在农村建立了专业化的农业服务团队，创造了就业岗位，吸引了大量农村青年投身于农业发展。同时，他们通过技术培训和知识传授，帮助农民提升专业技能和就业能力，促进农村人才的培养和农业人才队伍的壮大。

（八）教育培训型新型职业农民

1. 概念

教育培训型新型职业农民是指从事农业教育培训、农业科普普及、农民文化素质提升等方面工作的专业人才。他们具备丰富的农业知识和教育技能，能够为农民和农业从业者提供农业技术培训、农业科普知识普及和农民文化素质提升等服务。他们致力于提升农民的科学素养和职业技能，推动农业的现代化和农村社会的发展。

2. 特点

（1）农业技术培训

教育培训型新型职业农民具备丰富的农业知识和教育技能，能够为农民提供农业技术培训。他们了解农业生产的各个环节和技术要点，能够针对农民的实际需求，提供种植、养殖、农机操作等方面科学的培训和指导。他们通过理论讲解、示范演示、实践操作等方式，帮助农民掌握先进的农业技术和管理方法，提高生产效益和农产品质量。

（2）农业科普普及

教育培训型新型职业农民注重农业科普知识的普及和传播。他们了解农业科技成果和创新成果，能够将复杂的科学知识转化为通俗易懂的语言，向农民普及农业科学知识。他们通过开展农田观摩、科普讲座、展示展览等形式，向农民传递农业科技信息，提高农民的科学素养和农业科技水平。

（3）农民文化素质提升

教育培训型新型职业农民注重农民文化素质的提升。他们通过开展文化教育活动、组织农民培训班、推动乡村文化建设等方式，提升农民的文化素养和综合素质。他们注重培养农民的创新精神、团队合作能力、市场意识等，帮助农民拓宽就业渠道，提高农民的职业技能和就业能力。

（4）农业产业发展指导

教育培训型新型职业农民还关注农业产业的发展指导。他们通过提供农业产业发展的咨询和指导服务，帮助农民规划农业产业布局、调整农产品结构，促进农业产业链的延伸和优化。他们了解市场需求和农产品的竞争优势，提供市场调研、产业规划和营销策略等方面的支持，帮助农民把握市场机遇，实现农产品的增值和市场化。

新型职业农民的类别是多样化的，不同的职业农民类别有不同的特点和工作职责，但他们共同的目标是推动农业发展，促进农村经济增长。

第二节 乡村振兴战略

一、乡村振兴战略提出的背景

党和政府长期以来一直高度重视农村问题,并采取了一系列措施和政策,如新农村建设、美丽乡村、特色小镇等,给农村地区的发展带来了巨大变化。然而,随着我国进入现代化阶段,农村农业的发展依然是我们面临的短板,农村农业的发展仍然面临许多难题和挑战。

首先,农村地区的生态环境破坏十分严重。良好的自然环境是各方面发展的基础和保障,但长期以来,农村地区存在粗放式生产的问题。人们只追求眼前的经济利益,对乡村的自然环境和宝贵资源保护意识不强,导致土壤质量下降,水源受到污染,生物多样性减少,生态系统遭受严重破坏。

其次,农村地区的基础设施建设和公共服务相对落后。虽然党和政府对基础设施建设和公共服务发展十分重视,农村地区的基础设施和公共服务水平已经得到了一定改善,但由于历史原因、起步较晚、投入资金不足、融资渠道不畅等问题,农村地区的基础设施建设仍然相对薄弱。道路交通、电力供应、通信网络等方面的不完善,制约了农村产业的升级和农民生活质量的提高。

最后,农民收入增长较慢。当前,我国农村地区的受教育水平相对较低,农民的文化素质相对较低,限制了他们的就业能力和收入来源。大部分农民依赖家庭性经营获得收入,而随着我国经济结构的转型,农民的收入增长较为缓慢。同时,农村地区缺乏多样化的就业机会和收入增长渠道,农民的收入水平相对较低,贫困问题依然存在。

农村、农业和农民发展的不充分性以及农村发展中仍面临的各种困难和问题,迫使我们必须实施乡村振兴战略。

二、乡村振兴战略提出的依据

农业是国民经济的基础,"三农"问题是直接关系到最广大人民群众衣食住行的全局性和最根本性的问题。基于"三农"问题的重要战略地位,党的十九大在准确地揭示出中国特色社会主义已经进入新时代、科学地研判现阶段我国社会主要矛盾已经转化为人民日益增长的美好生活需要和不平衡不充分的发展之间的矛盾之后,首次提出"乡村振兴战略",并将其列为我国经济社会发展的七大全局性战略之一,以推动全面建成小康社会目标的实现。作为重中之重,"乡村振兴战略"在报告中被两次提及,并把它作为新时代贯彻新发展理念、建设现代化经济体系的六项重大任务之一。这凸显了"乡村振兴战略"的重要战略地位和重大历史意义。

（一）理论依据

"乡村振兴战略"的理论依据主要源于我国社会主要矛盾的变化。党的十九大提出："中国特色社会主义进入新时代，我国社会主要矛盾已经转化为人民日益增长的美好生活需要和不平衡不充分的发展之间的矛盾。"这一转变为乡村振兴战略的提出提供了重要的理论支撑。

乡村地区的落后发展和不平衡不充分的问题是我国农村面临的主要矛盾和矛盾主要方面。长期以来，由于历史原因、资源环境限制、制度体制问题等多种因素的影响，农村地区的发展滞后于城市地区，农业生产方式相对落后，基础设施和公共服务水平相对较低，农民收入增长缓慢，农村人才流失等问题日益突出。这些问题制约着我国现代化建设实现，成为阻碍我国社会发展全面进步的重要矛盾。

面对这一新时代的社会主要矛盾，乡村振兴战略的提出具有重要的理论意义和现实价值。乡村振兴战略旨在通过全面推进农村农业现代化、实现乡村社会全面进步，打破农业农村发展的瓶颈，推动乡村经济持续发展，增强农民的获得感、幸福感和安全感。乡村振兴战略的提出，有以下几个方面的理论依据：

1. 我国社会主要矛盾的转化

党的十九大明确指出，我国社会主要矛盾已经转化为人民日益增长的美好生活需要和不平衡不充分的发展之间的矛盾。这一转变意味着我国已经进入了经济发展新阶段和社会变革新时代。农村地区作为我国社会主要矛盾的主要方面之一，必须通过乡村振兴战略来解决发展不平衡不充分问题，满足人民日益增长的美好生活需要。

2. 实现全面建成小康社会目标的需求

乡村振兴战略是实现全面建成小康社会目标的迫切需求。在我国现代化建设进入新阶段的背景下，农村地区的发展滞后、农业农村问题凸显，已经成为影响全面小康目标实现的主要矛盾之一。乡村振兴战略的提出旨在通过加快农村地区的现代化进程，推动乡村经济、社会、生态全面进步，使农民获得更好的生活水平和幸福感。

3. 国内外经验的借鉴和启示

乡村振兴战略的提出借鉴了国内外发展经验和成功案例，如中国的农村改革开放实践、乡村振兴经验、乡村旅游发展等，以及其他国家和地区的乡村振兴经验，如欧洲的农村振兴政策和乡村发展模式。这些经验和启示为我国乡村振兴战略的制定和实施提供了重要的理论支持和实践借鉴。

4. 时代要求和发展趋势

随着我国经济社会的快速发展和城市化进程的推进，农村地区面临着新的发展机遇和挑战。乡村振兴战略的提出顺应时代发展的要求，符合农村地区实现可持续发展和现代化的发展趋势。在新的历史条件下，乡村振兴战略为农村地区赋予新的发展使命和动力，为农业农村发展提供了新的路径和思路。

"乡村振兴战略"的提出基于我国社会主要矛盾的转化，实现全面建成小康社会目标的需求，国内外经验和启示，时代要求和发展趋势等多重理论依据。这一战略旨在解决乡村地区的不平衡不充分发展问题，推动乡村经济社会全面进步，提升农民的生活质量和幸福感，实现农村全面振兴和现代化进程。

（二）历史依据

"乡村振兴战略"的提出是基于我国城乡发展差异和党对"三农"工作的重视。自新中国成立以来，我国城乡之间存在着明显的发展差异。改革开放40年来，城市迅速发展，取得了显著成果，而农村地区的发展滞后，现代化进程较慢，城乡差距较大。同时，党和政府一直高度重视农业农村的发展，在人力、物力、财力和政策上给予了大力扶持。尽管农业农村取得了一定进步，但与城市发展的步伐和现代化的要求仍存在较大差距。

农村地区的发展滞后导致一些社会问题的出现。例如，大量农村青壮年劳动力涌向城市，导致农村土地荒芜和经济萧条，农村高素质人才流失严重，农村治理能力不足等问题逐渐显现。这些问题不仅制约了农村的发展，也对我国经济社会的全面发展带来了影响。因此，解决这些瓶颈和关键问题，必须从战略和全局的高度重视农业、农村和农民的发展，提出全面、系统和根本性的解决方案和路径。

党对"三农"工作一直高度重视，把"三农"问题摆在党和国家工作的重中之重。在新中国成立初期，通过土地改革等政策，解决了人民的温饱问题，基本实现了小康社会。改革开放以来，党中央在继续重视"三农"工作的基础上，对"三农"问题进行了更深入的思考和规划，推出了一系列惠农富农和强农政策，有效促进了农业发展、农村繁荣和农民增收。

为了进一步推动农村发展和解决"三农"问题，2017年10月，党的十九大首次正式提出了乡村振兴战略，将农业农村优先发展作为关键内容。这一战略丰富和发展了几代中央领导集体关于"三农"思想，反映了党中央对新时代"三农"问题发展规律的深刻把握。乡村振兴战略的提出是对农村发展实践要求和历史发展的必然选择。

乡村振兴战略的历史依据还可以从以下几个方面进一步展开。

首先，农村地区是我国社会主要矛盾转化的重要领域。随着我国进入新时代，我国社会主要矛盾已经由人民日益增长的美好生活需要和不平衡不充分的发展之间的矛盾转化为人民对美好生活的需要和发展不平衡不充分之间的矛盾。这意味着在新时代，乡村发展不仅是解决农村问题的内在要求，也是实现全面建设社会主义现代化国家目标的重要组成部分。因此，乡村振兴战略的提出具有理论和实践的必然性。

其次，乡村振兴战略是适应我国发展阶段转变的需要。随着我国经济社会发展进入新阶段，经济增长速度放缓，传统优势产业面临转型升级的挑战，城市化进程已经相对饱和，需要寻找新的增长动力和发展路径。在这一背景下，乡村振兴战略提出了以农业农村为重点，促进农村一、二、三产业融合发展，推动农村全面进步的战略方向。这一战略的提出符合当前经济社会发展的实际需求，有助于推动我国发展迈向更高水平。

最后，乡村振兴战略的提出还受到国际经验的启示。在世界范围内，农村发展和乡村振兴战略在许多国家都具有重要意义。例如，欧美国家的农村振兴战略，以农村经济发展、社会公共服务改善和农村治理能力提升为核心，取得了显著成效。我国乡村振兴战略在借鉴国际经验的基础上，结合国情和实际情况，提出了一系列具有中国特色的政策措施，旨在推动乡村全面振兴。

我国乡村振兴战略的历史依据主要源于城乡发展差异和党对"三农"工作的重视。城乡发展差异和农村问题的存在，以及我国进入新时代的发展转变，都为乡村振兴战略的提出提供了理论和实践的必然性。这一战略的提出旨在解决城乡发展不平衡问题，推动农村地区实现全面发展，实现人民对美好生活的需求，适应我国发展阶段转变的需要，以及借鉴国际经验。乡村振兴战略的实施对于促进农业发展、农村繁荣和农民增收具有重要意义，有助于推动我国全面建设社会主义现代化国家目标的实现。

（三）现实依据

乡村振兴战略的提出是基于我国实现精准脱贫和全面建成小康社会的现实需要。在中华人民共和国成立后的几十年里，中国共产党一直致力于带领人民脱贫，并取得了巨大的成就。然而，直到党的十八大初期，我国仍有近1亿人处于贫困状态。为了解决这一现实问题，党中央及时提出了精准扶贫战略，并加大了扶贫工作的力度。

近年来，我国贯彻落实"扶真贫、真扶贫"的思想，采取入村入户、点对点面对面的精准扶贫措施，取得了决定性进展。然而，仍需认识到农村地区的发展仍存在短板和困难。农业仍然是实现全面建成小康社会的短腿，农村仍然是发展的短板。到2020年，我国常住农村人口约为6亿，即使在2035年基本实现现代化的目标后，仍将有近4亿农村人口。要实现全面建成小康社会的目标，必须从根本上解决农民的小康和农业农村的现代化问题。

为了应对这一现实需求，党中央及时提出了乡村振兴战略，将农村问题提升到了党和国家的战略高度。这一战略旨在全面提升农业农村的发展速度和水平，实现农业现代化、农村产业振兴、乡风文明建设、治理体系创新、生态文明建设的目标。乡村振兴战略的提出是为了实现全面建成小康社会目标的必然选择。

乡村振兴战略的实施需要从以下几个方面加以深化和推进。

第一，要加强农业现代化建设，推动农业生产方式、农产品质量和技术水平的提升。这包括推进农业科技创新，培育现代农业产业体系，推广先进的农业生产技术和管理模式，提高农产品的品质和附加值，增强农业的竞争力和可持续发展能力。

第二，要推动农村产业振兴，促进农村经济多元化发展。通过发展农村特色产业、乡村旅游、农产品加工等，培育农村新的经济增长点，增加农民收入，改善农村居民的生活水平。同时，要加强农村金融服务，提供贷款、信用担保等金融支持，激发农村创业创新活力。

第三，要推进乡风文明建设，培育和践行社会主义核心价值观。加强乡村文化建设，保护和传承优秀的传统文化，推动农村精神文明建设，提高农民的文化素质和道德水平。同时，要加强农村社会管理和公共服务，提供良好的教育、医疗、养老、文化等公共服务，改善农民的生活条件。

第四，要创新农村治理体系，推进乡村治理能力和效能的提升。建立健全乡村基层组织，加强村级民主自治，发挥农民的主体作用。加强农村土地制度和农村土地流转，促进农村资源的优化配置和集约利用。同时，要加强农村环境保护，推进农村生态文明建设，实现农业可持续发展和生态安全。

乡村振兴战略的提出是基于我国实现精准脱贫和全面建成小康社会的现实需求。通过加强农业现代化建设、推动农村产业振兴、促进乡风文明建设、创新农村治理体系，可以全面提升农业农村发展的速度和水平，实现乡村振兴和农民小康的目标。这一战略的实施对于推动我国经济社会的全面发展具有重要意义。

三、乡村振兴战略的基本内容

乡村振兴战略是新一届中央领导集体在新时代的时代背景下，围绕如何全面解决"三农"问题，以新思想为指导，将五大发展理念贯彻到农业农村农民工作中，实现农业农村农民高质量发展，进而走出一条有中国特色的乡村振兴道路，最终做出的重大战略举措。

中国迈入举世瞩目的新时代，要求中国必须要有新气象、新担当、新作为、新成就。体现在"三农"工作上，就是要实现乡村新的发展，重塑新的面貌，取得新的成就，乡村振兴战略的实施符合时代的要求，必将加快我国农业农村现代化和从农业大国向农业强国迈进的步伐，开启全面建设社会主义现代化国家的新征程。

实践已经证明，振兴乡村必须要全面振兴，全面统筹乡村发展全局。要实现乡村振兴，最根本的是要坚持党在农村各项工作的领导，只有在中国共产党的领导下，才能实现乡村全面的振兴；要实现乡村振兴，必须调动和发挥农民作为振兴主体的积极性，让农民全面参与到振兴乡村的各项工作中；要实现乡村振兴，必须坚持农业发展优先、农村发展优先，实现城市和乡村协调发展，让乡村在和城市融合的过程中，实现振兴；要实现乡村振兴，必须坚持乡村绿色发展，既要"金山银山"，更要"绿水青山"。

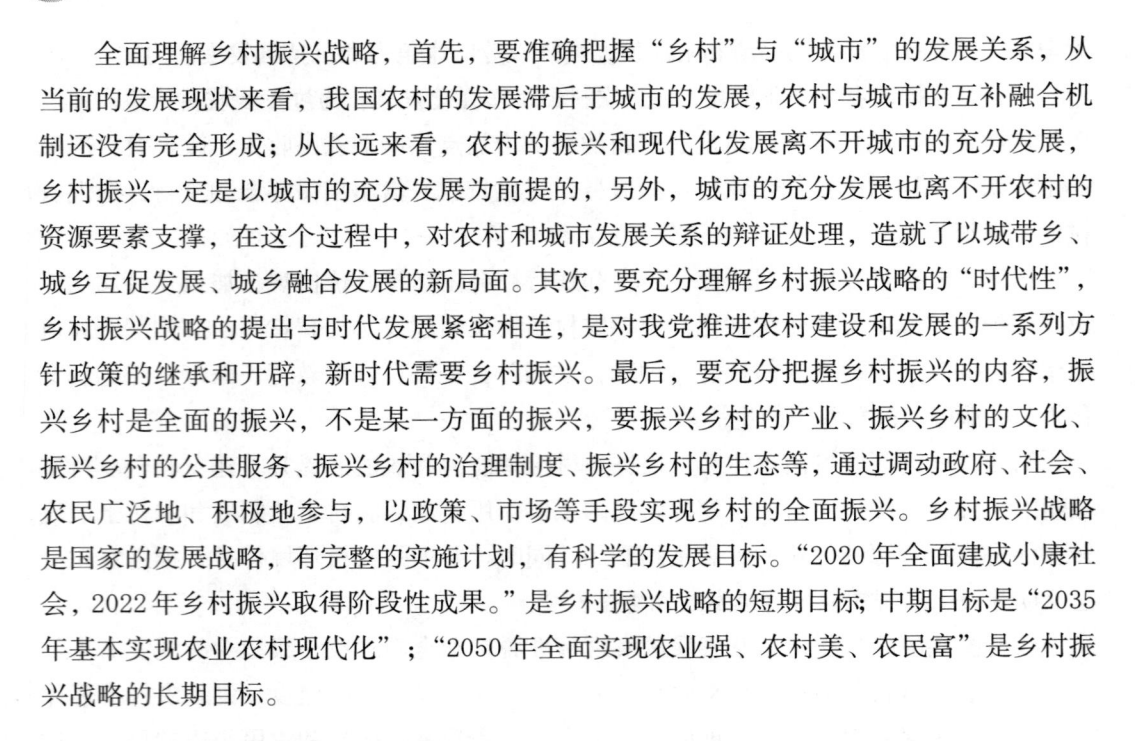

全面理解乡村振兴战略，首先，要准确把握"乡村"与"城市"的发展关系，从当前的发展现状来看，我国农村的发展滞后于城市的发展，农村与城市的互补融合机制还没有完全形成；从长远来看，农村的振兴和现代化发展离不开城市的充分发展，乡村振兴一定是以城市的充分发展为前提的，另外，城市的充分发展也离不开农村的资源要素支撑，在这个过程中，对农村和城市发展关系的辩证处理，造就了以城带乡、城乡互促发展、城乡融合发展的新局面。其次，要充分理解乡村振兴战略的"时代性"，乡村振兴战略的提出与时代发展紧密相连，是对我党推进农村建设和发展的一系列方针政策的继承和开辟，新时代需要乡村振兴。最后，要充分把握乡村振兴的内容，振兴乡村是全面的振兴，不是某一方面的振兴，要振兴乡村的产业、振兴乡村的文化、振兴乡村的公共服务、振兴乡村的治理制度、振兴乡村的生态等，通过调动政府、社会、农民广泛地、积极地参与，以政策、市场等手段实现乡村的全面振兴。乡村振兴战略是国家的发展战略，有完整的实施计划，有科学的发展目标。"2020年全面建成小康社会，2022年乡村振兴取得阶段性成果。"是乡村振兴战略的短期目标；中期目标是"2035年基本实现农业农村现代化"；"2050年全面实现农业强、农村美、农民富"是乡村振兴战略的长期目标。

四、乡村振兴战略的基本特点

（一）时代性

乡村振兴战略是在新时代背景下提出的，旨在解决当前阶段我国面临的主要矛盾，促进农村全面发展，加快实现中华民族伟大复兴和"两个一百年"奋斗目标。其时代性主要表现在以下几个方面。

1. 紧扣时代需求

乡村振兴战略紧紧围绕新时代我国面临的新问题、新挑战和新任务，针对农村发展的短板和不足，提出了一系列切实可行的举措。战略的提出对于实现全面建成小康社会、实现乡村振兴具有重要意义，契合了时代要求和人民群众的期待。

2. 符合时代主题

乡村振兴战略贴合我国当前发展的主题和方向。随着我国经济发展进入新阶段，传统经济增长动力减弱，城市化进程相对饱和，农村地区成为推动经济社会发展的重要力量。战略的提出体现了党中央对于乡村发展的战略思考和规划，为实现乡村振兴指明了方向。

3. 顺应时代潮流

乡村振兴战略积极回应了全球乡村发展的趋势和潮流，农村振兴和乡村发展战略已经成为许多国家的重要议题。中国作为世界上最大的发展中国家，乡村振兴战略的提出与国际社会的发展潮流相契合，有利于借鉴和吸收国际经验，推动我国农村发展与世界接轨。

4. 适应时代变革

乡村振兴战略是在我国社会主要矛盾发生转化的背景下提出的。我国社会主要矛盾从人民日益增长的美好生活需要和不平衡不充分的发展之间的矛盾转化为人民对美好生活的需要和发展不平衡不充分之间的矛盾，乡村振兴战略的提出为解决这一新时代的矛盾提供了有力的路径和方向。

（二）实践性

乡村振兴战略的实践性体现在以下几个方面：

1. 从实践中总结经验

乡村振兴战略的提出是在对过去农村发展实践的总结和经验教训的基础上形成的。习近平总书记在多年的工作实践中深入了解了农村发展的实际情况，触摸到了农民的期望和需求。他在不同层级和地区的担任中领导职务时，密切接触农村，深入调研，并逐渐形成一系列对农村发展的认识和思考。这些实践经验的总结为乡村振兴战略的提出提供了重要的基础和依据。

2. 实践中的理论升华

乡村振兴战略的提出不仅是对实践经验的总结，更是对这些实践经验进行理论升华的结果。这种理论升华使乡村振兴战略具备了更强的科学性和可操作性，能够更好地指导实践工作。

3. 丰富完善的发展过程

乡村振兴战略是在实践过程中逐步丰富和完善的。从乡村振兴战略的提出到今天，经历了多个阶段的发展和完善。在实施过程中，通过不断实践、总结经验，对战略的内容、目标和路径进行了调整和优化。例如，在推动农村产业发展方面，逐渐形成了农村产业振兴、农产品供给侧结构性改革等重要内容。这种发展过程使乡村振兴战略更加贴近实际，更具针对性和可操作性。

4. 实践验证的有效性

乡村振兴战略的实施取得了显著成效，进一步证明了其实践性。通过实施乡村振兴战略，我国农村取得了明显的发展成就。农业农村经济实现稳定增长，农民收入不断提高，农村基础设施得到改善，农村生态环境得到保护和修复，农村社会治理水平提升，农村文化传承和创新得到加强等。这些成果都是通过乡村振兴战略的实践推动和政策措施落地实施取得的，充分验证了战略的实践性和可行性。

5. 持续推进的实践力度

乡村振兴战略的实践并不仅仅是一时的行动，而是持续推进的过程。党中央高度重视乡村振兴工作，在各级政府的引领下，各地区积极响应，广大干部群众踊跃参与，形成了全社会共同推进乡村振兴的良好氛围。这种持续的实践力度为战略的有效实施提供了坚实的基础，也为乡村振兴战略的实践性提供了强大的支撑。

6. 多元主体的参与

乡村振兴战略的实践涉及多个主体的参与，包括政府部门、农民、农业企业、乡村集体经济组织、社会组织等。各个主体在实践中发挥各自的优势和作用，形成了合力，推动了乡村振兴战略的实施。这种多元主体的参与使战略的实践更加广泛和深入，增强了战略的实践性和可持续性。

乡村振兴战略的实践性体现在从实践中总结经验、实践中的理论升华、丰富完善的发展过程、实践验证的有效性、持续推进的实践力度以及多元主体的参与。这些特点使乡村振兴战略成为符合实际、可操作强和具有实践指导意义的重要国家战略。

（三）人民性

乡村振兴战略的人民性体现在以下几个方面：

1. 以人民为中心

乡村振兴战略坚持以人民为中心的发展思想，把人民的利益放在首位。战略的目标是让广大农民过上更加美好的生活，实现农民的全面发展和富裕。在制定和实施战略过程中，政府始终将人民的需求和利益放在第一位，通过优化政策措施、改善农村基础设施、提高农民收入等方式，提升农民的获得感、幸福感和安全感。

2. 解决人民的现实问题

乡村振兴战略旨在解决城乡居民收入差距扩大、农民增收困难等实际问题。战略的实施致力于改善农民的经济收入、社会福利和生活条件，提高农民的生活水平和幸福指数。通过发展农村经济、提升农民的生产能力和市场竞争力，使农民能够分享到经济发展的成果，实现自身利益与国家发展的良性互动。

3. 重视农民主体地位

乡村振兴战略将农民作为振兴的主体，充分发挥农民在农村发展中的积极作用。战略的实施鼓励农民积极参与农村经济建设和农业现代化进程，激发农民的创造力和主动性，增强他们对乡村振兴的主人翁意识。通过建立农民合作组织、培育农业龙头企业、发展农民专业合作社等举措，为农民提供更多参与发展、分享发展成果的机会。

4. 保障农民权益和福祉

乡村振兴战略注重保障农民的合法权益和基本福祉。在战略的实施过程中，政府加大对农民的政策扶持力度，提高农民的社会保障水平，改善农村教育、医疗、养老等公共服务条件，增加农民的福利待遇。同时，加强土地承包经营权保护，保护农民的土地权益和农村产权，确保农民在土地流转和农业产业发展中的合法权益。此外，还加强农民培训和技能提升，提供更多的就业机会和创业支持，为农民提供更广阔的发展空间。

5. 广泛的民意参与

乡村振兴战略的制定和实施充分考虑了广大农民的意见和诉求，注重民主参与和民意调查。政府通过各种形式的座谈会、调研访问、民意测评等方式，听取农民的意见和建议，充分尊重农民的主体地位和知情权、参与权、表达权。这种民主参与的机制使农民能够更好地参与决策过程，保障了乡村振兴战略的民主性和人民性。

6. 实现中华民族伟大复兴的必然要求

乡村振兴战略的实施是实现中华民族伟大复兴的必然要求。中国是一个农业大国，农民是中华民族的重要组成部分。只有农民富裕了，中华民族才能真正实现伟大复兴。乡村振兴战略以实现农民富裕为根本目标，注重解决农村的突出问题，推动农村发展，为实现中华民族的伟大复兴做出了重要贡献。

乡村振兴战略的人民性体现在以人民为中心、解决人民现实问题、重视农民主体地位、保障农民权益和福祉、广泛的民意参与以及实现中华民族伟大复兴的必然要求等方面。战略的制定和实施旨在促进农民的全面发展和幸福生活，推动农村全面振兴，实现中华民族的伟大复兴。

（四）科学性

乡村振兴战略的科学性主要表现在以下几个方面。

1. 基于马克思主义理论

乡村振兴战略是在马克思主义基本原理的指导下提出的，马克思主义是经过历史和实践验证的科学理论。乡村振兴战略以马克思主义为指导，坚持解放思想、实事求是、与时俱进的思想路线，将马克思主义的普遍原理与中国具体国情相结合，形成了适合中国国情的农村发展战略。

2. 融合中华优秀传统文化

乡村振兴战略继承了中华优秀传统文化中的重农思想基因。中国自古以来就重视农业和农村，将农耕文化视为中华民族的重要特征之一。乡村振兴战略在传承中华优秀传统文化的基础上，注重发挥农村的独特优势和潜力，推动农村经济、社会和文化的全面发展，体现了对传统文化的科学继承和创新。

3. 借鉴历届领导集体的实践经验

乡村振兴战略借鉴了历届领导集体在"三农"工作中的实践经验。中国共产党自建党以来就一直关注农业农村农民工作，通过不断的实践探索，积累了丰富的经验教训。乡村振兴战略在制定和实施过程中，充分借鉴了历届领导集体的实践经验，吸取了过去的成功经验和教训，以科学的方法论指导乡村振兴工作。

4. 准确把握国情和时代要求

乡村振兴战略在建设中国特色社会主义伟大实践中，准确把握了我国的国情和时代要求。战略的提出是基于对中国农村实际情况的深入研究和准确把握，充分考虑了中国农村的特点、问题和挑战。战略的制定和实施紧密结合了当前经济社会发展的阶段性特征和新的矛盾问题，体现了对时代要求的科学的分析和判断。乡村振兴战略旨在通过科学的方法和理论，解决农村发展中面临的问题和挑战，实现农村全面振兴。战略的制定和实施过程中，充分运用了科学的思维方式和研究方法，注重数据分析、实证研究和实践验证，确保决策的科学性和可行性。

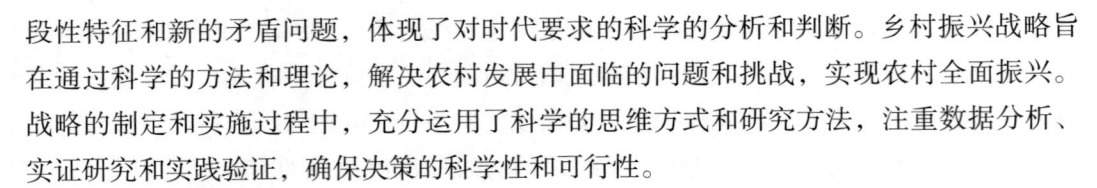

5. 践行科学的决策机制

乡村振兴战略在决策过程中秉持科学决策的原则，建立了科学、民主、权威的决策机制。战略的制定和实施过程中，充分借鉴各方面的智慧和意见，广泛征求各方面的意见和建议，形成了集体决策的模式，确保战略的科学性和可操作性。同时，通过建立评估和监测机制，对战略的实施效果进行科学评估，及时调整和完善战略措施，确保战略的持续有效性。

6. 依靠科技创新推动发展

乡村振兴战略注重依靠科技创新推动农村发展。战略的实施倡导农业科技创新、农业机械化、智能农业等，加强农业科技研发和推广应用，提高农业生产效率和质量，推动农业现代化进程。通过推动农村数字化、信息化、智能化建设，提升农村产业发展水平，促进农民增收致富。科技创新的引入和应用，使乡村振兴战略更加科学可行，为农村发展提供了更多的发展路径和可能性。

乡村振兴战略的科学性体现在理论的科学性、实践经验的借鉴、国情和时代要求的把握、决策机制的科学性以及科技创新的推动力等多个方面。这些特点使得乡村振兴战略具备了更强的科学性和可操作性，能够更好地指导乡村发展工作，推动农村实现全面振兴。

（五）乡村振兴战略具有全面的系统性

乡村振兴战略的系统性主要表现在以下几个方面：

1. 全面的振兴内容

乡村振兴战略要求对乡村进行全面的振兴，涵盖了农业、农村和农民的各个方面。战略要求同步统筹乡村"五位一体"发展，即经济建设、政治建设、文化建设、社会建设和生态文明建设统一推进。这意味着乡村振兴不仅仅关注经济的发展，还要注重乡村文化传承与发展、农民组织建设、生态环境保护等方面的问题。通过系统而综合性的振兴措施，实现了乡村的全面振兴。

2. 协调的振兴关系

乡村振兴战略要求协调和处理好乡村振兴的各个环节和关系。在乡村振兴的过程中，不允许孤立任何一个部分，不允许忽视任何一个环节。要统筹解决农村产业、文化、组织、生态、基础设施、公共服务等多个方面的问题，确保各个方面的振兴工作相互协调、相互促进。通过协调乡村振兴的各个环节和关系，实现了乡村振兴的整体推进和系统发展。

3. 长期的系统过程

乡村振兴战略的实施是一个系统的、长期的过程。从国家的乡村振兴规划可以看出，乡村振兴不仅有短期目标，还有中长期目标。战略强调要注重振兴过程的系统性，扎实走好乡村振兴的每一步。在实施过程中，需要充分考虑乡村振兴的发展阶段性特征，科学制定中长期规划和目标，逐步推进乡村振兴的各个方面，确保振兴工作的连续性和稳定性。

4. 系统的指导框架

乡村振兴战略建立了系统的指导框架，为乡村振兴提供了整体的规划和指导。战略的实施需要建立科学的规划体系和工作机制，确保各级政府和部门的协同合作，形成整体的工作合力。乡村振兴战略明确了乡村振兴的总体目标、重点任务和政策措施，并提出了乡村振兴的指导原则和基本路径。这一系统的指导框架为乡村振兴的全面推进提供了有力的指引和支撑。

5. 综合的评估体系

乡村振兴战略建立了综合的评估体系，对乡村振兴的实施效果进行科学评估。这一评估体系综合考虑了经济、社会、环境等多个方面的指标，从全面、系统的角度评估乡村振兴工作的成效。通过定期评估和监测，及时发现问题和不足，并采取相应的调整措施，确保乡村振兴工作的持续推进和有效实施。

6. 协同的合作机制

乡村振兴战略倡导各级政府、相关部门和社会各方协同合作。战略的实施需要建立健全乡村振兴的组织体系和工作机制，加强各方之间的沟通和协调，形成推动乡村振兴的合力。政府、企业、社会组织、农民等多方主体的参与合作，促进了资源的有效整合和优化配置，实现了乡村振兴工作的协同推进和系统发展。

乡村振兴战略的系统性体现在其全面的振兴内容、协调的振兴关系、长期的系统过程、系统的指导框架、综合的评估体系和协同的合作机制上。这种系统性的特点使得乡村振兴战略能够在实践中有效推进，实现乡村的全面发展和振兴。

第三节　新型职业农民理论基础

新型职业农民培育，也是农村人力资源潜力挖掘的过程，不仅仅是单纯的培训工作，还需要有一系列的政策支持来打造良好的培育环境，才能让他们安心以农业生产作为终身职业，这些都需要理论作为支撑。

一、舒尔茨的人力资本理论

舒尔茨的人力资本理论是现代经济学中的重要理论之一，它对于理解和解释人力资本的概念和作用具有重要意义。在新型职业农民的理论基础上，舒尔茨的人力资本理论提供了重要的参考和支撑。舒尔茨人力资本理论的主要内容如下（见表2-1）：

表2-1　舒尔茨人力资本理论的主要内容

（1）	人力资源是人类拥有的资源中最重要的资源，人力资本问题是经济学核心问题
（2）	在经济社会发展过程中，人力资本所起到的作用远远大于物质资本。对于人力资本的投资，比依赖物质资源消耗获得的增长速度要快、质量要高
（3）	人力资本的核心是有效提高人口质量，人力投资的主要内容是教育方面的投资
（4）	教育投资应以市场供求关系为依据

人力资本理论的核心观点是将人力视为一种资本，即人力资本。与物质资本不同，人力资本指的是个体通过教育、培训和经验积累等方式所获得的知识、技能和能力，它可以提高个体的生产力和经济价值。根据人力资本理论，个体通过投资自身的教育和培训，可以增加自身的人力资本存量，从而提高自身的就业能力、创造力和创新能力。

在新型职业农民的理论基础上，舒尔茨的人力资本理论可以为我们理解和分析农民的职业发展和素质提升提供指导。首先，农民可以通过接受职业培训、学习农业技术知识和经验，提高自身的人力资本水平。通过学习现代农业生产技术、管理知识和市场营销技巧，农民能够提高农业生产的效率和质量，增加农产品的附加值，从而提高自身的收入和经济地位。

其次，人力资本的积累也有助于农民的职业转型和创业发展。通过不断学习和积累农业领域的知识和技能，农民可以在农业产业链的各个环节中找到更多的机会，例如农产品加工、农业旅游、农村电商等领域，实现从传统农业经营者到农业产业链中的参与者和创造者的转变。

最后，人力资本理论还强调个体的终身学习和持续发展。农民作为新型职业农民，应意识到农业领域的知识和技术在不断更新和演进，因此需要不断学习和适应新的发展趋势。通过不断提升自身的人力资本，农民可以更好地应对农业产业的变化和挑战，实现个人价值和农业发展的良性互动。

在实际操作中，新型职业农民可以通过参加培训课程、参加农业专业学校或大学的农业课程，参与农业技术培训和示范推广活动，不断提升自身的农业知识和技能。此外，农民还可以通过参加农业合作社或农民专业合作社，与其他农民进行合作和交流，共同提升农业生产水平和市场竞争力。同时，政府和相关机构也可以提供相应的政策支持和资源投入，鼓励农民参与人力资本的积累和农业产业的发展。

舒尔茨的人力资本理论为新型职业农民的培养和发展提供了理论依据和指导。通过投资农民的人力资本，提高其职业技能和知识水平，可以促进农业现代化和农村振兴，实现农民的可持续发展和农业产业的转型升级。同时，注重农民的终身学习和持续发展，可以使农民不断适应社会变革和市场需求的变化，保持竞争力和创新力。

二、马斯洛的需要层次理论

通过培训,让传统意义上的农民转变成为新型职业农民,对于打破城乡二元体制带来的割裂性社会发展、实现城乡一体化具有重要意义。但是从农民的角度考虑,他们主观上是否愿意通过接受培训,成为新型职业农民,是值得深入研究的问题,否则新型职业农民培育工作将会失去意义。在这里,本文引用马斯洛的需要层次理论,分析新型职业农民的各种潜在需求,以促进新型职业农民培育工作更好地满足农民的各种需求。需求层次理论是美国心理学家亚伯拉罕·马斯洛在1943年发表的《人类激励理论》论文中提出的,该理论将人类需求像阶梯一样从低到高按层次分为五种,分别是:生理需求、安全需求、社交需求、尊重需求和自我实现需求(见图2-1)。

马斯洛的需要层次理论是解释人类需求的重要理论之一,对于理解农民的需求和动机具有重要的参考价值。在新型职业农民的理论基础上,马斯洛的需要层次理论为我们深入研究农民的潜在需求提供了框架和指导。

根据马斯洛的需要层次理论,人类的需求可以按照层次划分为生理需求、安全需求、社交需求、尊重需求和自我实现需求(见图2-1)。在农民的培育过程中,了解并满足农民不同层次的需求,可以更好地激发他们成为新型职业农民的意愿和动力。

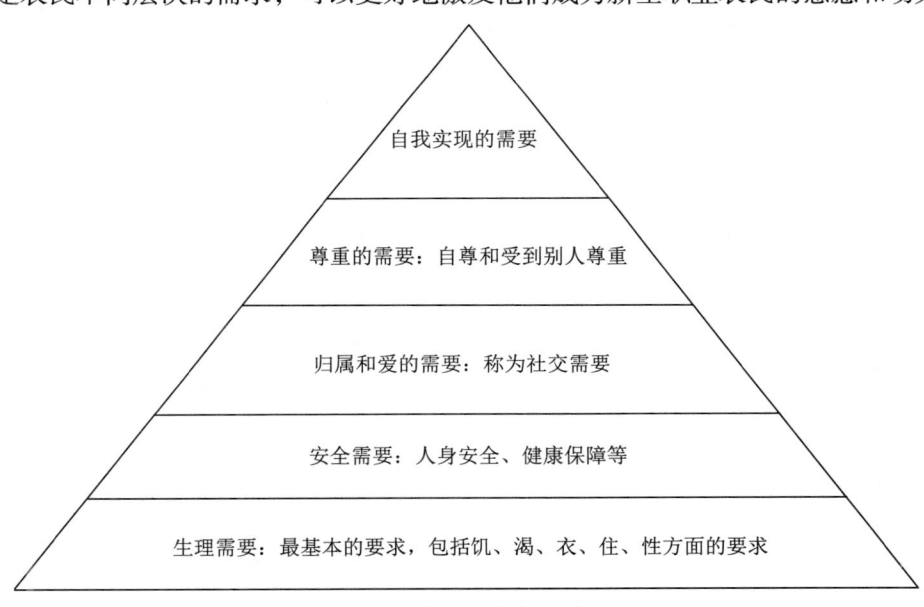

图 2-1 马斯洛需要层次理论图

第一,生理需求是农民的基本需求,包括食物、住所、健康等方面的需求。在培育过程中,要确保农民的基本生活需求得到满足,例如提供适当的生活补贴、改善农村基础设施、提供健康保障等,以确保农民的生活质量和稳定性。

第二,安全需求是农民的次级需求,包括个人安全、经济安全和社会安全等方面的需求。为了满足农民的安全需求,可以通过提供安全培训和技能培养,增强农民的安全意识和防范能力；加强社会保障制度建设，保障农民的社会权益和福利待遇；加强农村治安维护，提升农民的安全感和稳定感。

第三，社交需求是农民的社会交往和归属感需求。为了满足农民的社交需求，可以促进农民之间的交流与合作，建立农民合作组织和农民专业合作社，提供社交平台和资源共享机制；组织丰富多样的农业文化活动和农村社区建设，营造积极向上的社会氛围和农民交流的场所。

第四，尊重需求是农民希望得到尊重和认可的需求。在培育过程中，要充分尊重农民的个人价值和劳动成果，鼓励他们参与决策和管理，提升他们的自尊心和归属感；通过表彰和奖励优秀农民来满足他们的自我实现的需要。

第三章　乡村振兴战略背景下培育新型职业农民的重要性

第一节　实现乡村农业转型的迫切需要

当前，我国农业由传统农业向现代农业过渡，然而现代农业是需要具备高科技文化知识、生产技能以及经营能力等的农业人才来完成的。因此，对从事农业的人员的管理、技能、理论知识水平等要求逐渐提高，也就是说，农业现代化的完成必须要培养一批现代化的知识技能型的新型职业农民。

一、新型职业农民培育的概念及特征

（一）新型职业农民培育的概念

新型职业农民培育是指通过打造有利于新兴职业农民成长、有利于稳定新兴职业农民职业发展预期的社会环境、政策环境，通过系统的、长期的教育培训，培育大批新型职业农民。

1. 打造有利于成长的社会环境

打造有利于新型职业农民成长的社会环境是实现农业现代化和乡村振兴的重要举措。改善农村基础设施是其中关键的一环。农村基础设施的完善对于农民的生产和生活具有重要意义。在交通方面，加强农村道路的建设和改善，修建通往农田和市场的道路，提高农产品的运输效率，降低物流成本。在水利方面，加强水资源的保护和管理，修建灌溉设施，改善农田排灌条件，提高农业生产的水平和效益。在电力方面，加强农村电网建设，普及电力供应，提供可靠的电力支持，促进农村工业化和农产品加工。在通信方面，加强农村通信网络建设，普及宽带网络，提供信息服务，使农民获取农业技术、市场信息和政策指导，提升其决策能力和创新意识。

推进农业产业链整合是打造有利于新型职业农民成长的另一个重要方面。农业产业链整合涉及农产品的生产、加工、流通和销售等各个环节。通过整合农业产业链，可以优化资源配置，提高农产品的附加值和市场竞争力。首先，加强农产品加工环节的整合，建设农产品加工园区和农产品深加工企业，提高农产品的附加值，延长农产品的保鲜期，提高农产品的市场竞争力。其次，加强农产品流通环节的整合，建设农产品物流中心和农村电商平台，打通农产品流通渠道，降低中间环节的成本，增加农民的收益。此外，加强农产品销售环节的整合，建立农产品品牌，开拓国内外市场，提高农产品的知名度和竞争力。通过推进农业产业链整合，可以实现农产品的高效、有序流通，为新型职业农民提供更多的发展机会和市场空间。

建设农业科技创新平台是打造有利于新型职业农民成长的另一个重要举措。现代农业科技的应用对于提高农业生产的效率和质量具有重要作用。

2. 创设有利于职业发展的政策环境

创设有利于新型职业农民职业发展的政策环境是推动农民转型升级的重要保障。通过制定相关政策和措施，可以激励和支持农民积极参与职业培训、创业创新，提高他们的职业发展预期和成功机会。

首先，提供培训补贴和奖励机制是促进农民参与职业培训和学习的重要举措。政府可以制定政策，为农民参加职业培训提供经济支持，包括培训费用的补贴、学习津贴和奖励机制等。这样可以降低农民参与培训的经济负担，激发他们的学习热情和动力，提升他们的职业技能和竞争力。

其次，建立农业金融支持体系是为农民提供贷款和金融服务的重要举措。政府可以设立专门的农业金融机构，提供农业贷款、信用担保、融资咨询等金融服务，支持农民的创业和发展。这样可以解决农民创业资金短缺的问题，降低他们创业的风险，促进新型职业农民的职业发展。

最后，加强农业保险制度建设是为农民提供风险保障的重要举措。政府可以建立健全的农业保险制度，为农民提供包括自然灾害、疾病、意外损失等在内的保险服务。这样可以降低农业经营风险，为农民提供保障，增强他们的创业信心和发展动力。同时，政府还可以通过设立农业保险基金、制定保险费用补贴政策等方式，进一步降低农民参与农业保险的成本。

除了上述政策措施外，政府还可以加强对新型职业农民的政策宣传和咨询服务，提供相关政策的解读和指导，帮助农民了解政策支持的具体内容和申请流程。政府可以建立政策咨询机构，为农民提供政策咨询、培训指导和创业孵化等全方位的服务。

3. 提供系统的教育培训

通过提供针对不同领域的培训，农民可以提升自身的技能水平、管理能力和创新创业能力，为其职业发展提供有力支持。

首先，农业生产技术培训是提升农民生产技术水平的关键。针对不同农作物的种植和养殖，开展现代化农业技术培训。例如，针对粮食作物种植，培训农民掌握高效种植技术、灌溉管理和病虫害防治等知识；针对蔬菜和水果种植，培训农民掌握温室种植技术、肥料施用和质量控制等技能；此外，针对畜牧养殖，培训农民掌握养殖环境管理、饲养管理和疾病防控等技术。通过这些培训，农民可以提高生产效率、降低生产成本，实现农产品的高质量和高产量。

其次，管理与经营知识培训是提升农民管理和经营能力的重要环节。开展市场营销、财务管理和农产品加工等方面的培训，帮助农民掌握企业管理技巧和市场营销策略。在市场营销方面，培训农民了解市场需求、品牌建设、营销渠道开拓等内容，提升农产品的竞争力和销售能力。在财务管理方面，培训农民掌握财务报表分析、成本控制和资金管理等知识，提高经营效益和风险防控能力。此外，培训农民农产品加工技术，帮助他们增加产品附加值，拓宽销售渠道，实现农产品的多元化和深加工，提高利润空间。

同时，创新创业能力培养对于农民的职业发展至关重要。组织创新创业能力的培养，帮助农民具备市场调研、产品设计、品牌建设等方面的技能。在市场调研方面，培训农民掌握分析市场需求、竞争对手和消费者喜好的方法，以及如何根据市场需求进行产品定位和差异化创新。在产品设计方面，培训农民掌握产品设计原则、包装设计和品质控制等技能，打造具有竞争力的农产品。此外，培训农民品牌建设的知识，帮助他们建立独特的农产品品牌形象，提高产品的认知度和市场竞争力。通过创新创业能力的培养，农民可以抓住市场机遇，开拓新的业务领域，实现农业产业链中的增值和转型升级。

为了提供系统的教育培训，政府可以采取多种举措。首先，建立完善的培训机制和平台，包括设立农业职业教育学院、培训中心、示范农场等教育培训机构，提供专业的培训课程和师资力量。其次，开展定期的培训活动，包括理论学习、实践操作和现场指导等形式，以确保培训的实效性和针对性。此外，可以组织农民参观交流、学习考察，让他们了解先进的农业生产技术和管理经验，激发学习兴趣和动力。同时，政府还可以鼓励企业和专业机构参与培训工作，与农民建立紧密的合作关系，共同推动农民的职业发展。

除了政府的支持，社会各界也可以发挥重要作用。农业企业可以积极开展技术培训和技术推广，与农民共同合作，传授先进的农业生产技术和管理经验。农业专业合作社和农民合作社可以组织农民参与集体学习和实践活动，分享经验和资源，共同提高职业能力。同时，农民组织和农民互助组织可以发挥组织和服务的作用，为农民提供培训信息、学习资源和培训指导，帮助他们更好地参与培训并应用所学知识。

提供系统的教育培训是培育新型职业农民的重要环节。通过农业生产技术培训、管理与经营知识培训和创新创业能力培养，可以帮助农民更好地了解市场需求，把握市场趋势，调整农产品的生产结构和种植品种，提高市场竞争力。

4.提供持续的支持和指导

为了提供持续的支持和指导，以帮助新型职业农民实现职业发展的目标，建立导师制度是一个有效的措施。导师制度是为新型职业农民配备经验丰富的导师,他们可以提供实践指导、问题解决和经验分享等方面的支持。导师可以与农民建立密切的合作关系,帮助他们解决实际生产和经营中遇到的问题,并传授成功的经验和技巧。通过与导师的互动和指导,新型职业农民可以更好地应对挑战,提高职业技能和知识水平,实现更好的职业发展。

除了导师制度,提供咨询和信息服务也是关键的支持方式。政府可以建立农业咨询机构和信息平台,为新型职业农民提供全面的咨询服务。这些咨询机构可以为农民提供农业政策的解读和指导,帮助他们了解相关政策的具体内容、申请流程和政策支持的范围。同时,咨询机构还可以提供市场信息,包括市场需求、价格走势、竞争态势等方面的信息,帮助农民做出科学决策和合理规划。此外,咨询机构还可以提供农业技术指导,帮助农民解决生产中的技术问题,提高农产品的质量和产量。通过提供咨询和信息服务,新型职业农民可以更好地应对市场变化,抓住机遇,提高经营效益。

组织交流学习活动也是支持新型职业农民发展的重要方式。政府可以组织农民参加交流学习活动,如农业展览会、研讨会、培训班等。这些活动可以提供一个平台,让农民之间进行经验分享、学习和互动。农民可以通过参观展览、听取专家演讲、参与讨论等方式,了解先进的农业技术和管理经验,拓宽视野,激发学习兴趣。同时,交流学习活动也促进了农民之间的合作和发展。农民可以借此机会建立合作关系,分享资源和经验,共同开展农产品的生产、加工和销售,提高农业产业链的效益和竞争力。

5. 进行评估和认证

为了提供持续的支持和指导,以帮助新型职业农民实现职业发展的目标,建立新型职业农民评估体系和职业资格认证机构是重要的举措。

首先,建立新型职业农民评估体系是为了对农民的能力、素质和业绩进行评估,为他们提供职业发展的参考和认可。这一评估体系应制定科学、客观的评估指标和标准,包括技术能力、管理能力、创新能力、职业道德等方面。评估可以通过考核、测试、实践操作和综合评价等方式进行,旨在全面评估农民在不同领域的专业知识和技能水平,以及其在实际工作中的综合应用能力。评估的结果可以为农民提供职业发展的参考和指导,帮助他们了解自身的优势和不足之处,进一步提高职业能力和竞争力。

其次,进行职业资格认证是为了提升农民的职业认同感和职业竞争力。政府可以设立新型职业农民职业资格认证机构,负责开展职业资格认证工作。职业资格认证可以依据评估体系制定的评估指标和标准,通过考试或评估项目,对农民进行评估并颁发职业资格证书。这些职业资格证书具有权威性和可信度,可以证明农民在特定领域具备一定的职业技能和专业能力。职业资格认证可以提升农民的自信心,增强职业认同感,同时也可以提高农民在就业市场和合作社中的竞争力,增加就业和合作机会。

为了确保评估和认证的公正性和科学性，需要建立严格的管理和监督机制。政府可以组织专家组成评估和认证委员会，负责制定评估和认证的标准和程序，并对评估和认证工作进行监督和评估。评估和认证的过程应透明公正，遵循公平竞争的原则，确保每个农民都有平等的机会参与评估和认证。

（二）新型职业农民培育的特征

新型职业农民培育与传统的农民培训相比，具有以下四个特点。

1. 整体性的职业发展观

新型职业农民培育注重综合素质和能力的培养，不仅包括技术和实践的培训内容，还涵盖新型职业农民教育培训、认定管理和政策扶持等方面，形成了一个整体性的职业发展观。这种综合性的培育方式可以更好地满足农民在职业发展过程中的多方面需求，促使他们实现全面的职业成长。

2. 多样化的培训方式

新型职业农民培育强调农民在学习知识和技能方面的主体性和自主选择性。传统的农民培训往往是单向灌输，而新型职业农民培育鼓励农民主动参与学习过程，注重针对性和互动性。培训方式多样化，包括面对面授课、实践操作、学习小组、远程教育等，使农民能够更加灵活地选择适合自己的学习方式，提高学习效果。

3. 综合评估的培养效果

新型职业农民培育不仅关注培训本身的效果，还综合考虑培训满意度、培训实际成效、政策制度环境等因素对培育效果的影响。通过综合评估，可以更全面地了解农民在培育过程中的成长情况，及时调整培训内容和方法，为农民提供更加符合实际需求的支持和指导。

4. 多元化的培训内容

新型职业农民培育的内容不再局限于传统的农业知识和技能培训，还包括市场营销、金融理财、管理技能等方面的培训。农民除了需要掌握现代农业技术和科学种植养殖知识外，还需要具备市场分析、产品定位、品牌建设等商业化运作的能力。金融理财方面的培训可以帮助农民更好地利用资金，提高经济效益。管理技能的培训可以提升农民的组织协调能力和团队管理能力，帮助他们有效地组织和管理农业生产过程。这样多元化的培训内容可以帮助农民适应市场需求变化和经营管理的挑战，提升他们的职业竞争力和发展潜力。

为了实现新型职业农民培育的特点，需要采取相应的措施和方法。首先，政府可以加强对新型职业农民培育的政策引导和支持，制定相关政策措施，为农民参与培育提供政策扶持和奖励措施。其次，需要建立健全的培训机制和平台，包括设立专门的新型职业农民培训中心、示范基地和实训基地，提供全方位、多层次的培训课程和资源支持。再次，加强师资队伍建设，培养和引进一批具有丰富经验和专业知识的培训师资，提供高质量的培训服务。最后，还应加强培训成果的跟踪和评估，通过定期的评估和反馈，及时调整培训内容和方式，提高培育效果和农民满意度。

新型职业农民培育与传统的农民培训相比，注重整体性的职业发展观、多样化的培训方式、综合评估的培养效果以及多元化的培训内容。通过这些特点，可以更好地满足农民的职业需求，提升他们的综合素质和职业能力，促进农业现代化和乡村振兴的目标实现。政府、农业机构、教育机构和社会组织应共同努力，形成合力，推动新型职业农民培育工作的顺利开展。

二、乡村农业转型过程中不同领域的人才需求

乡村农业转型是当前农业发展的重要任务，需要各类人才的积极参与和支持。乡村农业转型过程中不同领域的人才需求，包括农业技术与创新人才、农产品加工与品牌建设人才、农村经营与管理人才、农业合作与组织管理人才以及农村金融与投资人才。

（一）农业技术与创新人才

乡村农业转型对农业技术与创新人才的需求不断增长。这些人才在农业领域具备广泛的知识和技术背景，可以应对农业生产中的各种挑战，并推动农业的科技进步和创新发展。

1. 广泛的农业知识和技术背景

乡村农业转型需要农业技术与创新人才具备广泛的农业知识和技术背景。他们应熟悉不同作物的种植技术，包括耕作、施肥、病虫害防治等方面的知识。同时，他们还应了解畜牧养殖的相关知识，掌握畜禽饲养、疾病预防和养殖环境管理等技术。此外，他们还应了解农业机械的操作和维护，能够合理使用农业机械设备，提高生产效率。

2. 紧跟科技发展的脚步

农业技术与创新人才需要紧跟科技发展的脚步，了解最新的农业科技成果，并将其应用于实际农业生产中。他们应关注国内外农业科技研究的最新进展，了解新技术、新品种和新方法的应用前景。通过与科研机构、农业企业等的合作，他们能够获取科技成果的第一手信息，并将其转化为实际生产中的技术和方法。

3. 创新思维和实践能力

农业技术与创新人才应具备创新思维和实践能力。他们应积极开展科学研究，解决农业生产中的难题，提出新的理念和方法。通过试验验证和示范推广，他们能够验证新技术和新方法的可行性，并指导农民正确应用。他们还应具备创新管理和创新决策的能力，能够引领农业生产的现代化和智能化发展。

4.团队合作能力和沟通能力

农业技术与创新人才需要具备良好的团队合作能力和沟通能力。他们往往需要与农民、农业机构、科研机构等合作，共同推动科技成果的转化和应用。他们应能够与团队成员紧密合作，共同研究和解决问题，推动科技项目的顺利进行。同时，他们还应具备良好的沟通能力，能够与农民进行有效的交流和合作，了解他们的需求和问题，并提供相应的解决方案。

5.政策建议和引导能力

农业技术与创新人才应了解农业政策和法规，能够为乡村农业转型提供相关政策建议。他们可以根据科技成果和实际情况，提出适合本地区的农业发展政策，促进科技创新的落地和推广。此外，他们还应具备良好的引导能力，能够引导农民正确理解和应用科技成果，提高农业生产效率和质量。

6.持续学习和更新知识能力

农业技术与创新人才需要具备持续学习和更新知识的能力。农业领域的知识和技术在不断发展和更新，他们应不断跟进新的研究成果和技术进展，保持专业知识的更新和提升。通过参加培训、学术交流和行业会议，他们可以获取最新的农业科技信息，与同行交流经验，提高自身的专业水平和竞争力。

乡村农业转型需要农业技术与创新人才的积极参与和支持。他们具备广泛的农业知识和技术背景，能够紧跟科技发展的脚步，具备创新思维和实践能力，具备良好的团队合作能力和沟通能力，并能够提供政策建议和引导农民正确应用科技成果。他们的参与将推动农业的现代化和智能化发展，提高农业生产效率和质量，实现乡村农业的可持续发展。

（二）农产品加工与品牌建设人才

乡村农业转型要求农产品向深加工和品牌化发展，因此需要具备农产品加工与品牌建设能力的人才。这些人才应了解农产品的加工技术和流程，能够将农产品加工成具有附加值的产品，如果蔬加工、畜禽产品加工、粮食加工等。他们还应了解市场需求和消费趋势，能够进行产品定位和市场营销策略的制定，以提高农产品的竞争力。在农产品品牌建设方面，人才需要具备品牌管理和市场推广的知识和技能。他们应能够根据农产品特点和市场需求，设计和打造出独特的农产品品牌形象，建立起受消费者认可和信任的农产品品牌。他们还应具备市场调研和市场营销策略制定的能力，能够根据市场需求和竞争情况，制定有效的品牌推广计划，提升农产品的市场份额和知名度。

1.农产品加工技术与流程

农产品加工与品牌建设人才需要了解农产品的加工技术和流程。他们应熟悉不同农产品的特性和处理方法，掌握加工设备的操作和维护，能够将原始农产品转化为具

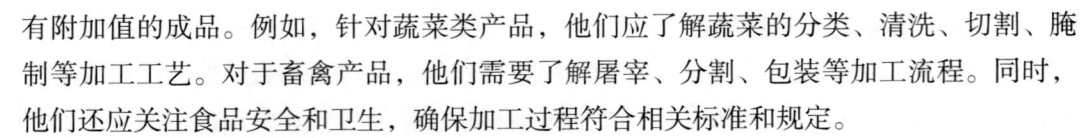

有附加值的成品。例如，针对蔬菜类产品，他们应了解蔬菜的分类、清洗、切割、腌制等加工工艺。对于畜禽产品，他们需要了解屠宰、分割、包装等加工流程。同时，他们还应关注食品安全和卫生，确保加工过程符合相关标准和规定。

2.产品定位和市场营销策略

农产品加工与品牌建设人才应了解市场需求和消费趋势，能够根据农产品特点和市场定位，制定适合的产品定位和市场营销策略。他们需要进行市场调研，了解目标消费者的需求和偏好，把握市场趋势和竞争态势。基于市场分析，他们能够为农产品定位，确定目标市场和受众群体，并制定相应的产品特点、定价策略和销售渠道。

3.农产品品牌建设

农产品加工与品牌建设人才应具备品牌管理和推广的知识和技能。他们能够根据农产品的特点和市场定位，设计和打造出独特的农产品品牌形象。他们需要进行品牌定位，明确品牌的核心价值和差异化特点，形成独特的品牌故事和形象。他们还应制定品牌推广计划，选择合适的宣传渠道和方式，通过广告、展览、网络等手段，提升农产品的知名度和美誉度。

4.市场推广和销售策略

农产品加工与品牌建设人才需要具备市场推广和销售策略制定的能力。他们能够制定有效的市场推广和销售策略，以促进农产品的销售和市场占有率的提升。他们需要分析市场需求和竞争情况，制定相应的推广计划和活动，选择适当的营销渠道和宣传方式。例如，通过电子商务平台、线下农产品展销会、农产品品牌推介活动等手段，将农产品推广给目标消费群体，提高产品的知名度和市场认可度。同时，他们还需要与经销商、批发商、零售商等建立合作关系，拓展销售网络，增加产品的销售渠道和渗透率。

5.质量控制与食品安全

农产品加工与品牌建设人才需要注重质量控制和食品安全。他们应了解相关的质量管理体系和食品安全标准，确保加工过程中的产品质量和安全性。他们需要建立质量监控体系，严格把控原材料的选择和检验、生产过程中的卫生管理、产品的包装和储存等环节。通过质量检测和认证，确保农产品加工过程中的质量稳定，为消费者提供安全可靠的农产品。

6.技术创新和工艺改进

农产品加工与品牌建设人才应不断进行技术创新和工艺改进。他们需要关注农产品加工技术的最新发展，引进和应用新的加工设备和工艺，提高农产品的加工效率和质量。同时，他们还应根据市场需求和消费者反馈，对产品的口感、口碑、营养价值等进行改进和创新。通过不断优化农产品加工工艺，提升产品的品质和口感，增加消费者的满意度和忠诚度。

7. 与农民和农业企业合作

农产品加工与品牌建设人才需要与农民和农业企业建立良好的合作关系。他们需要与农民沟通合作，了解农产品的生产情况和质量要求，与之共同制定加工方案和品牌建设策略。同时，他们还需要与农业企业合作，整合资源，共同开展农产品的加工和推广。通过合作，实现农产品加工与品牌建设的优势互补，推动农业转型的全面发展。

（三）农村经营与管理人才

乡村农业转型需要具备农村经营与管理能力的人才，他们能够进行农业生产的规划和组织，合理配置资源，优化农业产业结构，提升农村经济效益。这些人才应具备良好的农业经济学和管理学基础，了解农村经济发展的规律和方法。

1. 市场分析和商业策划能力

农村经营与管理人才应具备市场分析和商业策划能力，能够根据市场需求和农产品特点，制定农业生产和销售策略，提高农产品的市场竞争力。他们需要了解市场趋势、消费者需求和竞争态势，通过市场调研和数据分析，为农产品的生产和销售提供科学依据。基于市场分析，他们能够制定市场定位、产品定价、渠道选择等，以提高农产品的市场份额和盈利能力。

2. 财务管理和投资决策能力

农村经营与管理人才需要具备财务管理和投资决策能力，能够进行成本控制、资金管理和风险评估，确保农业经营的稳定和可持续发展。他们应掌握财务管理的基本知识和技能，能够编制和分析财务报表，控制生产成本和费用支出。同时，他们需要进行投资决策，评估农业项目的投资回报和风险，合理配置资金，确保投资的有效利用。通过科学的财务管理和投资决策，他们能够提高农业经营的效益和竞争力。

3. 团队协作和人力资源管理能力

农村经营与管理人才需要具备团队协作和人力资源管理能力，能够组织和协调农业合作社、农民合作社等组织，发挥各方资源的优势，推动农村经济的协同发展。他们应具备良好的沟通和协调能力，能够与农民、合作伙伴和相关机构建立良好的合作关系。他们能够组织和领导团队，协调农业生产和经营的各项工作。同时，他们还应了解人力资源管理的基本原理和方法，能够招聘、培训和激励人员，提高农业组织的绩效和竞争力。

4. 政策法规和法律咨询

农村经营与管理人才还应了解政策法规，熟悉农村土地管理、农业保险等相关政策，为农民提供法律和政策咨询，确保农业经营的合法性和可持续性。他们需要及时了解国家和地方的农业政策，掌握相关的法律法规，为农业生产和经营提供指导和支持。在农民面临土地流转、承包经营等问题时，他们能够提供合法合规的解决方案，帮助农民规范经营行为。

5. 农业生产规划和资源配置

农村经营与管理人才能够进行农业生产的规划和资源配置，优化农业产业结构，提升农村经济效益。他们应了解农业生产的需求和趋势，制定农业发展规划，包括种植、养殖、加工等方面。在资源配置方面，他们能够合理配置土地、劳动力、资金等资源，提高资源利用效率，推动农业生产的可持续发展。

6. 农业合作与合作社管理

农村经营与管理人才需要具备农业合作与合作社管理能力，能够协调农民合作社、农业合作社和农业企业等各方资源，推动农民参与农业产业链的整合和创新。他们应了解农业合作组织的运行机制和管理原则，能够帮助农民组织合作社或合作社联合体，实现资源共享和优势互补。通过有效的合作与管理，他们能够提高农民的组织能力和协同效应，推动农村经济发展。

农村经营与管理人才在乡村农业转型中具备广泛的知识和技能。他们能够进行市场分析和商业策划，优化农产品的生产和销售策略。同时，他们具备财务管理和投资决策能力，能够保证农业经营的稳定和可持续发展。他们能够组织和协调农业合作社，推动农村经济的协同发展。通过合法合规的操作，他们能够为农民提供咨询和支持，确保农业经营的合法性和可持续性。他们的工作旨在促进农村经济的增长和农民收入的提高，推动农村社会的发展和乡村振兴战略的实施。通过有效的农村经营与管理，农产品的生产和销售能够更加科学、高效和可持续，为农村地区带来更多的经济机会和发展动力。

（四）农业合作与组织管理人才

乡村农业转型需要具备农业合作与组织管理能力的人才，他们能够协调农民合作社、农业合作社和农业企业等各方资源，推动农民参与农业产业链的整合和创新。这些人才应了解农业合作组织的运行机制和管理原则，能够帮助农民组织合作社或合作社联合体，实现资源共享和优势互补。

1. 了解农业合作组织的运行机制

农业合作与组织管理人才应对农业合作组织的运行机制有深入了解。他们了解合作社、农民合作社和农业企业等农业合作组织的组织结构、管理制度和运作模式，熟知合作组织的内部关系和决策流程，能够为农民提供相关指导，帮助农民建立和规范农业合作组织，提高组织的协同效应和决策能力。

2. 促进农民合作社的规范化运作

农业合作与组织管理人才能够促进农民合作社的规范化运作。他们帮助农民了解合作社的目标和作用，鼓励农民自愿参与合作社，并提供相关的培训和指导。他们通过建立健全的组织结构和管理制度，促进合作社的内部协作，增强农民的组织能力和合作意识。他们还能够引导农民合作社与其他组织建立良好的合作关系，实现资源共享和互利共赢。

3. 与农业企业建立合作关系

农业合作与组织管理人才了解农业产业链的运作和市场需求，他们能够引导农民合作社与农业企业、加工企业等建立合作关系，实现农产品的加工、流通和销售。通过与农业企业合作，农民合作社能够获取更多的市场机会和资源支持。他们能帮助合作社制定合作协议和合作方案，确保合作关系的公平、互利和可持续发展。通过合作社与农业企业的合作，农产品的附加值得到提升，农民的收益也得到增加。

4. 推动农产品的加工、流通和销售

农业合作与组织管理人才能够推动农民合作社农产品的加工、流通和销售。他们了解市场需求和消费趋势，能够制定农产品的加工方案和流通渠道，提高产品的附加值和市场竞争力。他们能够与农产品加工企业和流通渠道进行合作，促进农产品从农田到市场的顺畅流通。他们通过优化农产品的包装、标识和品质管理，能够提高产品的市场认可度和消费者满意度。他们还能够制定销售策略，开拓市场渠道，推广农产品品牌，增加产品的知名度和市场份额。

5. 农民培训和技能提升

农业合作与组织管理人才能够组织和实施农民培训和技能提升计划。他们了解农民的培训需求，能够设计并提供相关培训课程，提升农民的农业生产技能和经营管理能力。通过培训，他们帮助农民了解农业现代化的发展趋势，掌握先进的农业技术和管理方法。他们还能够组织农民参观学习和交流活动，促进农业合作社之间的互动和经验分享，推动农业生产和经营的不断创新和改进。

6. 政策咨询和支持

农业合作与组织管理人才了解农业政策和法规，能够为农民合作社提供政策咨询和支持。他们掌握农业政策的最新动态，帮助农民了解并合规运营。在政策落地和执行过程中，他们与政府和农业相关部门进行沟通和协调，代表农民合作社表达诉求和需求。他们还能够帮助合作社申请农业补贴和支持资金，提供相关申报指导和文件准备，确保农民合作社获得合法的政策支持。

农业合作与组织管理人才在乡村农业转型中具备丰富的知识和能力。他们协调农民合作社、农业企业等各方资源，推动农产品的加工、流通和销售。他们促进合作社规范化运作，建立合作关系，提高农产品的市场竞争力。通过培训和技能提升，他们提高农民的生产和管理能力。他们还为农民提供政策咨询和支持，帮助他们合规经营，获取政策支持和补贴。农业合作与组织管理人才的工作促进了农业产业链的整合和创新，提升了农产品的附加值和市场竞争力，促进了农民收入的增加和农村经济的发展。

（五）农村金融与投资人才

乡村农业转型需要具备农村金融与投资能力的人才，他们能够为农业产业提供资金支持和金融服务，帮助农民解决资金难题，推动农业项目的投资和发展。这些人才应了解农村金融市场的运作机制和政策法规，能够为农民提供融资渠道和财务咨询，帮助他们合理规划资金使用。

1. 了解农村金融市场的运作机制

农村金融与投资人才应对农村金融市场有所了解。他们了解农村金融机构的组织形式和业务范围，包括农村信用社、农村合作银行等。他们了解金融市场的运作机制，掌握金融产品和服务的特点和优势。通过掌握的金融市场的情况，他们能够为农民提供相关指导，帮助他们选择合适的金融产品和服务，满足资金需求。

2. 为农民提供融资渠道和财务咨询

农村金融与投资人才能够为农民提供融资渠道和财务咨询。他们了解农民的融资需求，根据不同的项目和资金需求，为农民提供多种融资途径，包括贷款、信用担保、融资租赁等。他们能够帮助农民了解融资条件和要求，协助他们进行贷款申请和审批，解决资金难题。同时，他们还能够为农民提供财务咨询，帮助他们制订合理的财务计划和预算，优化资金使用效益。

3. 推动农业项目的投资和发展

农村金融与投资人才能够推动农业项目的投资和发展。他们了解农业产业的发展趋势和市场需求，通过市场分析和风险评估，为农民提供投资建议和项目评估。他们能够评估项目的投资回报和风险，并帮助农民制定投资计划和策略。通过与投资者和农业企业的合作，他们能够促进农业项目的融资和发展，推动农业产业链的整合和创新。

4. 了解政策法规和政府扶持政策

农村金融与投资人才需要了解相关的政策法规和政府扶持政策。他们熟悉农村金融政策和法规，包括农村金融机构的监管要求、贷款政策、利率政策等。他们了解政府对农业产业的扶持政策，包括财政支持、信贷支持、税收优惠等。通过掌握的政策法规和政府扶持政策，他们能够为农民提供相关指导，帮助他们获取政策支持和优惠，降低融资成本和风险。

5. 风险评估和资产管理能力

农村金融与投资人才应具备风险评估和资产管理能力。他们能够对农业项目进行风险评估，包括市场风险、技术风险、政策风险等，并制定相应的风险管理策略。他们能够对农民的资产进行评估和管理，包括土地、农作物、养殖设施等。通过科学的资产管理，他们能够帮助农民提高资产的效益和保值增值，增强农民的抗风险能力。

6. 创新金融产品和服务

农村金融与投资人才应具备创新金融产品和服务的能力。他们能够根据农业产业的特点和需求，设计和推出符合农民融资需求的金融产品和服务，包括农业贷款、农业保险、农业投资基金等。他们能够通过创新金融产品和服务，满足农民的多样化融资需求，提高金融服务的效率和质量，促进农业项目的融资和发展。

农村金融与投资人才在乡村农业转型中具备广泛的知识和能力。他们了解农村金融市场的运作机制和政策法规，能够为农业产业提供资金支持和金融服务。他们为农民提供融资渠道和财务咨询，能够促进农业项目的投资和发展。他们了解政策法规和政府扶持政策，能够帮助农民获取政策支持。

第二节 构建现代农业产业体系的迫切需要

在乡村振兴战略的背景下，培育新型职业农民和构建现代农业产业体系成为迫切需要。乡村振兴战略旨在推动农村发展，实现农业现代化、乡村产业振兴、农民增收致富、农村生态文明建设的目标。而新型职业农民作为农村经济发展的中坚力量，发挥着重要的作用。

一、新型职业农民在农业生产中的作用

新型职业农民具备现代农业生产技术和管理能力，能够引领农业生产方式的转变。新型职业农民积极应用信息技术、生物技术和先进的农业机械设备，能够提高农产品的产量和质量，推动农业向规模化、智能化、绿色化发展。

（一）应用现代农业技术

新型职业农民积极应用现代农业技术，包括信息技术、生物技术和先进的农业机械设备。他们熟练掌握农业信息化技术，能够利用农业大数据、远程监测和无人机等技术手段，实现精准农业管理，提高农产品的生产效率和品质。他们还应用生物技术，包括种子改良、病虫害防治和农产品加工技术，提高农作物的抗病虫能力和商品化程度。同时，新型职业农民熟练操作先进的农业机械设备，如精准播种机、智能灌溉系统和自动化收割机，提高农业生产的效益和质量。

信息技术的应用。新型职业农民充分利用信息技术，包括农业信息化系统、农业大数据、远程监测和无人机等工具，进行农业生产管理和决策。他们通过农业信息化系统对农田、气象、土壤和作物进行监测和管理，实现对农业生产全过程的精准监控。农业大数据的应用帮助他们收集和分析农业生产相关的数据，为决策提供科学依据。远程监测技术和无人机的运用使他们能够实时了解农田情况、病虫害发生情况等，及时采取相应的措施，提高农作物的产量和品质。

生物技术的应用。新型职业农民了解生物技术，并将其运用于农业生产中。他们关注种子改良技术，选择适应性强、产量高、抗病虫害的优良品种，提高农作物的抗

病虫能力和产量。同时,他们注重病虫害的预防和控制,利用生物防治和绿色农药等技术手段,减少对化学农药的依赖,提高农产品的质量和安全性。另外,新型职业农民还关注农产品的加工技术,采用生物技术手段进行农产品的深加工,提高农产品的附加值和市场竞争力。

农业机械设备的应用。新型职业农民熟练操作现代农业机械设备,如精准播种机、智能灌溉系统和自动化收割机等。他们通过精准播种机实现精准播种,提高作物的种植质量和产量。智能灌溉系统帮助他们实现精确的灌溉管理,避免水资源的浪费,提高灌溉效率和作物的水分利用率。自动化收割机的使用能够提高收割效率和作业质量,减少人力投入,降低劳动成本。新型职业农民善于运用这些先进农业机械设备,提高农业生产的效益和质量。

智能化农业管理。新型职业农民在农业生产中推行智能化农业管理,通过现代化的远程监控系统、自动化控制设备和智能农业管理软件等工具,实现对农田和农作物的精细化管理。他们通过远程监控系统实时了解农田的土壤湿度、温度、养分等信息,精确控制灌溉、施肥和病虫害防治等关键环节。同时,利用自动化控制设备和智能农业管理软件,实现对种植环境、作物生长过程和施肥等操作的精准控制和自动化管理。这些智能化农业管理手段能够提高农产品的产量稳定性、品质一致性和资源利用效率,推动农业向智能化和精细化发展。

推广与示范。新型职业农民在农业生产中发挥着示范和引领的作用,通过自身的实践经验和技术水平,积极向周边农民宣传和推广现代农业技术。他们组织开展农业技术示范,展示先进的农业技术和管理模式,让更多的农民了解并接受新技术。同时,他们提供农业技术咨询和培训,指导农民合理选择和应用现代农业技术,帮助他们提高农业生产水平和经济效益。

新型职业农民在农业生产中积极应用现代农业技术,通过对信息技术、生物技术和农业机械设备的应用,推动农业生产向智能化、精准化和高效化方向发展。他们努力促进农产品产量和质量的提高,推动农业现代化进程,实现农业可持续发展。

(二)推动农业生产方式转变

新型职业农民致力于推动农业生产方式转变,从传统的经验型和依赖劳动力的农业生产模式向现代化、科技化的农业生产模式转变。他们倡导绿色、可持续的农业发展,采用生态友好的农业生产技术,减少农药和化肥的使用,保护农田生态环境。他们注重资源的合理利用,提倡循环农业和有机农业,推动农业与生态环境的协同发展。新型职业农民还鼓励农民参与农产品认证和农产品品牌建设,提高农产品的附加值和市场竞争力。

采用生态友好的农业生产技术。新型职业农民倡导采用生态友好的农业生产技术,通过减少农药和化肥的使用,保护农田生态环境。他们积极推广有机农业和无公害农业，采用天然肥料和生物农药，提高农产品的质量和安全性。他们注重农田的保护和修复，采用耕作措施、保持土壤覆盖、合理排水等措施，减少土壤侵蚀和水土流失，提高土壤质量和保水能力。通过生态友好的农业生产技术，新型职业农民实现了农业生产方式的转变，为可持续农业发展奠定了基础。

推广循环农业和资源利用。新型职业农民注重资源的合理利用，倡导循环农业的发展。他们鼓励农民进行农业废弃物的综合利用和资源回收，如农作物秸秆的还田、生物质能的利用、沼气发电等。他们推广农牧循环、农林循环、农副产品加工等循环农业模式，实现农业生产和资源利用的协同发展。通过资源的有效利用，新型职业农民降低了农业生产的成本，提高了农产品的经济效益，实现了农业生产方式的转变。

倡导参与农产品认证和品牌建设。新型职业农民鼓励农民参与农产品认证和品牌建设，提高农产品的附加值和市场竞争力。他们推动农民参与有机农产品、绿色食品和地理标志农产品的认证，通过严格的生产管理和产品质量控制，确保农产品的质量和安全性。同时，他们帮助农民建立农产品品牌，提高农产品的知名度和美誉度，通过品牌建设，新型职业农民增强了农产品的市场竞争力。他们帮助农民进行市场调研和产品定位，了解消费者需求和市场趋势，根据市场需求调整农业生产结构和品种选择。他们打造农产品的独特形象和品质保证，提高农产品的附加值和知名度，开拓市场渠道，增加产品销售额和市场份额。

新型职业农民在推动农业生产方式转变方面发挥着重要作用。他们应用现代农业技术，倡导绿色、可持续的农业发展，推广生态友好的农业生产技术，推动循环农业和资源利用，鼓励农民参与农产品认证和品牌建设，促进农民参与农业产业链，推动农业教育和培训。他们的努力为农业现代化建设提供了重要支持，推动了农业生产方式的转变，实现了农业的可持续发展。

（三）开展农业科研与创新

新型职业农民积极参与农业科研与创新，推动农业技术的进步和创新。他们与农业科研机构和高等院校合作，参与农业科研项目，开展实验和示范，探索适合本地区农业发展的新技术和新模式。他们还积极开展农业技术推广和示范，将先进的农业技术应用于实际生产中，帮助农民提高农业生产效益和竞争力。他们与农民共同研究解决农业生产中的难题，改进传统农业生产方式，探索适应当地气候、土壤和市场需求的农业技术创新，为农业的可持续发展做出贡献。

1. 参与农业科研项目

新型职业农民积极参与农业科研项目，与科研机构和高等院校合作，共同开展农业科研工作。他们与科研团队合作，参与课题研究、实验设计和数据采集等工作，为科研项目的顺利进行提供支持。通过参与科研项目，他们了解最新的农业技术和研究成果，接触前沿的科学知识，为自身的农业生产实践提供科学依据。

2.开展实验和示范

新型职业农民积极开展实验和示范，探索适合本地区农业发展的新技术和新模式。他们将科研成果与实际生产相结合，通过试验田和示范基地的建设，验证和展示先进的农业技术。他们组织农民参观学习，分享实践经验，促进农业技术的传播和推广。通过开展实验和示范，新型职业农民帮助农民了解和应用先进的农业技术，提高农业的生产效益和竞争力。

3.改进传统农业生产方式

新型职业农民与农民共同研究解决农业生产中的难题，改进传统农业生产方式。他们深入农田，调研和分析农业生产中存在的问题，并寻找创新的解决方案。通过引入先进的种植技术、灌溉技术和病虫害防治技术，他们改进了传统的农业生产方式，提高了农产品的产量和质量。

4.适应当地气候、土壤和市场需求的创新

新型职业农民致力于适应当地气候、土壤和市场需求，开展农业技术创新。他们研究和开发适应当地特点的新品种和新农艺措施，通过试验和示范，评估其适用性和效果。他们关注当地的气候条件、土壤特性和市场需求，针对性地开展创新研究，提出解决方案。例如，针对干旱地区，他们开发节水灌溉技术和抗旱品种；针对酸性土壤，他们研究土壤改良方法和适应性强的作物品种；针对市场需求，他们研究农产品加工和价值链延伸等方面的创新。通过适应当地情况的创新，新型职业农民实现了农业生产方式的转变，提高了农产品的产量、质量和市场竞争力。

（四）农业产业链的组织与协调

新型职业农民在农业产业链中发挥着组织和协调的作用。他们能够与农民合作社、农业企业、农产品加工企业等多方合作，推动农业产业链的协同发展。他们通过组织农民参与农产品加工、包装、物流等环节，提高农产品的附加值和市场竞争力。他们还能够协调农产品的销售渠道，与超市、餐饮企业等建立合作关系，拓展农产品的市场销售渠道。

1.组织农民参与农产品加工和包装

新型职业农民与农产品加工企业合作，组织农民参与农产品加工和包装环节。他们了解市场需求和消费趋势，根据市场的要求和农产品的特点，指导农民进行农产品的初加工和包装工作，提高产品的附加值和市场竞争力。他们与农产品加工企业协调合作，建立供应链管理机制，确保农产品的及时加工和品质控制。通过组织农产品加工和包装，新型职业农民为农产品的销售创造了更好的条件。

2.促进农产品流通和物流管理

新型职业农民协调农产品的销售渠道和物流管理，确保农产品的顺畅流通。他们与农产品流通企业、物流公司等建立合作关系，制订合理的物流方案，提高农产品的运输效率和质量。他们了解市场需求和销售渠道，根据产品特点和销售目标，选择合适的销售渠道，包括批发市场、超市、餐饮企业等。通过协调农产品的流通和物流管理，新型职业农民提高了农产品的市场供应能力和销售范围，满足了消费者多样化的需求。

3. 建立合作关系与市场推广

新型职业农民积极与超市、餐饮企业等建立合作关系，拓展农产品的市场销售渠道。他们了解市场的需求和趋势，根据产品的特点和市场的定位，与商业渠道进行合作，促进农产品的市场推广和销售。他们参与农产品的品牌建设和推广活动，提升产品的知名度和美誉度。通过建立合作关系与市场推广，新型职业农民增加了农产品的市场份额和竞争力，实现了农业产业链的高效运作。

4. 提升农产品的质量和安全性

新型职业农民注重农产品的质量和安全性，推动农业产业链的协同发展。他们引入科学的农业生产管理方法，包括良好的农田管理、科学的施肥控制、病虫害防治等，确保农产品符合质量标准和食品安全要求。他们积极推动农产品的质量认证和食品安全认证，提高消费者对农产品的信任度。通过合理的生产管理和品质控制，新型职业农民提升农产品的市场竞争力，开拓高端市场和出口市场。

新型职业农民在农业生产中具有重要作用。他们应用现代农业技术，推动农业生产方式转变，开展农业科研与创新，组织与协调农业产业链，以及进行农业技术培训与知识传递。他们的参与和努力将推动农业向着高效、可持续和绿色发展的方向迈进，为农业现代化和乡村振兴做出贡献。

二、新型职业农民在农村产业发展中的作用

新型职业农民能够积极参与农产品加工、农村旅游、农业科技服务等领域，推动农村产业结构的升级和转型。新型职业农民带动农村的农产品深加工和品牌建设，增加农产品的附加值，拓宽农产品的市场渠道，提升农民的收入水平。

（一）农产品加工和品牌建设

新型职业农民通过农产品加工和品牌建设，提高农产品的附加值，创造更多的就业机会和经济价值。他们了解市场需求，根据农产品的特点和消费者偏好，加工农产品为深加工产品，如果汁、罐头、干果等，增加产品的附加值。同时，他们注重农产品的品牌建设，通过打造农产品品牌，提高产品的知名度和美誉度，增加产品的市场竞争力。农产品加工和品牌建设不仅增加了农产品的销售额和利润，也带动了农村产业链的发展。

1. 农产品加工的发展

新型职业农民注重农产品加工的发展，通过加工工艺的改进和技术的应用，将传统的农产品加工向深加工转变。他们通过农产品的初加工和深加工，提高产品的附加

值和市场竞争力。例如,将水果加工成果汁、果酱、蜜饯的,将农产品制作成罐头、果干等便于储存和销售的产品,增加了产品的品种和多样性。同时,他们注重加工过程中的卫生和质量控制,确保产品的安全和口感,提高消费者的信任度。

2.引入先进的加工技术和设备

新型职业农民积极引进先进的加工技术和设备,提高农产品加工的效率和品质。他们了解最新的加工技术和设备,通过与农产品加工企业、科研机构等的合作,引进先进的生产线、机械设备和加工工艺。例如,利用先进的果汁提取设备、干燥设备和包装设备,将水果加工成高品质的果汁和果干产品。他们注重技术培训和人才引进,提升工人的加工技能和管理水平,确保加工过程的高效和稳定。

3.农产品品牌建设

新型职业农民注重农产品的品牌建设,通过打造农产品品牌,提高产品的知名度和美誉度,增加产品的市场竞争力。他们了解品牌建设的重要性,通过市场调研和消费者需求分析,确定产品的定位和特色。他们注重产品包装和标识的设计,使产品具有独特的形象和识别度。同时,他们加强产品质量控制,确保产品符合相关标准和认证要求,提高消费者的信任度。他们还通过市场推广和宣传活动,提升产品的知名度和美誉度,拓展销售渠道。

4.合作共赢与农产品销售渠道的拓展

新型职业农民注重与农产品销售渠道的合作与共赢,通过与超市、餐饮企业、电商平台等建立合作关系,拓展农产品的市场销售渠道。他们了解市场需求和消费者偏好,根据产品特点和市场定位,与销售渠道进行合作,推广和销售农产品。通过与超市等零售商合作,将农产品引入零售市场,提升产品的曝光度和销售量。同时,他们积极开展电商销售,利用互联网平台拓展销售渠道,覆盖更广泛的消费者群体。通过合作共赢,新型职业农民实现了与销售渠道的互利合作,推动农产品销售的扩大和增长。

5.产业链的延伸与农产品多元化开发

新型职业农民通过加工和品牌建设,将农产品的价值链延伸至更广泛的领域。他们将农产品与农村旅游、农业观光、农事体验等结合起来,打造农产品的多元化开发模式。通过开展农家乐、农庄等农村旅游项目,使消费者能够亲身参与农产品的生产过程,增加了产品的附加值和消费体验。同时,他们积极探索农产品的衍生品开发,例如将农产品提取的活性成分应用于保健品、化妆品等领域,拓宽了产品的应用范围,提升了产品的附加值和市场竞争力。

(二)农村旅游的开发与经营

新型职业农民积极参与农村旅游的开发与经营,利用农村的自然和人文资源,打造农村旅游品牌,促进乡村经济的发展。他们通过开展农家乐、农庄、特色民宿等农村旅游项目，吸引游客前来体验乡村风情和农耕文化。他们注重提供优质的服务和独特的体验，结合农产品加工、农业观光、农事体验等，打造多元化的旅游产品，提升农村旅游的吸引力和竞争力。农村旅游的开发与经营不仅创造了就业机会，还促进了当地农产品的消费和销售，推动农村经济蓬勃发展。

1. 资源开发与整合

新型职业农民通过对农村的自然和人文资源进行调研和评估，挖掘潜在的旅游资源。他们了解当地的地理、文化、历史等特点，能发现具有旅游潜力的景点和资源。例如，美丽的农田风光、古老的村落建筑、传统的农耕文化等都可以成为吸引游客的独特资源。他们整合资源，将自然景观、人文景观与农业生产有机结合，打造具有农村特色和独特魅力的旅游产品。

2. 农家乐、农庄和特色民宿的发展

新型职业农民通过开展农家乐、农庄和特色民宿等旅游项目，提供独特的农村旅游体验。他们注重提供优质的服务和独特的体验，使游客能够亲身参与农业生产活动，体验农耕文化和乡村生活。他们提供新鲜的农产品食材，为游客提供地道的农家餐饮体验。同时，他们还开展农事体验活动，如农业观光、果园采摘、农耕体验等，让游客亲身参与农业生产过程，感受乡村风情。

3. 多元化的旅游产品开发

新型职业农民注重农村旅游产品的多样化开发。他们通过结合农产品加工、农业观光、农事体验等元素，打造多元化的旅游产品。例如，将农产品加工成特色食品，作为旅游纪念品销售；组织农产品的采摘和制作活动，供游客体验和参与；开展农田观光和农业科普，向游客展示现代化农业的发展成果。通过多元化的旅游产品开发，满足不同游客的需求，增加旅游的吸引力和市场竞争力。

4. 旅游服务的提升与品质保障

新型职业农民注重提升农村旅游的服务质量，提供优质的接待和导游服务，确保游客的舒适和安全。他们培训和引进专业的旅游从业人员，提升员工的服务意识和专业素养。同时，他们加强对农村旅游设施的建设和管理，提升设施的舒适度和安全性。他们注重环境保护和文化遗产的保护，保持农村的原汁原味和独特魅力。通过提升旅游服务和保障品质，新型职业农民树立了良好的旅游形象，增强了游客的满意度和忠诚度。

5. 与相关产业的协同发展

新型职业农民注重与相关产业的协同发展，推动农村旅游与农产品加工、特色手工艺、乡村教育等产业的融合。他们与农产品加工企业合作，将农产品加工成特色食品或纪念品，增加农产品的附加值和销售渠道。他们与当地手工艺品制作者合作，推广当地的特色手工艺品，提升乡村的文化品位。他们与乡村教育机构合作，开展乡村教育和农业科普活动，提高游客对农业的认知和体验。通过与相关产业的协同发展，新型职业农民实现了产业的互利共赢，促进了农村经济的多元化发展。

6.文化传承与乡村振兴

新型职业农民注重农村文化的传承和乡村振兴的推动。他们重视农村文化的保护与传统知识的传承，通过农耕体验、民俗表演等活动，向游客展示农村的传统文化和生活方式。同时，他们注重挖掘农村的文化资源，打造具有地方特色和故事的旅游产品。他们积极参与乡村振兴战略，推动农村经济的可持续发展和社会的进步。

（三）提供农业科技服务

新型职业农民积极参与农业科技服务，将先进的农业科技应用于实际生产中，提升农业生产效益和竞争力。他们与农业科研机构和高等院校合作，了解最新的农业科技成果和研究成果。通过农业科技示范和培训，将最新的农业科技成果传授给农民，帮助他们了解和应用先进的种植技术、病虫害防治措施、节水灌溉技术等，提高农产品的产量和质量。他们还提供农业技术咨询和指导服务，解答农民在生产中遇到的问题，提供科学的解决方案。通过农业科技服务，新型职业农民促进了农民技术水平的提升，推动农业产业链向现代化、科技化方向发展。

1.了解和获取最新的农业科技成果

新型职业农民与农业科研机构、高等院校等合作，保持与科技前沿的联系，了解最新的农业科技成果和研究进展。他们参加行业展览、研讨会、科技交流活动等，获取最新的种植技术、病虫害防治方案、农业机械设备等方面的信息。通过与科研机构的合作，他们可以获得专业的技术指导和科学的农业管理方法，为农民提供最新、最有效的科技支持。

2.农业科技示范和培训

新型职业农民通过农业科技示范和培训，将先进的农业科技成果传授给农民，帮助他们了解和应用先进的种植技术、病虫害防治措施、节水灌溉技术等。他们在自己的示范基地或合作社中，通过展示并实施新的农业技术，向农民呈现科技农业的效益和应用价值。通过培训和指导，他们帮助农民了解种植管理的关键要点、掌握科学的农业生产技术，提高农产品的产量和质量。

3.农业技术咨询和指导服务

新型职业农民提供农业技术咨询和指导服务，解答农民在生产中遇到的问题，并提供科学的解决方案。他们借助自身的专业知识和经验，为农民提供关于土壤改良、种子选择、施肥管理、病虫害防治等方面的指导意见。他们根据不同的农田条件和作物特点，制定个性化的农业技术方案，帮助农民科学合理地进行农业生产。

4.推动农业产业链的现代化和科技化

新型职业农民的农业科技服务有助于推动农业产业链向现代化和科技化方向发展。

他们将先进的农业科技成果应用于实际生产中，提高农业生产效益和竞争力。通过引进和推广先进的种植技术、农业机械设备和信息化管理系统，他们帮助农民实现生产的精细化、智能化和高效化。例如，他们引进先进的无人机技术和遥感技术，进行农田的巡查和监测，及时发现病虫害和气候变化等问题，并采取相应的措施进行防治和调整。他们还推广节水灌溉技术、精准施肥技术和智能化农业管理系统，减少资源的浪费和环境的污染，提高农业生产的可持续性。

（四）农村产业的综合发展与整合

新型职业农民在农村产业发展中发挥着整合和协调的作用。他们在农村产业链中连接农民、农产品加工企业、销售渠道等各个环节，促进资源的合理配置和流动。他们推动农村产业的综合发展，鼓励农民参与多种产业经营，如农产品加工、畜牧养殖、农业旅游等，实现农村产业的多元化和互补性。同时，他们推动农村产业的整合，促进农民合作社的发展，推动农村产业规模化经营，提升农产品的市场竞争力。

1. 推动农产品加工与附加值提升

新型职业农民在农产品加工环节发挥着重要作用。他们与农产品加工企业合作，将农产品加工成深加工产品，如果汁、罐头、干果等，提高产品的附加值和市场竞争力。他们了解市场需求和消费趋势，根据农产品的特点和消费者偏好，指导农民进行农产品的初加工和包装工作，以提高产品的质量和外观。他们还注重卫生和质量控制，确保产品的安全和口感。通过农产品加工与附加值提升，新型职业农民为农产品的销售创造了更好的条件。

2. 鼓励农村产业的多元化发展

新型职业农民积极鼓励农民参与多种产业经营，如农产品加工、畜牧养殖、农业旅游等，实现农村产业的多元化和互补性。他们通过调研和市场分析，了解不同产业的发展前景和潜力，并向农民推荐适合当地条件的产业发展方向。例如，针对特定区域的自然资源，他们鼓励农民开展果树种植、特色养殖等，发展特色农产品和畜禽产品。同时，他们提供技术指导和培训，帮助农民掌握相应的经营技能和管理知识，推动农村产业的多元化发展。

3. 推动农村产业的整合与规模化经营

新型职业农民推动农村产业的整合与规模化经营，促进农民合作社的发展，提升农产品的市场竞争力。他们鼓励农民组建合作社或农业合作经济组织，实现资源的集约化利用和产业链的延伸。通过整合农民的生产要素和农业资源，提高农业生产效率和降低生产成本。他们协调农民之间的合作，促进资源共享和优势互补，形成农业产业链的良性循环。他们引导农民参与规模化经营，推动农村产业向现代化发展，提高农产品的品质和市场竞争力。

4. 拓展农产品的市场销售渠道

新型职业农民在农村产业发展中重视农产品的市场销售渠道拓展。他们与超市、餐饮企业、电商平台等建立合作关系，开拓农产品的市场销售渠道。他们了解市场需求和消费趋势，根据产品特点和市场定位，选择适合的销售渠道。同时，他们注重农产品的品牌建设和宣传推广，提升产品的知名度和美誉度。通过拓展市场销售渠道，新型职业农民增加了农产品的市场份额和竞争力，推动了农村产业链的发展。

三、新型职业农民在农村社会发展中的作用

新型职业农民能够组织农民合作社、农业合作组织等组织形式，发挥农民的主体作用，促进农村社会的协同发展。新型职业农民能够引导农民参与农村基础设施建设、生态环境保护、文化传承等领域，提高农村社会的文明程度和生活质量。

（一）组织农民合作社和农业合作组织

新型职业农民致力于组织农民合作社和农业合作组织，以实现农民的组织化、规模化经营和协作经济。他们通过整合农民的资源和优势，提供集中采购、生产、加工、销售等服务，帮助农民实现资源的优化配置和价值的最大化。通过合作社和合作组织，农民能够共同面对市场竞争和风险，提高生产效率、降低成本，并分享经济利益，推动农村社会的经济发展。

1. 整合农民资源和优势

新型职业农民通过组织农民合作社和农业合作组织，致力于整合农民的资源和优势。他们通过广泛的沟通和协商，将农民组织起来，实现资源的集中管理和合理配置。他们鼓励农民共享土地、劳动力、机械设备等生产要素，形成资源互补、利益共享的合作关系。通过整合农民的资源和优势，新型职业农民为农业生产提供了更强大的支持，提高了农业生产的效率和规模。

2. 提供集中采购和生产服务

新型职业农民通过合作社和合作组织，提供集中采购和生产服务，帮助农民实现成本的降低和效益的提高。他们与供应商建立合作关系，集中采购农业生产所需的种子、肥料、农药等农资，获取更优惠的价格和质量保证。同时，他们组织农民进行集中生产，统一安排生产计划、生产技术和管理措施，提高生产的标准化和规模化水平。通过集中采购和生产服务，新型职业农民降低了农民的采购成本，提高了农产品的产量和质量。

3. 推动农产品加工与销售

新型职业农民通过合作社和合作组织，推动农产品的加工和销售，提高农产品的附加值和市场竞争力。他们组织农民进行农产品的初加工和深加工，将农产品加工成高附加值的产品，如果汁、罐头、干果等，提高产品的附加值。同时，他们建立农产

品销售渠道，与超市、餐饮企业、电商平台等建立合作关系，拓宽农产品的市场覆盖范围。通过推动农产品的加工与销售，新型职业农民提供了更多的选择和价值，增加了农民的收入和利润。

4. 提供技术指导和培训

新型职业农民在组织农民合作社和农业合作组织的过程中，提供技术指导和培训，帮助农民掌握先进的种植技术、养殖管理技巧和农产品加工工艺等知识。他们组织农技专家和农业技术人员开展培训活动，向农民传授科学的农业生产方法和管理经验，提高农民的专业水平和技术能力。通过技术指导和培训，新型职业农民帮助农民提高生产效率、降低生产成本，推动农村社会的农业现代化和科技进步。

5. 促进农民合作意识和社会共建

新型职业农民通过组织农民合作社和农业合作组织，促进农民的合作意识和社会共建精神。他们倡导农民共同协作、分享风险和利益的理念，帮助农民建立起信任和合作的关系。通过合作社和合作组织的机制，农民能够共同面对市场风险、自然灾害等的挑战，形成集体行动和共同发展的力量。新型职业农民引导农民参与社会公益事业，如农村教育、医疗保健、文化传承等，推动农村社会的和谐发展和乡村振兴。

新型职业农民在组织农民合作社和农业合作组织中发挥着重要的作用。他们通过整合农民资源、提供集中采购和生产服务、推动农产品加工与销售以及提供技术指导和培训等方式，促进农村社会的经济发展和农民收入的增加。同时，他们引导农民形成合作意识和社会共建精神，推动农村社会的协同发展和乡村振兴。新型职业农民的努力为农村社会带来了更多的机会和希望，为农民群体的脱贫致富和农村社会的可持续发展做出了重要贡献。

（二）引导农民参与农村基础设施建设

新型职业农民在引导农民参与农村基础设施建设方面发挥着重要的作用。他们意识到农村基础设施对农业生产和农村社会发展的重要性，并积极推动农民参与基础设施建设的筹备、实施和管理，以改善农村的交通条件、水利设施等，提高农村生产的便利性和效率。

1. 调研与规划

新型职业农民通过对农村基础设施的调研和规划，了解农民的需求和实际情况。他们了解当地的交通状况、灌溉条件、农田水利设施等，分析现有的问题和短板。通过与农民进行广泛的沟通和交流，听取他们的意见和建议，制定符合实际需求的基础设施建设规划。

2. 组织和协调

新型职业农民组织农民参与基础设施建设项目的筹备、实施和管理。他们与相关政府部门、社会组织和企业合作，建立合作关系，协调各方资源。他们鼓励农民形成合作组织，如农民合作社、合作经济组织等，共同投资和管理基础设施项目。通过集中资源和力量，提高基础设施建设的效率和质量。

3. 筹措资金

新型职业农民帮助农民筹措基础设施建设所需的资金。他们与金融机构合作，为农民提供融资渠道和金融支持，如贷款、信用担保等。他们积极引导农民利用各种农村发展基金、扶贫资金和社会捐赠等资源，筹措资金用于基础设施建设。

4. 技术支持

新型职业农民提供技术支持，帮助农民掌握基础设施建设的相关技术和方法。他们与相关专家和技术人员合作，开展培训和技术指导，提升农民在基础设施建设中的技术水平。例如，在道路建设方面，他们指导农民掌握土方开挖、路基填筑、路面铺设等技术，确保基础设施的质量和耐久性。

5. 推动农民参与建设工作

新型职业农民鼓励农民积极参与基础设施建设的工作。他们通过组织会议、宣传推广和示范引导等方式，向农民宣传基础设施建设的重要性和意义，激发农民的参与热情。他们引导农民参与道路修复、沟渠清淤、灌溉设备安装等具体工作，使农民亲身参与基础设施建设，增强对项目的归属感和责任感。

6. 推动农民合作共建共享

新型职业农民倡导农民之间的合作共建共享理念。他们通过合作社、合作经济组织等形式，鼓励农民共同投资和管理基础设施项目，分享建设成果和经济效益。他们提倡农民之间互助合作，共同承担基础设施建设中的风险和责任。通过共建共享的方式，农民能够形成紧密的协作关系，提高基础设施建设的效率和质量。

7. 监督和管理基础设施运营

新型职业农民在基础设施建设完成后，还负责监督和管理基础设施的运营。他们建立相关的管理机制和制度，确保基础设施的正常运行和维护。他们组织农民参与基础设施的日常维护和管理工作，如道路的清洁和修复、灌溉设备的保养和维修等。通过有效的运营管理，新型职业农民确保基础设施的可持续使用和发挥最大效益。

通过新型职业农民的引导和推动，农民参与农村基础设施建设得以有效实施，为农村社会的现代化和发展打下坚实的基础。农民也从中受益，基础设施的完善提高了农村生产的便利性和效率，促进了农业的发展，同时也改善了农民的生活质量和社会福利。

（三）推动生态环境保护和可持续发展

新型职业农民注重农村生态环境的保护和可持续发展。他们引导农民采用科学的农业生产技术和管理方法，减少化肥农药的使用，提倡有机农业和生态农业的发展。他们组织农民参与生态修复、水土保持和环境保护等活动，推动农村生态环境的改善和生态农业的发展。通过保护农村的生态环境，实现农业的可持续发展，新型职业农民为农村社会的绿色发展和生态文明的建设做出贡献。

1. 推广科学的农业生产技术和管理方法

新型职业农民致力于推广科学的农业生产技术和管理方法，以减少对生态环境的负面影响。他们引导农民采用节水灌溉技术、定向施肥、病虫害综合防控等措施，减少化肥农药的使用量，降低农业对水体和土壤的污染风险。他们还推广有机农业和生态农业的种植方式，倡导农民减少化学农药的使用，提高土壤肥力和农产品的安全性。通过科学的农业生产技术和管理方法，新型职业农民有效控制农业对生态环境的损害，为可持续发展奠定基础。

2. 组织农民参与生态修复和环境保护

新型职业农民组织农民积极参与生态修复和环境保护活动，如植树造林、草地恢复、湿地保护等。他们通过引导农民了解生态系统的重要性，提升农民的环保意识和责任感。他们组织农民参与生态修复项目，如河岸防护林、水土保持林等，改善农村的水土流失状况，提高生态系统的稳定性和可持续性。同时，他们组织农民参与环境保护活动，如垃圾分类、污水处理等，减少农村环境污染，改善农民的生活环境。

3. 推动生态农业和有机农业的发展

新型职业农民推动生态农业和有机农业的发展，促进农业的可持续发展和农产品的质量提升。他们鼓励农民采用生态农业的种植方式，例如，推广自然农法、生物农药和有机肥料的使用，减少对环境的污染。他们提供农民培训和技术指导，帮助农民学习和掌握生态农业的技术和管理方法。同时，他们倡导农民开展生态循环农业，通过农作物与畜禽的有机循环，提高农业生产的效益和可持续性。他们鼓励农民发展农业多元经营，如种植特色经济作物、发展养殖业和农旅融合等，实现农业生态系统的多样性和稳定性。

4. 倡导资源节约与循环利用

新型职业农民倡导农民进行资源节约与循环利用，减少对资源的浪费和环境的负担。他们引导农民采用节水灌溉系统、农田水利工程等措施，提高农田水资源的利用效率。他们鼓励农民进行农业废弃物的资源化利用，如农作物秸秆的生物质能利用和堆肥化处理，减少对化石能源的依赖和土壤污染。通过资源的合理利用和循环利用，新型职业农民降低了农业生产对环境的压力，促进了农村生态环境的改善与可持续发展。

5. 倡导环保文化和教育

新型职业农民倡导环保文化和教育，提高农民对生态环境保护的认识和意识。他们组织环保宣传活动、文化节庆和农村绿色生活示范等，向农民传递环保知识，激发农民参与环境保护的积极性。他们与学校和社区合作，开展环保教育和培训，培养农民的环境意识和环境保护技能。通过推动环保文化和教育，新型职业农民在农村社区中形成了良好的环保氛围，推动农村社会的绿色发展和生态文明的建设。

新型职业农民在推动生态环境保护和可持续发展方面扮演着关键角色。他们通过推广科学的农业生产技术和管理方法，组织农民参与生态修复和环境保护活动，推动生态农业和有机农业的发展，倡导资源节约与循环利用，以及倡导环保文化和教育等方面的努力，为农村社会的绿色发展和生态文明的建设做出了积极贡献。他们的工作不仅有助于改善农村生态环境的质量，还推动了农业的可持续发展和农产品的质量提升。通过他们的引导和带动，农民逐渐转变了农业生产方式，实现了生态环境保护与农业发展的良性互动，为构建美丽乡村、实现可持续发展做出了重要贡献。

第三节 构建现代农业经营体系的迫切需要

乡村振兴战略是中国当前重要的发展战略，旨在推动农业农村现代化、促进农民增收和乡村发展，实现城乡经济社会协调发展。在这一背景下，培育新型职业农民并构建现代农业经营体系变得尤为迫切和重要。

一、推动农业农村现代化

乡村振兴战略的核心目标之一是推动农业农村现代化。传统农业经营模式面临着效益低下、资源浪费、环境污染等问题，难以满足现代社会对农产品的多样化需求和高品质要求。新型职业农民具有现代农业知识和管理技能，他们能够推动农业技术的创新与应用，引进现代农业生产设备和科技成果，提高农业生产效率和质量水平；他们能够整合资源、创新经营模式，推动农村产业升级和农业现代化进程，实现农业农村现代化的目标。

（一）引领农业科技创新与应用

新型职业农民具备现代农业知识和技术，他们积极推动农业科技的创新与应用。他们与农业科研机构、高校和企业合作，参与农业科技研发项目，引进先进的农业技术和设备，推广新的农业生产模式和管理方法。通过引领农业科技创新与应用，新型职业农民能够提高农业生产的效率、质量和安全水平，推动农业向数字化、智能化和可持续发展方向迈进。

（二）推进农业产业升级和农村经济转型

新型职业农民注重农业产业升级和农村经济转型，他们通过整合农民资源、推动农产品加工和营销等手段，推进农业产业链的延伸和农产品的附加值提升。他们引导农民开展农业多元经营，如发展农产品加工、农村旅游、农产品电商等新兴业态，拓宽农民的经济收入渠道。同时，他们注重推动农村非农产业发展，促进农村经济的多元化和产业结构的优化升级，实现农村经济的转型发展。

（三）推动农业绿色发展和可持续经营

新型职业农民重视农业绿色发展和可持续经营，他们积极推广有机农业、生态农业等绿色种植方式，减少农药、化肥的使用，保护生态环境。他们倡导生态循环农业，通过农作物与养殖、农副产品利用等方式，实现资源的循环利用和农业生态系统的良性循环。同时，他们注重农业生产的可持续性，通过科学的耕作方式、合理的土地利用和水资源管理，延长农业生产周期，减少对自然资源的消耗，保持农业生态系统的稳定性和健康性。

（四）促进农民职业发展和素质提升

新型职业农民致力于促进农民职业发展和素质提升，他们通过开展农民培训和技能提升计划，帮助农民掌握现代农业技术和管理知识，提高其经营农业的能力和竞争力。他们倡导农民创新创业，引导农民积极参与农业产业链的各个环节，从农业生产到加工、销售等，拓宽农民的就业机会和收入来源。通过促进农民职业发展和素质提升，新型职业农民能够提升农民的社会地位和自我发展能力，进一步推动农业农村现代化的进程。

（五）加强农村组织建设和农民合作精神培育

新型职业农民注重加强农村组织建设和农民合作精神培育，他们引导农民成立农民合作社、农业合作社等组织形式，提倡农民间的合作与互助。农民合作组织通过集中资源和力量，实现规模化经营和资源共享，提高农业生产的效益和竞争力。同时，他们鼓励农民加强交流合作，共同推动乡村产业的发展和农村社会的进步。通过加强农村组织建设和农民合作精神培育，新型职业农民能够形成良好的农村合作氛围，推动农业农村现代化的全面发展。

乡村振兴战略的实施需要培育新型职业农民，他们在推动农业农村现代化方面具有重要的作用。通过引领农业科技创新与应用、推进农业产业升级和农村经济转型、推动农业绿色发展和可持续经营、促进农民职业发展和素质提升以及加强农村组织建设和农民合作精神培育，新型职业农民能够带动农业农村现代化的全面发展。他们将农业科技创新与应用引入农村，推动现代农业生产技术的普及和应用，提高农业生产的效率和品质，增强农业的竞争力。同时，他们致力于农业产业升级和农村经济转型，通过整合资源、推动农产品加工和营销，促进农村经济的多元化发展和产业结构的优化。他们倡导绿色农业发展，减少化肥农药的使用，推广有机农业和生态农业，保护农业生态环境，实现农业的可持续经营。

二、促进农民增收和提高生活质量

乡村振兴战略的另一个重要目标是促进农民增收和提高生活质量。传统农业经营模式下，农民面临着收入不稳定、增收渠道有限的问题。培育新型职业农民能够带动农村产业发展，推动农业农村经济多元化发展，为农民提供更多的就业机会和增收途径。他们能够组织农民合作社和农业合作组织，提高农产品的附加值和市场竞争力，实现农民收入的稳定增长。同时，他们还能够引导农民参与农村旅游、农产品加工等领域，拓宽农民的经济收入渠道，提高农民的生活水平和社会福利。

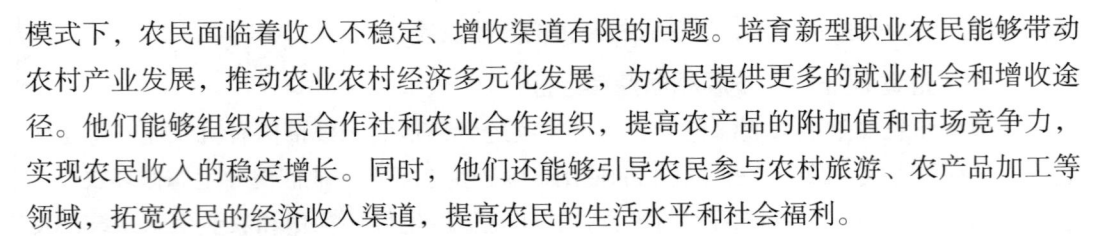

（一）发展农村产业，创造就业机会

新型职业农民通过组织农民合作社、农业合作组织等形式，能够整合农村资源，推动农业农村经济的多元化发展。他们鼓励农民参与农村产业的创新和发展，如农产品加工、农村旅游、农产品电商等领域，为农民提供更多就业机会和增收途径。通过发展农村产业，新型职业农民能够带动农民从传统的农业经营转向农村产业链的各个环节，从而扩大农民的收入来源，提高他们的经济水平。

（二）提高农产品的附加值和市场竞争力

新型职业农民注重提高农产品的附加值和市场竞争力，通过推进农产品加工、品牌建设等措施，为农民带来更高的经济效益。他们引导农民参与农产品深加工，将农产品转化为更具附加值的产品，如果蔬加工、农副产品加工等，从而提高产品的利润空间。此外，他们倡导农产品品牌化发展，通过建立农产品品牌，提高产品的知名度和市场占有率，增加农民的收入。通过提高农产品的附加值和市场竞争力，新型职业农民能够帮助农民实现收入的稳定增长。

（三）引导农民参与农村旅游和农产品加工业

新型职业农民引导农民积极参与农村旅游和农产品加工业，拓宽农民的经济收入渠道。他们鼓励农民开展农家乐、农产品展销、农村民宿等农村旅游项目，利用乡村的自然风光和文化资源，吸引游客，创造旅游收入。同时，他们推动农产品加工业的发展，鼓励农民将农产品加工成具有附加值的产品，如果蔬干货、农产品礼盒等，提高产品的市场竞争力和附加值，增加农民的收入。通过引导农民参与农村旅游和农产品加工业，新型职业农民能够拓宽农民的经济收入渠道，提高他们的收入水平。

（四）促进农民技能培训和就业创业

新型职业农民重视农民的职业技能培训和就业创业指导，帮助农民提升技能水平，提高就业和创业能力。他们通过开展农业技术培训、农产品加工技能培训、农村电商培训等活动，提升农民的专业知识和技能。同时，他们鼓励农民自主创业，提供创业指导和支持，引导农民参与农业产业链的各个环节，如种植、加工、销售等，拓展农民的就业机会和收入来源。通过促进农民技能培训和就业创业，新型职业农民能够提高农民的就业竞争力和创业成功率，进一步促进农民增收和改善生活质量。

（五）加强农村公共服务和社会保障

新型职业农民致力于加强农村公共服务和社会保障，提升农民的社会福利和生活品质。他们推动农村基础设施建设，改善农村道路、供水、供电等基础设施条件，提高农村居民的生活环境。同时，他们倡导农民参与农村社会保险和养老保险等制度，加强农民的社会保障，提供医疗、教育、养老等方面的保障服务，提升农民的社会保障水平。通过加强农村公共服务和社会保障，新型职业农民能够改善农民的生活条件，提高其生活质量和幸福指数。

新型职业农民在乡村振兴战略中发挥着重要的作用。他们通过发展农村产业，创造就业机会，拓宽农民的收入渠道。同时，他们提升农产品的附加值和市场竞争力，引导农民参与农村旅游和农产品加工业，增加农民的收入来源。此外，新型职业农民重视农民技能培训和就业创业，提升农民的专业知识和技能，帮助农民提高就业和创业能力。他们还加强农村公共服务和社会保障，改善农民的生活条件，提升其生活质量和幸福感。通过这些努力，新型职业农民能够促进农民增收，提高生活质量，实现乡村振兴战略的目标。

三、推进农业供给侧结构性改革

乡村振兴战略要求推进农业供给侧结构性改革，这是为了提高农产品的质量、安全和可持续性，以适应消费者对绿色、健康农产品日益增长的需求。在传统农业经营模式下，存在资源浪费、环境污染等问题，而培育新型职业农民成为实现农业供给侧结构性改革的重要举措。新型职业农民具备现代农业技术和管理知识，能够引入先进的农业生产技术和设备，提高农产品的品质和安全标准。他们注重农业生态环境的保护，推广可持续农业和有机农业，减少化肥农药的使用，提倡循环农业和生态农业的发展。通过推进农业供给侧结构性改革，新型职业农民能够满足消费者对绿色、健康农产品的需求，提高农业的竞争力和市场份额。

（一）引入先进的农业生产技术和设备

新型职业农民具备现代农业技术和管理知识，能够引入先进的农业生产技术和设备，提高农产品的生产效率和质量。他们了解并应用最新的种植技术、养殖技术和农业机械设备，如精准农业技术、智能化农机设备等，以提高农业生产的精准性、效率和可持续性。通过引入先进的农业生产技术和设备，新型职业农民能够降低农产品的生产成本，提高产量和品质，增强农产品的市场竞争力。

（二）推广可持续农业和有机农业

新型职业农民注重农业生态环境的保护和可持续发展，他们推广可持续农业和有机农业的种植方式。他们鼓励农民减少化肥、农药的使用，倡导有机农业的发展，通过生物防治、有机肥料等措施实现病虫害的综合防控。此外，他们推动农民采用科学的灌溉和排水技术，减少水资源的浪费和土壤的盐碱化，保护农田生态系统的健康。他们还鼓励农民进行农作物与畜禽的有机循环，通过农业废弃物的回收利用和堆肥处理，减少对化石能源的依赖，促进资源的循环利用。通过推广可持续农业和有机农业，新型职业农民能够提高农产品的品质和安全性，满足消费者对绿色、健康农产品的需求，提升农产品的竞争力和市场份额。

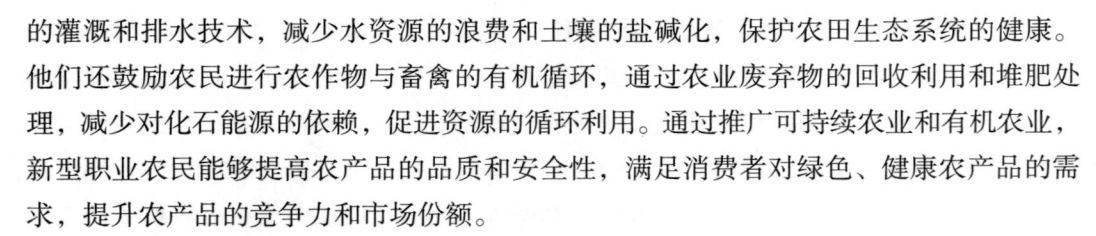

（三）优化农产品供应结构和农业产业链

新型职业农民注重优化农产品供应结构和农业产业链，以满足消费者多样化的需求。他们鼓励农民根据市场需求调整农作物的品种和种植结构，增加高品质、高附加值农产品的产量。同时，他们推动农产品加工业的发展，引导农民将农产品加工成具有附加值的产品，如蔬菜加工品、农产品礼盒等，提高产品的市场竞争力和附加值，增加农民的收入。此外，他们推进农业产业链的延伸，鼓励农民参与农产品的初加工、加工和销售环节，提升农业产业链的附加值，增加农民的收益。

四、加强农业科技创新和技术普及

乡村振兴战略要求加强农业科技创新和技术普及，提升农业生产的科技含量和创新能力。新型职业农民作为农业科技的推广者和应用者，能够将先进的农业科技成果转化为实际生产力。他们通过与农业科研机构和企业合作，引进新的农业科技成果，开展技术示范和培训，推广农业生产的科学管理方法和技术规范。通过加强农业科技创新和技术普及，新型职业农民能够提高农业生产的效率和质量，推动现代农业经营体系的建立。

（一）推动农业科技创新

新型职业农民具备现代农业知识和管理技能，积极推动农业科技的创新。他们与农业科研机构、高校和企业合作，参与农业科技研发项目，开展科学实验和试验田，引进先进的农业技术和设备。他们关注农业生产中的瓶颈问题，探索解决方案，并将科研成果应用到实际生产中。通过推动农业科技创新，新型职业农民能够提高农业生产的效率、质量和安全水平，推动农业向数字化、智能化和可持续发展方向迈进。

（二）开展技术示范和培训

新型职业农民通过开展技术示范和培训，将先进的农业技术和管理方法普及到农民中间。他们选择一些典型的农业生产示范点，展示先进的种植、养殖和管理技术，让农民亲眼见到科技带来的巨大变化。同时，他们组织农民参观学习和实地考察，到其他地区了解先进的农业经验和技术，促进农民之间的交流和学习。此外，他们开展农业技术培训，向农民传授先进的农业知识和技术，帮助农民掌握科学的种植、养殖和管理技能。通过技术示范和培训，新型职业农民能够提高农民的农业技术水平，推动农业生产的现代化和提质增效。

(三)引进农业科技成果

新型职业农民与农业科研机构和企业合作,积极引进先进的农业科技成果。他们了解最新的农业科技发展动态,与科研机构和企业建立合作关系,引进先进的农业科技成果。他们了解和评估农业科技成果的适用性和可行性,并将其应用于实际生产中。例如,他们引入新的种植品种、优良的养殖技术、高效的农机设备等,以提高农产品的产量、质量和市场竞争力。通过引进农业科技成果,新型职业农民能够推动农业的技术升级和创新,为农民提供更加先进和高效的农业生产手段。

(四)推广农业信息技术应用

新型职业农民重视农业信息技术的应用,通过推广农业物联网、大数据分析等技术,提高农业生产的智能化和精准化水平。他们帮助农民建立数字化农业管理系统,通过远程监测、智能控制等手段,实现对农田、养殖场等农业生产环节的精确管理和科学决策。此外,他们推广农业电商和农业移动应用,促进农产品的线上销售和营销,拓宽农产品的市场渠道。通过推广农业信息技术应用,新型职业农民能够提高农民的信息获取能力和决策水平,优化农业生产结构,增加农产品的附加值和市场竞争力。

(五)加强农业科技示范基地建设

新型职业农民积极参与农业科技示范基地的建设与管理,为农民提供实践学习和技术交流的平台。他们选择适宜的农业示范基地,建立科技示范农场、科技示范合作社等,展示和推广先进的农业技术和管理模式。这些示范基地向农民开放,让他们亲身参与农业生产过程,学习先进的技术和管理经验。同时,新型职业农民组织农业技术交流会议、座谈会等活动,促进农民之间的交流与合作。通过加强农业科技示范基地的建设,新型职业农民能够增强农民的技术水平和创新意识,推动农业科技的普及和应用。

新型职业农民在加强农业科技创新和技术普及方面发挥着重要的作用。他们通过推动农业科技创新、开展技术示范和培训、引进农业科技成果、推广农业信息技术应用以及加强农业科技示范基地建设等措施,努力提升农业生产的科技含量和创新能力。这些努力将有助于推动农业向现代化、数字化、智能化和可持续发展的方向迈进。

五、构建农业产业链和农产品品牌

乡村振兴战略要求构建农业产业链和农产品品牌,提升农产品的附加值和市场竞争力。新型职业农民通过组织农民合作社和农业合作组织,能够整合农产品的生产、加工、销售等环节,构建起完整的农业产业链。他们注重品牌建设,推动农产品的差异化和品牌化发展,提高农产品的知名度和市场份额。通过构建农业产业链和农产品品牌,新型职业农民能够增加农民的收入来源,促进农村经济的发展。

（一）整合农产品生产环节

新型职业农民在整合农产品生产环节方面发挥着重要作用。他们通过组织农民合作社、农业合作组织和农业产业化龙头企业等形式，协调和整合农产品的生产环节，以实现农业产业链的高效运转和农产品附加值的增加。

首先，新型职业农民促使农民形成联合经营的意识，鼓励农民通过农民合作社等组织形式进行合作。他们组织农民之间建立合作关系，形成紧密的合作网络。通过共同种植、养殖和管理，农民能够分享资源、降低成本，并在市场中协商农产品的供应，从而提高整体的经济效益。

其次，新型职业农民在农产品生产中推行统一的种植计划和规范的生产流程。他们通过科学的农业技术指导，根据市场需求和农产品特性，合理规划农产品的种植面积和季节安排，确保供应与需求的匹配。同时，他们推广标准化的生产流程和管理方法，包括土壤调理、种植技术、病虫害防治、灌溉管理等，提高农产品的产量和质量。

最后，新型职业农民提供优质种苗、农资供应等支持，帮助农民提高生产能力和产品质量。他们与农业科研机构和农资企业合作，引进优质的种苗和农业技术，提供给农民使用。通过技术指导、培训和信息分享，新型职业农民帮助农民了解先进的种植和养殖技术，掌握科学的管理方法，提高农产品的品质和市场竞争力。

在整合农产品生产环节的过程中，新型职业农民还注重农民之间的合作和协调。他们鼓励农民共同经营、共同销售，促进农产品的集中采购和销售。通过集中采购，农民能够以更有竞争力的价格获得农资和生产设备，降低生产成本。而集中销售则可以实现农产品的规模化销售，增加市场议价能力，提高农产品的销售价格和利润空间。

通过整合农产品生产环节，新型职业农民能够实现农业产业链的高效运转和农产品附加值的增加。

（二）推动农产品加工环节

新型职业农民在推动农产品加工环节方面发挥着重要作用。他们注重农产品的加工和深加工，通过发展农产品加工业，提高农产品的附加值和市场竞争力。

首先，新型职业农民积极引导农民进行初加工和深加工。他们鼓励农民将农产品进行简单的初加工，如去皮、去籽、切片等，使其更易于运输和储存。同时，他们还推动农产品的深加工，将农产品加工成具有特色和高附加值的产品。例如，水果可以加工成果脯、果酱、果汁等，粮食可以加工成精细面粉、面条、糕点等，畜禽产品可以加工成火腿、肉制品、肉罐头等。通过加工和深加工，农产品能够延长保鲜期、提升产品的附加值，满足消费者对多样化、便捷化的需求。

其次，新型职业农民与食品加工企业合作，促进农产品与加工企业的对接。他们积极寻找与农产品加工相关的企业合作伙伴，建立长期稳定的供应关系。通过与食品加工企业合作，农产品能够进行产业化加工，实现规模化生产和市场化销售。合作的方式可以包括产品代加工、合作生产等，使农产品能够得到更好的销售渠道和市场资源，提高产品的知名度和竞争力。

最后，新型职业农民注重加工技术和质量控制。他们通过引进先进的加工设备和技术，提高加工效率和产品质量。同时，他们推动加工过程的标准化和规范化，建立质量控制体系，确保农产品加工过程中的卫生安全和产品品质。通过加强加工技术和质量控制，新型职业农民能够提高农产品的附加值，增强产品的竞争力，拓宽市场销售渠道。

此外，在加工环节中，新型职业农民还注重产品包装和营销策略。他们注重产品包装的设计和形象建设，使产品具有吸引力和竞争力。同时，他们积极开展市场调研，了解消费者需求和市场趋势，制定适合的营销策略，以提升产品的市场竞争力。他们关注产品包装的外观设计、标识、包装材料的选择等方面，力求使产品在市场中脱颖而出。通过精心设计的包装，新型职业农民能够吸引消费者的注意，并传递产品的品质和特色。

（三）构建农产品流通和销售渠道

新型职业农民在构建农产品流通和销售渠道方面发挥着关键作用。他们致力于确保农产品能够快速、高效地进入市场，拓宽农产品的销售渠道，提升产品的知名度和市场影响力。

首先，新型职业农民与各种流通渠道建立合作关系。他们与批发市场、农产品批发商、超市和大型零售商等建立合作伙伴关系，以确保农产品能够迅速进入市场。通过与这些渠道的合作，农产品能够获得更广阔的销售渠道和更大的市场份额。

其次，新型职业农民积极参与农产品展销会、农产品节等活动，以提升农产品的知名度和影响力。他们参加各种农产品展览会、农业博览会和乡村旅游节等活动，展示自己的产品，并与消费者进行面对面的交流和互动。通过参与这些活动，新型职业农民能够加强与消费者的联系，了解市场需求，同时提升农产品的品牌形象和市场认知度。

最后，新型职业农民鼓励农民直接与消费者建立联系，开展农家乐、采摘游等农旅结合的形式。他们将农产品与旅游体验相结合，通过提供农产品体验活动，吸引游客前来农场参观、采摘和体验农事活动。通过这种方式，新型职业农民能够增加农产品的附加值，提高产品的消费体验，同时扩大农产品的市场需求。

新型职业农民还积极探索农产品的线上销售渠道。他们利用电商平台、社交媒体和农产品电商平台等网络工具，开展农产品的网上推广和销售。通过建立农产品的官方网站、在线商城和社交媒体账号，新型职业农民能够直接与消费者互动，提供产品信息、接受订单和进行在线销售。这种线上销售渠道不仅扩大了农产品的市场覆盖面，还为消费者提供了便利的购买方式，促进了农产品的销售和市场需求的增长。

新型职业农民在构建农产品流通和销售渠道方面发挥着关键作用。他们通过与各种流通渠道建立合作关系，确保农产品能够迅速进入市场。他们积极参与各类展销会和农产品节等活动，提升农产品的知名度和市场影响力。同时，他们鼓励农民直接与消费者建立联系，开展农旅结合的形式，提高农产品的附加值和市场需求。此外，他们还积极探索线上销售渠道，利用电商平台和社交媒体等工具拓展农产品的市场覆盖面。

（四）推进农产品品牌建设

新型职业农民在推进农产品品牌建设方面发挥着重要作用。他们注重农产品的品质和安全，通过加强质量管理和标准化生产，确保农产品的稳定品质。他们积极引进先进的种植技术和养殖管理方法，选择适宜的土壤和气候条件，严格控制农药和化肥的使用，以生产出优质、绿色、健康的农产品。同时，他们积极参与农产品质量认证体系，如有机认证、地理标志认证等，为农产品赋予权威的品质保证，提高消费者对产品的信任度。

除了产品质量，新型职业农民还注重农产品的包装设计和营销策略，以塑造独特的农产品形象和品牌形象。他们认识到包装对于产品销售的重要性，注重包装设计的创新和美观性。他们与专业设计师合作，设计吸引消费者目光的包装，注重产品的形象识别和品牌标识。通过巧妙的包装设计，新型职业农民能够突出产品的特色和优势，提高产品的竞争力。同时，他们还积极开展营销策略，通过广告、宣传、促销活动等手段，将产品推向市场，扩大品牌影响力。他们利用传统媒体、社交媒体和电商平台等多种渠道，宣传农产品的独特卖点和故事，与消费者建立情感连接，提高产品的市场知名度和美誉度。

此外，新型职业农民积极开展农产品品牌联合推广活动，与其他农产品品牌合作，共同开展农产品联合推广和品牌宣传。他们参与农产品展销会、农产品节、农产品主题活动等，与其他农民合作组织联合展示和销售，形成品牌联盟效应，增强产品的市场竞争力。通过品牌联合推广，新型职业农民能够集中资源、共享平台，实现农产品的互利共赢。

在推进农产品品牌建设过程中，新型职业农民还需克服一些挑战。首先是技术和管理水平的提升。他们需要不断学习和更新农业知识，掌握先进的农业技术和管理方法，以确保农产品的高质量生产和品牌形象的建设。这要参加培训课程、研讨会和技术交流活动，与专业农业顾问合作，以及与农业科研机构建立合作关系，获取最新的农业科技信息和实践经验。

（五）加强农产品质量安全监管

新型职业农民在加强农产品质量安全监管方面发挥着关键作用。他们认识到农产品质量安全对于提升产品竞争力和赢得消费者信任的重要性，因此注重建立有效的监管体系和溯源体系。

首先,新型职业农民致力于建立健全的农产品质量安全监测体系。他们与相关机构合作,加强农产品的质量检测和监控工作。通过对农产品进行采样、检测和分析,他们能够及时发现潜在的质量问题和风险,保障农产品的安全性和合规性。他们关注农产品中的农药残留、重金属含量、微生物污染等指标,确保农产品符合国家和地方的质量安全标准。

其次,新型职业农民推动农产品的溯源体系建设。他们利用现代科技手段,如条码、RFID、区块链等,实现农产品的追溯和溯源。通过在生产、加工和流通环节中记录农产品的信息,包括种植环境、施肥、农药使用、加工过程等,他们能够追踪产品的来源和流向。这为消费者提供了可靠的产品信息和安全保障,消费者可以通过扫描产品上的二维码或查询溯源平台,了解产品的生产过程和质量信息,增加消费者对产品的信任度。

最后,新型职业农民注重提升农民的质量安全意识和能力。他们开展质量安全培训和宣传活动,向农民普及质量安全知识和标准,加强农民对质量安全的重视和理解。同时,他们提供农产品质量安全管理指导,帮助农民制订科学的生产计划和管理措施,减少质量风险和安全隐患。通过提升农民的质量安全意识和能力,新型职业农民能够全面提升农产品的质量安全水平,为消费者提供安全可靠的产品。

第四章　乡村振兴战略背景下培育新型职业农民的可行性

第一节　党委、政府的政策、资金支持

党委和政府在乡村振兴战略中充分认识到培育新型职业农民的重要性，并采取了一系列政策和资金支持措施，为其可行性提供了坚实的基础。

一、政府政策支持

政府政策支持在培育新型职业农民方面发挥着重要作用。政府出台了一系列支持农业农村发展的政策文件，旨在明确培育新型职业农民的目标和举措，为其发展提供法律依据和政策支持。这些政策文件包括《关于加快农业农村现代化推进乡村振兴的指导意见》《农民专业合作社法》等，涵盖了农业农村发展的各个方面。

（一）政府政策鼓励农民转变观念、增强创业意识

政府政策鼓励农民转变观念、增强创业意识，在培育新型职业农民和推动农业农村发展方面具有重要意义。政府充分认识到农业农村现代化的重要性，而农民作为农业生产的主体和基础，其积极参与和创新能力对农业农村发展具有至关重要的作用。因此，政府通过一系列政策文件和措施，着力引导农民转变观念，从传统农民角色向现代农业经营者和创业者角色转变。

首先，政府通过宣传教育，提升农民的意识。政府意识到农民的观念和认知对其行为和决策具有重要影响。因此，政府通过开展农民教育和宣传活动，向农民普及农业农村发展的重要性和现代农业经营的理念。政府组织农业技术培训班、农业经营管理讲座等活动，向农民传授先进的农业知识和经营理念，提高其农业生产和经营管理水平。政府还积极利用传统媒体和新媒体渠道，开展农业科普宣传，向广大农民传递农业科技和管理信息，激发其创新意识和创业热情。

其次，政府通过培训和技术指导，提升农民的创业能力和创新能力。政府鼓励农民参加创业培训和技能培训，提升其创业和经营管理能力。政府组织农业技术专家和企业家走进农村，开展现场指导和技术咨询，帮助农民解决实际问题，提高农业生产

效益。政府还鼓励农民参与农业科技创新和农业科技示范推广，引导农民利用先进的科技手段和管理方法，提高农业生产的科技含量和创新水平。政府为农民提供创业支持，包括创业指导、创业培训和创业资金等方面的支持，鼓励农民积极创业，开拓新的经济增长点和就业机会。

此外，政府还鼓励农民参与农业产业链的延伸和升级，培育新的农业经营模式和业态。政府鼓励农民组建农民合作社、农业专业合作社等组织形式，推动农民间的合作与协作，实现资源共享、风险共担、利益共享。政府提供资金支持和政策优惠，鼓励农民合作社开展农产品加工、农业服务、农村旅游等多元化经营，提高农产品附加值和市场竞争力。

政府还通过扶持农业龙头企业和农业产业园区，推动农业产业链的整合和协同发展。政府为农业龙头企业提供贷款、税收优惠等支持，引导其发挥带动作用，带动周边农民参与农业产业链的发展。政府建设农业产业园区，提供基础设施和公共服务设施，吸引农业企业和农民集聚，形成集生产、加工、销售于一体的农业产业集群，促进农产品的品牌化和市场化。

政府通过鼓励农民转变观念、增强创业意识，为培育新型职业农民和推动农业农村发展提供了政策支持。政府通过宣传教育、培训和技术指导，提升农民的创业能力和创新能力。政府鼓励农民参与农业产业链的延伸和升级，培育新的农业经营模式和业态。政府的政策支持和措施鼓励农民积极参与农业产业链的各个环节，从农产品种植、养殖、加工到销售和服务，形成完整的产业链。政府通过支持农民合作社的发展，鼓励农民通过合作社形式进行农产品加工和销售，提高附加值和市场竞争力。政府还推动农业龙头企业发展，帮助农民与龙头企业建立合作关系，共同参与农产品加工、供应链管理等活动，拓宽农产品的市场渠道。

（二）政府政策提供财政支持和税收优惠等经济激励措施

政府政策通过提供财政支持和税收优惠等经济激励措施，积极促进农民投资和创业，为培育新型职业农民和推动农业农村发展提供重要支持。政府深知农业农村发展需要大量的投资和资金支持，因此通过设立专项资金和农业发展基金等措施，加大对农业农村发展的财政投入。

首先，政府设立专项资金用于支持农业农村发展。这些专项资金主要用于农业生产、农村基础设施建设、农产品加工和流通等方面，旨在提升农业农村发展的整体水平和效益。政府通过专项资金的投入，帮助农民改善生产条件，引进先进的农业技术和设备，提高农业生产的效率和质量。同时，专项资金也用于农村基础设施的建设，包括农村道路、供水设施、电力网络等，改善农村生产和生活条件，提升农民的生活品质。

其次，政府通过农业发展基金等方式为农民提供贷款和资金支持。农业发展基金由政府设立，主要用于为农民提供低息贷款、补贴和奖励等形式的资金支持。政府通过设立农业发展基金，解决农民创业和经营过程中的资金问题，帮助农民获得必要的启动资金和流动资金。农业发展基金还可以鼓励农民进行农业技术创新、农产品加工和市场开拓等方面的活动，促进农业产业的升级和转型。

最后，政府还推出税收优惠政策，减免新型职业农民的税费负担，降低其创业成本。税收优惠政策主要包括减免农业相关税费、优惠的税收政策和创业补贴等。政府减免农业相关税费，例如土地使用税、农业税等，降低农民的经营成本。此外，政府还为新型职业农民提供税收优惠政策，例如减免企业所得税、个人所得税等，鼓励农民投资和创业。政府通过税收优惠政策，降低了新型职业农民的税费负担，为他们创业提供了显著的经济激励。首先，政府对农业相关税费进行减免，如减免土地使用税和农业税等。这一举措减轻了农民在土地使用和农业经营过程中的负担，降低了他们的经营成本，增加了创业的利润空间。同时，政府还优化了税收政策，针对新型职业农民给予更加优惠的税收政策，例如减免企业所得税和个人所得税等。这为农民投资和创业提供了更多的财务支持和激励，鼓励他们积极参与农业农村发展，推动农村经济蓬勃发展。

（三）政府政策支持新型职业农民的创业和创新

政府在支持新型职业农民的创业和创新方面发挥着重要作用，通过一系列政策措施为他们提供全方位的支持和保障。政府鼓励农民组织农民合作社、农业合作组织等形式，推动农业产业化和规模化经营，提升农民的创业和经营能力。

首先，政府为农民合作社和农业合作组织提供支持。政府设立专项资金，用于支持农民合作社和农业合作组织的发展。这些资金可以用于农民合作社的注册登记、场地建设、设备购置等方面，为合作社提供必要的启动资金和运营资金。政府还为合作社提供培训和指导，帮助农民合作社提高管理水平和运营能力，推动农业产业链的延伸和协同发展。通过合作社组织，农民可以共同合作、共享资源、共同经营，提高农业生产的效率和经济效益。

其次，政府注重农业科技的支持和指导。政府加大对农业科技的投入，提供农业技术支持和科技服务。政府组织专家团队走进农田，为农民提供现场指导和技术咨询，解决实际生产中的技术难题。政府还鼓励农民参与农业科技创新，支持他们开展农业科技示范项目，推广新的农业技术和经营模式。政府还推动农民与科研机构、高校建立合作关系，促进科研成果的转化和应用，提升农业技术水平和创新能力。

最后，政府加强农产品质量安全监管，提高农产品的质量和信誉。政府建立健全的农产品质量认证体系和溯源体系，加强对农产品生产、加工、储运等环节的监管和管理。政府鼓励农民遵守农业生产规范和质量标准，推行有机农业和绿色农业，提高农产品的品质和安全性。政府加强对农产品市场的监测和检测，打击假冒伪劣农产品，

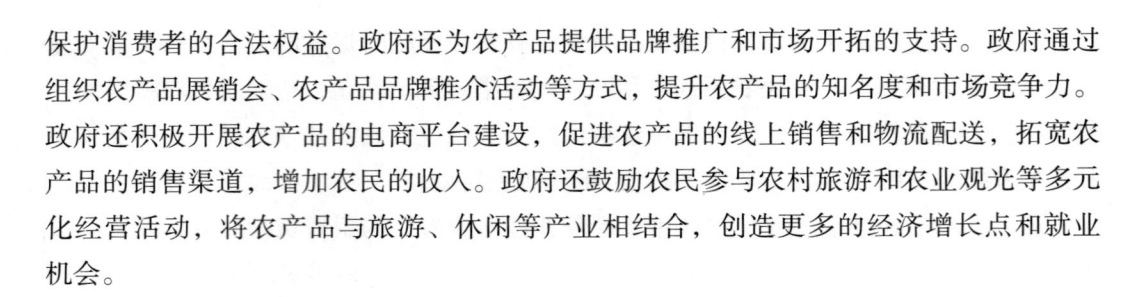

保护消费者的合法权益。政府还为农产品提供品牌推广和市场开拓的支持。政府通过组织农产品展销会、农产品品牌推介活动等方式，提升农产品的知名度和市场竞争力。政府还积极开展农产品的电商平台建设，促进农产品的线上销售和物流配送，拓宽农产品的销售渠道，增加农民的收入。政府还鼓励农民参与农村旅游和农业观光等多元化经营活动，将农产品与旅游、休闲等产业相结合，创造更多的经济增长点和就业机会。

二、政府专项资金支持

政府通过设立专项资金，提供资金支持和创业扶持。政府设立了农村产业发展基金和农村创业扶持基金，用于支持新型职业农民的创业项目。这些基金为新型职业农民提供贷款、补贴和奖励，帮助他们创业和发展农业产业。政府还鼓励金融机构加大对新型职业农民的信贷支持，提供灵活的融资方案，降低创业风险。这些资金支持和创业扶持措施为新型职业农民提供了资金保障和创业动力。

（一）农村产业发展基金

农村产业发展基金作为政府设立的重要资金平台，在农村产业发展和新型职业农民的创业项目中发挥着关键作用。该基金通过政府的财政拨款、农业税收收入等渠道获得资金，以资金支持的形式向新型职业农民提供贷款、补贴和奖励等，旨在帮助他们克服资金难题，推动农业产业的升级和发展。

首先，农村产业发展基金通过提供贷款支持，帮助新型职业农民满足创业和发展中的资金需求。新型职业农民可以向基金申请贷款，满足购买农业生产设备、土地流转、农产品加工等方面的资金需求。这样的贷款支持帮助他们解决了创业初期的资金短缺问题，提升了创业的可行性和成功率。同时，基金还为贷款提供了合理的利率和灵活的还款方式，以降低新型职业农民的财务压力，鼓励他们积极投入农业产业，促进农村经济的繁荣。

其次，农村产业发展基金通过提供补贴和奖励，激励新型职业农民在农业产业链的各个环节中发挥作用，提高农产品的附加值和市场竞争力。基金为新型职业农民提供补贴和奖励的方式多种多样。例如，基金可以向他们提供种植、养殖、加工等方面的补贴，以鼓励他们采用现代农业技术和管理方法，提高农产品的质量和产量；基金还可以根据新型职业农民的业绩和贡献，给予他们奖励，激励他们在农业产业链的上下游环节中发挥积极作用，推动农业产业链的协同发展。

最后，农村产业发展基金还可以用于支持农村产业的研发和创新。基金可以投入到科技研发和技术创新项目中，为新型职业农民提供科技支持和技术指导。通过引入先进的农业技术和管理经验，基金帮助新型职业农民提升农业生产的效率和质量，推动农产品的升级和附加值的提升。基金可以资助新型职业农民参与农业科技创新项目，支持他们引进新品种、新技术和新模式，提高农业生产的科技含量和竞争力。此外，基金还可以支持新型职业农民参与农产品加工和品牌建设，推动农产品从原材料到加工品的升级转化，提高产品附加值，拓宽市场销售渠道。

（二）农村创业扶持基金

农村创业扶持基金作为政府设立的专项基金，对于支持新型职业农民的创业项目具有重要意义。该基金的设立旨在解决新型职业农民在创业过程中所面临的资金困难，降低其创业风险，激励他们积极投身于农业创新创业的实践中。

首先，农村创业扶持基金通过提供贷款支持，帮助新型职业农民克服资金短缺的问题。政府向基金注入一定的资金，并制定合理的贷款利率和贷款期限，为新型职业农民提供创业贷款的支持。新型职业农民可以向基金申请贷款，用于购买农业生产设备、土地流转、农产品加工等方面。这样的贷款支持帮助他们解决了创业初期的资金困难，提高了创业的可行性和成功率。

其次，农村创业扶持基金通过提供补贴和奖励，促进新型职业农民的创业项目顺利进行。基金可以根据创业项目的特点和效益，向新型职业农民提供一定的补贴和奖励。例如，基金可以向新型职业农民提供种植、养殖、加工等方面的补贴，以鼓励他们采用现代农业技术和管理方法，提高农产品的质量和产量。基金还可以根据新型职业农民的业绩和贡献，给予他们奖励，激励他们在农业产业链的各个环节中发挥积极作用，推动农业产业链的协同发展。

此外，农村创业扶持基金还可以提供专业培训和技术指导，提升新型职业农民的创业能力和管理水平。基金可以组织相关的培训课程和技术指导活动，帮助新型职业农民了解创业所需的知识和技能，提高其创业能力和竞争力。培训内容可以涵盖市场营销、农业技术、管理经验等方面的内容，帮助新型职业农民更好地规划和管理自己的创业项目。

最后，农村创业扶持基金还可以加强创业项目的监督和评估，确保资金的有效使用和创业项目的可持续发展。基金可以设立严格的审批程序和监督机制，对申请资助的创业项目进行评估和筛选，确保项目的可行性和发展潜力。同时，基金可以要求受资助的新型职业农民提交创业计划书、年度报告等，定期进行项目进展的跟踪和评估。这样的监督和评估机制有助于确保资金的有效利用，提高创业项目的成功率和经济效益。

（三）政府鼓励金融机构支持新型职业农民的信贷需求

政府积极鼓励金融机构支持新型职业农民的信贷需求，以推动农业创新创业和农村经济发展。在这一过程中，政府与金融机构合作，共同制定农业金融政策，优化信贷流程，降低农民融资的门槛和成本。通过建立良好的合作机制和政策框架，金融机构能够更好地满足新型职业农民的融资需求，为他们提供灵活多样的融资方案。

首先，政府与金融机构合作设立农业创业贷款专项，为新型职业农民提供专门的贷款产品。这些贷款产品包括创业贷款、流动资金贷款、设备购置贷款等，针对不同创业阶段和需求，提供量身定制的融资支持。政府在制定政策时，鼓励金融机构在贷款利率、还款期限、贷款额度等方面给予一定的优惠，以降低新型职业农民的融资成本和财务压力，增加他们创业的可行性。这样的创业贷款专项为新型职业农民提供了可靠的资金来源，帮助他们克服创业初期的资金困难，推动农业创新创业的进行。

其次，政府鼓励金融机构创新金融产品，以满足新型职业农民的多样化融资需求。金融机构可以开发农业保险、融资担保、信用贷款等金融产品，为新型职业农民提供更多选择和更灵活的融资方案。农业保险可以为农民提供风险保障，降低创业风险，增强其信心和创业意愿。融资担保可以为农民提供担保服务，帮助他们获得更高额度的贷款。信用贷款则根据农民的信用记录和信用等级，提供更有针对性的贷款支持。通过创新金融产品，金融机构能够更好地满足新型职业农民的融资需求，提供更加个性化和定制化的金融服务，帮助他们降低创业风险，实现可持续的农业创新创业。

最后，政府还鼓励金融机构开展农业信用评估和信用体系建设，为新型职业农民提供更全面、准确的信用评估服务。通过建立健全的信用体系，金融机构能够更好地了解新型职业农民的信用状况和还款能力，为他们提供更合适的贷款方案。政府对金融机构进行指导和支持，鼓励他们运用大数据、人工智能等技术手段，提升信用评估的准确性和效率。这样的信用评估体系能够为金融机构提供决策依据，降低不良贷款风险，提高对新型职业农民的信贷支持力度。

政府鼓励金融机构支持新型职业农民的信贷需求，通过合作、政策制定和创新金融产品等多种方式，为他们提供灵活多样的融资方案。这一举措促进了农业创新创业和农村经济发展，推动实现农业可持续发展和农民增加收入的目标。同时，政府与金融机构合作建立信用评估体系和农村金融服务体系，提升金融服务的覆盖范围和质量，为新型职业农民提供更全面、更便捷的金融支持。

第二节　农民对于现代化农业的需求持续提升

乡村振兴战略是中国政府制定的一项重要战略，旨在推动农村经济的发展和农民生活水平的提高。随着城市化进程的加速和农村产业结构的调整，乡村振兴战略成为实现农村现代化的关键路径。在乡村振兴战略的指导下，政府提出了培育新型职业农民的重要举措，以满足农民对现代化农业的不断增长的需求。

一、创业机会和就业选择

农民对现代化农业的需求提升，使得从事农业创业成为越来越多农民的选择。新型职业农民通过创业可以实现自己的职业理想和价值，同时创造就业机会，促进农村就业稳定和经济增长。

（一）农民对现代化农业创业的需求持续提升

传统农业模式的转型和农村经济结构的调整，使得农民对就业机会的需求发生了变化。传统的农业劳动力市场逐渐饱和，农民期望通过从事现代化农业创业，创造更多就业机会，解决农村就业问题，促进农村经济的发展。

1. 收入增长的追求

农民对收入增长的追求是他们对现代化农业创业的主要动力之一。随着经济发展和城市化进程的加快，农民对提高自身收入水平和改善生活品质的期望越来越高。通过从事现代化农业创业，农民可以通过增加农产品的附加值和采用高效的农业生产技术，提高农产品的质量和市场竞争力，实现收入的增长。

2. 技术和知识的需求

农民对现代化农业技术和知识的需求不断提升。他们希望通过创业方式接触和应用先进的农业技术，提高农业生产效率，降低生产成本。同时，农民对于农业科学知识、管理技巧以及市场营销等方面的需求也逐渐增加，希望通过创业获取更多的专业知识和技能，提升自身的竞争力。

3. 个人发展和职业认同

农民对于个人发展和职业认同的追求推动了他们对现代化农业创业的需求。现代化农业提供了多样化的职业发展机会和成长空间，使农民能够实现个人职业理想和价值。通过创业，农民可以实现自主经营、创新创业，并在现代化农业领域中获得社会认可和自豪感。

（二）现代化农业创业的机遇与可行性

1. 市场需求和消费升级

随着人民生活水平的提高和消费观念的转变，人们对高品质、安全、绿色农产品的需求不断增长。现代化农业创业可以满足这一市场需求，提供有机农产品、特色农产品等高附加值的农产品，拓展市场空间，创造商机。

2. 科技创新与数字化农业

现代化农业借助科技创新和数字化技术，提高农业生产效率和质量。农民通过应用物联网、大数据、人工智能等技术，实现精准农业管理、智能农机操作、追溯管理等，提升生产效益和竞争力。创业农民可以利用科技创新，打造智慧农场、农业物联网平台等，获得技术领先优势。

3. 农业产业链延伸与农产品加工

现代化农业创业不仅限于生产环节，还涉及农产品加工、农业服务等领域。新型职业农民可以在农产品加工环节中创业，开设农产品加工厂、农产品包装加工企业等，提高产品附加值。此外，农业服务如农业技术咨询、农产品营销等也提供了创业的机会。

4.农村发展政策支持

为了推动乡村振兴战略的实施，政府出台了一系列支持农村创业的政策。政府鼓励金融机构提供贷款支持、创业担保等金融服务，为新型职业农民提供融资支持。同时，政府还设立了农业产业化扶持基金、农村创业创新基金等，为创业农民提供财务支持。

5.农村资源优势和乡村旅游发展

农村地区具有丰富的自然资源、文化资源和乡村特色，适宜发展乡村旅游、休闲农业等。农民可以通过创业开发农家乐、农业观光园、农产品体验基地等，将农业与旅游结合起来，实现多元化经营，增加收入。

在这样的背景下，政府应制定支持农民创业的政策措施和提供相应的支持服务，以促进新型职业农民的培育和发展。

二、收入增长和生活品质提升

农民对现代化农业的需求持续提升与提高收入和生活品质的关系密切。通过从事现代化农业，新型职业农民可以获得更高的经济回报，改善家庭收入状况，提高生活水平，实现农村人民共同富裕。

（一）收入增长的追求

1.提高生产效率

现代化农业借助科技创新和先进的农业技术手段，能够有效提高农业生产效率。农民通过引进先进的种植技术、养殖技术、设备和机械，实现农业生产的规模化、标准化和精细化管理，提高农产品的产量和质量，从而获得更高的经济收益。

2.开拓市场空间

现代化农业注重产品差异化和品牌建设，能够生产出优质、安全、绿色的农产品，迎合了消费者对于健康、高品质食品的需求。通过开拓市场渠道，农民能够将优质农产品推向市场，获取更高的销售价格和利润，从而增加了收入来源。

3.产业链的延伸

现代化农业不仅仅局限于传统的农产品生产，还涉及农产品加工、农业服务、农村旅游等领域。农民通过农产品的深加工、农业服务的提供以及农村旅游的发展，可以获得更多的附加值和利润空间，实现收入的多元化和增长。

（二）生活品质提升的追求

1.生活条件改善

通过从事现代化农业创业，农民能够获得更高的经济回报，提高家庭的收入水平。

这使得农民能够改善生活条件，提升居住环境、饮食条件、教育医疗等方面的质量，提高生活的舒适度和幸福感。

2.教育和培训机会增加

现代化农业的发展需要农民具备相关的技术和管理知识。为了适应现代农业的发展需求，农民需要接受更多的教育和培训，学习现代农业技术、农业管理知识和市场营销等方面的专业技能。农民对于教育和培训的需求不断增加，希望能够通过学习提升自身的专业能力，适应现代化农业的发展要求。政府和相关机构可以提供农业技术培训、创业指导、市场营销策略等方面的支持，帮助农民提升技能水平，进一步增加收入来源。

3.社会地位和自尊心提升

通过从事现代化农业创业，农民能够实现自主经营和自我发展，拥有独立的事业和经济来源。这不仅能够改变农民的社会地位，提升他们在社会中的认可度，还能够增强农民的自尊心和自信心。农民通过现代化农业创业的成功，不仅为自己赢得了尊重和尊严，也为其他农民树立了榜样，激发了更多农民从事现代化农业创业的意愿。

4.传承农村文化和保护环境

现代化农业注重农产品的质量和安全，强调生态环境的保护和可持续发展。农民对于传承乡村文化和保护环境的意识不断提升，希望通过从事现代化农业创业，实现农产品的有机种植、生态养殖等，为乡村文化的传承和农村生态环境的改善做出贡献。

在这样的背景下，政府应制定支持农民从事现代化农业创业的政策措施。包括提供财政支持、农业技术培训、市场信息服务、创业指导等方面的支持，降低农民创业的风险，提供创业所需的资金、技术和市场渠道。同时，政府还应加强与金融机构和农业企业的合作，提供融资和市场对接等支持，为农民创业提供更加稳定和可靠的发展平台。

三、技术创新和现代农业发展

农民对现代化农业的需求推动了农业技术的创新和应用。新型职业农民具备较高的科技素养和创新能力，能够应用先进的农业技术、数字化农业管理等手段，推动现代农业的发展和提高农业生产效率。

（一）农民对现代化农业技术创新的需求

提高生产效率。现代化农业技术创新能够提高农业生产的效率和质量。农民希望通过引进先进的种植技术、养殖技术、设备和机械，实现农业生产的规模化、标准化和精细化管理，提高农产品的产量和质量，从而获得更高的经济收益。

降低生产成本。农民对降低生产成本的需求不断增加。现代化农业技术创新可以通过提高资源利用效率、减少农业投入品的使用、优化生产流程等方式，降低农业生产的成本。农民希望通过技术创新实现农业生产的节约型和绿色发展，提高经济效益。

适应市场需求。消费者对于食品安全、品质和多样化的需求不断增长。农民对现代化农业技术创新的需求主要源于希望能够生产出更加安全、绿色、优质的农产品，满足市场需求，提高农产品的附加值和竞争力。因此，农民希望通过技术创新实现农产品的差异化和个性化生产。

（二）新型职业农民的角色

科技素养和创新能力。新型职业农民具备较高的科技素养和创新能力。他们积极学习和掌握现代农业技术，了解市场需求和趋势，能够应用先进的农业技术、数字化农业管理等手段，实现农业生产的智能化和精细化管理。

探索与创新精神。新型职业农民具有勇于探索和创新的精神。他们不满足于传统的农业生产模式，积极寻求新的农业技术、种植模式和经营模式，不断探索适应当地实际情况的创新解决方案。他们敢于尝试新的农业技术和管理方法，勇于引进先进的设备和技术，以提升农业生产效益和降低生产成本。

农业产业链的参与者。新型职业农民不仅是农业生产者，还承担起农业产业链中的其他角色。他们可以积极参与农产品加工、包装、销售等环节，提高产品的附加值。同时，他们也可以开展农业服务业，如农业技术咨询、农产品质量监测、农产品物流等，为整个农业产业链提供支持和服务。

推动农业现代化发展。新型职业农民是推动农业现代化发展的重要力量。他们的科技素养和创新能力，推动了农业技术的创新与应用。他们通过引进先进的农业技术和设备，应用数字化农业管理，提高农业生产效率和质量，实现农业现代化的转型升级。他们积极参与农业产业链的延伸，促进农产品的加工、销售和农业服务的发展，推动整个农业产业的现代化发展。

农民对现代化农业技术创新的需求持续增长，促使新型职业农民充分发挥科技素养和创新能力，应用先进的农业技术与管理手段，推动现代农业的发展和提高农业生产效率。政府和相关机构应加强对新型职业农民的培养和支持，提供技术培训、创业指导、科技创新平台等支持措施，促进农民从传统农业向现代化农业的转型，推动农业的可持续发展和农村经济的繁荣。

四、环境保护和可持续发展

现代化农业强调环境保护和可持续发展，满足了农民对于生态环境的关注和需求。新型职业农民注重生态农业、有机农业等环境友好型的农业生产方式，通过科学的农业生产管理，减少农业对环境的影响，保护生态资源。

（一）农民对现代化农业的环境保护和可持续发展的需求

1. 关注生态环境

农民对生态环境的关注和保护意识逐渐增强。他们希望通过从事现代化农业，减少农业生产对环境的污染和破坏，保护土壤、水资源和生物多样性，维护生态平衡。农民对环境的关注是出于对自然资源的珍视和对未来农业可持续发展的考虑。

2. 追求绿色生产

农民对绿色农业生产方式的需求不断增加。绿色生产强调减少或避免使用化学农药、化肥等对环境和人体健康有害的物质，推崇生物农药、有机肥料等环境友好型农业生产方式。农民希望通过绿色生产方式，生产出绿色食品，提高农产品的品质和安全性，满足消费者对健康食品的需求。

3. 实现可持续发展

农民对农业可持续发展的追求推动了对现代化农业的需求。他们希望通过科技创新、农业科学管理等手段，实现农业的可持续发展。这包括经济的可持续发展，通过提高农产品的附加值和市场竞争力，增加农民的收入和经济效益；社会的可持续发展，通过提供就业机会，改善农村居民的生活质量和福利；环境的可持续发展，通过减少农业对土地、水资源和生态环境的压力，保护生态系统的稳定性和推动可持续发展。

（二）新型职业农民在环境保护和可持续发展中的角色和贡献

1. 应用环保技术和管理实践

新型职业农民具备较高的科技素养和创新能力，能够应用先进的环保技术和管理实践。他们积极引进和应用生物农药、有机肥料、生态种植技术等环境友好型农业技术，减少对环境的污染和对生态系统的破坏。同时，他们也关注农业生产过程中的能源消耗和废弃物处理等环境问题，努力采取节能减排、循环利用等措施，促进农业的绿色发展。

2. 推动农业可持续管理和农产品认证

新型职业农民在农业可持续发展中发挥着重要作用。他们积极推动农业的可持续管理，包括土壤保护、水资源管理、生态恢复等方面。他们关注农产品的质量和安全，通过有机认证、绿色认证等手段，向市场提供符合环境和健康要求的农产品，满足消费者的需求。

3. 参与生态保护与资源管理

新型职业农民积极参与生态保护和资源管理。他们通过发展生态农业、生态旅游、生态补偿等项目，保护农田、湿地、森林等自然资源，维护生态平衡。他们也关注农村生态环境的改善和保护，参与农村生态建设、水土保持等公益事业，推动农村生态文明建设。

4. 传播环保理念和知识

新型职业农民作为农村发展的中坚力量，不仅在实践中推动环境保护和可持续发展，还在农民群体中起到了示范和引领作用。他们通过农业技术培训、科普宣传、示范基地建设等方式，向其他农民传播环保理念和知识，增强农民的环保意识和环境保护能力，促进农业的可持续发展。

农民对现代化农业的环境保护和可持续发展的需求持续提升，推动了农民对现代化农业的环境保护和可持续发展的需求。新型职业农民在实践中发挥着重要作用，通过应用环保技术和管理实践，推动农业的绿色发展；积极参与生态保护与资源管理，保护自然资源和维护生态平衡；推动农业可持续管理和农产品认证，提供环境友好型的农产品；传播环保理念和知识，增强农民的环保意识和能力。

五、增强农民参与意识和能动性

农民对现代化农业的需求提升，增强了他们的参与意识和能动性。新型职业农民通过自主创业和创新实践，能够更好地发挥自身的主体作用，积极参与农业农村发展的规划和实施过程，推动农村经济社会的全面发展。

（一）农民参与意识的提升

1. 意识觉醒

随着信息技术的普及和农村发展环境的变化，农民的觉醒意识逐渐增强。他们开始关注农业现代化的趋势和重要性，通过参与农业发展能够改善自身的经济状况和生活质量。农民意识到自己是农业发展的主体和决策者，积极寻求参与的途径和方式。

2. 专业知识和技能提升

为了更好地参与现代化农业，农民积极提升自身的专业知识和技能。他们通过农业技术培训、学习现代农业科学知识、掌握农业管理技巧等方式，增加自己在农业领域的专业素养。这使得农民更加自信和有能力参与农业农村发展的决策和实践。

3. 意识到自身的主体作用

农民逐渐认识到自身在农业发展中的重要性和主体作用。他们意识到自己不仅是农业生产者，也是农业发展的参与者和推动者。农民开始主动争取自己的权益，参与决策和管理，通过组织合作社、农民专业合作社、农民合作经济组织等，加强自身的组织和集体行动能力。

（二）农民能动性的提升

1. 创新创业精神

新型职业农民具备较高的创新创业精神。他们勇于尝试新的农业经营模式和商业模式，积极探索农业产业链的延伸和增值，发展农产品加工、农旅融合、农产品电商等新业态。他们通过创新技术、产品和服务，提高农产品的附加值，拓宽销售渠道，增加农民的收入和经济效益。

2.参与农业合作和组织

新型职业农民积极参与农业合作和组织。他们加入农民合作社、农业合作经济组织等组织形式，通过合作共同经营土地、共享资源和技术，实现农业规模化经营和综合效益的提升。他们通过农民合作社等形式，凝聚农民的力量，推动农村经济社会的整体发展。

3.推动乡村振兴战略

新型职业农民积极响应国家乡村振兴战略，成为农村经济发展的重要力量。他们积极参与乡村规划和建设，推动乡村旅游、乡村产业发展、农村基础设施建设等，促进农村经济多元化、特色化和可持续发展。他们发挥自身的创新能力和创业精神，带动农村产业转型升级，提升乡村的整体竞争力。

4.传承农业文化和技术知识

新型职业农民重视农业文化的传承和技术知识的传播。他们积极参与农村文化活动，弘扬农耕文化和乡土风情，传承农业的传统知识和技术。同时，他们也注重将现代农业技术知识传授给其他农民，通过技术培训、示范演示等方式，提升农民的技术水平，推动农业科技的普及和应用。

农民对现代化农业的参与意识和能动性不断提升，新型职业农民通过自主创业和创新实践，在农业农村发展中发挥着重要作用。他们以创新创业精神为动力，积极参与农业农村发展的规划和实施过程，推动农村经济社会的全面发展。他们的参与促进了农村经济的多元化和可持续发展，提高了农民的收入和生活水平，促进了农村社会的繁荣和稳定。他们的创新创业精神和积极性，带动了农业产业链的延伸和增值，推动了农产品加工、农旅融合、农产品电商等新业态的发展。他们的参与也促进了农业合作和组织的建设，加强了农民的组织和集体行动能力，实现了农业规模化经营和综合效益的提升。

第三节　农业科学技术水平的提升

在乡村振兴战略的背景下，培育新型职业农民并提升农业科学技术水平是推动农村经济发展、实现农业可持续发展的现实需要。

一、提高农业生产效率

农业科学技术水平的提升可以有效提高农业生产的效率和产量。通过引进先进的种植技术、养殖技术和农业机械设备，农民能够实现农业生产的规模化、标准化和精细化管理，优化资源配置，提高作物和畜禽的产量和质量。农业科学技术的应用能够减少劳动投入、降低生产成本，提高农民的收入和经济效益。

（一）引进先进的种植和养殖技术

1. 先进的种植技术

新型职业农民可以通过引进先进的种植技术，如精准农业技术、设施农业技术、无土栽培技术等，实现农业生产的规模化和精细化管理。精准农业技术包括土壤测试、精准施肥、水分管理等，能够根据作物的实际需求提供精确地养分和水分，提高养分利用效率，减少浪费。设施农业技术可以在受控的环境条件下种植作物，提供稳定的生长环境，避免气候变化和病虫害的影响，提高产量和质量。无土栽培技术通过水培、气雾等方式，实现无土介质的作物种植，减少土壤污染和病虫害传播。

2. 先进的养殖技术

新型职业农民可以引进先进的养殖技术，如智能化养殖、环境控制技术、疾病预防和监测技术等，提高畜禽养殖的效益和质量。智能化养殖技术包括自动喂料、自动清洁、自动检测等，能够提高养殖效率，减少劳动力成本，提供良好的生长环境。环境控制技术可以对养殖场的温度、湿度、通风等环境参数进行精确控制，提供适宜的生存环境，减少疾病发生的风险。疾病预防和监测技术可以通过定期检测和监测畜禽的健康状况，及时采取预防措施，减少疾病的发生和传播，提高养殖效益。

（二）强化农业科技示范和推广

1. 建设农业科技示范基地

新型职业农民可以积极参与建设农业科技示范基地，通过在示范基地中展示和应用先进的农业科技成果，向其他农民推广和示范科学技术的应用。示范基地可以成为农民学习和交流的平台，通过实地观摩和学习，使农民更好地掌握和应用先进的种植和养殖技术。

2. 推动农业科技成果转化和推广应用

新型职业农民可以积极参与农业科技成果的转化和推广应用。他们可以与科研院所、农业技术推广部门等合作，将科研成果转化为实际的生产技术，并推广到广大农民中去。同时，可以利用现代化的信息技术手段，如农业科技 App、农技专家在线等，向农民提供及时的农业技术指导和咨询服务，帮助农民解决生产中的技术难题。

（三）加强农民技术培训和能力提升

1. 开展农业技术培训

新型职业农民可以积极参与农业技术培训，提升自身的专业知识和技能水平。培训内容包括种植技术、养殖管理、病虫害防治、农产品质量安全等方面的知识和技能。培训形式灵活多样，包括现场培训、示范演示、培训课程、实习交流等，使农民能够系统学习和掌握先进的农业科技知识。

2.提供农技咨询和技术支持

新型职业农民可以成为农民的技术顾问和技术支持者。他们可以通过建立农技服务站点、农技合作社等，为农民提供农业技术咨询、技术指导、技术培训等服务，帮助农民解决生产中的技术难题，提高农业生产效益。

（四）加强农业科研创新和合作

1.加强农业科研机构的建设和支持

政府可以加大对农业科研机构的投入和支持，提高科研机构的科研能力和创新水平。同时，鼓励农业科研机构与农民合作，共同开展农业科技研究和创新，将科研成果转化为实际应用的技术和方法。

2.促进农民与科研机构的合作

建立农民与科研机构之间的合作桥梁，鼓励农民参与科研项目的申报和实施，促进科研成果的转化和推广。同时，加强农民的科研意识和能力培养，提高他们参与科研合作的积极性和能动性。

3.加强国际科技交流与合作

通过加强与国际科研机构和农业技术组织的合作与交流，引进国际先进的农业科技和经验，推动农业科学技术水平提升。通过参与国际科技合作项目和交流活动，培养新型职业农民的国际视野和创新能力。

提升农业科学技术水平对于培育新型职业农民具有重要意义。通过引进先进的种植和养殖技术、强化农业科技示范和推广、加强农民技术培训和能力提升以及加强农业科研创新和合作，可以提高农业生产效率，推动农业可持续发展，进一步促进乡村振兴战略的实施。这需要政府、农业科研机构、农民等各方共同努力，形成政策支持、科技创新和农民参与的良好合力，为培育新型职业农民提供坚实的基础和保障。

二、减少农业对生态环境的负面影响

农业科学技术水平的提升有助于减少农业对生态环境的负面影响，实现农业的绿色发展。科学的农业生产管理和环境友好型技术的应用，可以减少农药、化肥等对环境的污染，降低土壤侵蚀和水资源的污染风险，保护生态环境和生物多样性。农民在应用先进技术的同时，也需要遵循环境保护原则，实现农业与生态环境的和谐发展。

（一）减少农业化学物质的使用

减少农业化学物质的使用是实现农业生态环境可持续发展的重要举措。新型职业农民在农业生产中应积极采用科学技术手段，减少对化学农药和化肥的依赖，从而减少对生态环境的负面影响。

精准施肥技术。精准施肥技术是减少化学肥料使用的关键手段之一。新型职业农民可以运用现代农业技术，如土壤测试、作物营养诊断等，科学测定土壤中的养分含量和作物对养分的需求，以精确的方式施用肥料。通过精准施肥，农民可以避免肥料的过量使用，减少浪费和土壤污染。此外，新型肥料技术的应用也有助于提高肥料利用率和养分的吸收利用效率，进一步减少化肥的使用量。这样既降低了农业对环境的负担，又提高了农业生产的效益。

综合病虫害防控。新型职业农民可以采用综合防治策略，减少对化学农药的依赖，从而减少化学物质在农业生产中的使用量。综合防治策略包括生物防治、物理防治和文化防治等多种手段的综合应用。其中，生物防治是指利用天敌、寄生虫、病毒等天然生物资源对农作物病虫害进行防控。新型职业农民可以鼓励和推广生物防治技术，如引进天敌和有益昆虫、使用生物农药等，以减少对化学农药的依赖。此外，物理防治方法如陷阱、隔离网等，可以减少害虫的侵害。而文化防治方法则包括优化农田环境、合理种植结构、合理病虫害防控措施等，通过改善农田生态环境和作物抗病能力，减少化学农药的使用。

推广有机农药和微生物制剂。有机农药和微生物制剂是减少化学农药使用的重要替代品。新型职业农民可以推广有机农药和微生物制剂的应用，这些产品具有低毒性、低残留和生物降解性，对环境和非目标生物影响较小。有机农药采用天然植物提取物、微生物发酵液等作为活性成分，可以有效控制病虫害的发生，减少对环境的污染。微生物制剂利用有益微生物对病原微生物的拮抗作用，达到生物防治的效果。通过推广有机农药和微生物制剂的应用，农民可以减少对化学农药的依赖，降低农产品的农药残留，保护生态环境的健康。

改进农业管理。除了减少化学物质的使用，新型职业农民还可以改进农业管理措施，减少对生态环境的负面影响。例如，合理的耕作方式和田间管理可以改善土壤结构，提高土壤肥力和保水能力，减少化肥和水的使用量。采用覆盖作物、间作轮作、绿肥等措施可以减少土壤侵蚀和水资源的污染。另外，农田水利设施的科学管理和农田排水的合理规划，可以有效防止农业活动对水体的污染和生态系统的破坏。

（二）保护土壤和水资源

农业科学技术水平的提升对于减少农业对生态环境的负面影响至关重要。新型职业农民可以通过应用科学技术和可持续农业管理方式，保护土壤和水资源，促进农业生态系统的稳定性和提升农田的生态服务功能。

1. 土壤保护和改良

（1）增加有机质含量

新型职业农民可以通过有机肥料的施用和农作物秸秆还田等方式增加土壤的有机质含量。有机质能够改善土壤结构，增强土壤保水能力和肥力，减少水土流失和养分流失的风险。有机质的积累还可以促进土壤微生物的活动，增加土壤的养分循环和生物多样性。

（2）保持耕作和合理轮作

新型职业农民可以采用保持耕作和合理轮作的方式，减少土壤侵蚀和退化的风险。保持耕作可以保护土壤结构和有机质含量，减少水分的蒸发和土壤侵蚀的可能性。合理轮作可以改善土壤的养分利用效率，减少单一作物对土壤养分的过度耗竭，提高农田生态系统的稳定性。

（3）控制土壤酸碱度和盐碱化

新型职业农民可以根据土壤测试结果，合理调节土壤的酸碱度和盐分含量。通过施用石灰、石膏等调节剂，改善土壤的酸碱性，提高养分的有效性和促进作物的生长。此外，合理的灌溉管理和排水系统可以有效防止土壤盐碱化的发生和进一步恶化。

2. 水资源管理

（1）节水灌溉技术

新型职业农民可以推广节水灌溉技术，如滴灌、喷灌和渗灌等。这些灌溉方式可以减少水分的浪费和土壤水分的流失，提高灌溉效率。合理安排灌溉时机和量，结合作物需水量和土壤水分状况，避免过度灌溉和水分不足，减少农业对水资源的需求。

（2）农田水利设施的管理和维护

新型职业农民可以加强对农田水利设施的管理和维护工作，确保灌溉系统的正常运行和排水系统的畅通。及时修复漏水、堵塞等问题，提高水资源利用的效率，减少浪费。

（3）水资源循环利用

新型职业农民可以采用水资源循环利用的措施，如收集和利用雨水、农田排水和农村生活污水。通过适当的处理和利用，可以减少对地下水的开采和地表水的污染，实现水资源的可持续利用。

（三）生态农业的推广应用

生态农业的推广应用对实现农业的可持续发展和生态环境的保护至关重要。新型职业农民可以通过推广生态农业模式和注重生态景观规划等措施，实现农业与生态环境的和谐发展。

1. 生态农业模式的推广

（1）有机农业

新型职业农民可以积极推广有机农业模式，该模式注重使用有机肥料和生物农药，避免使用化学合成物质，以保护土壤和水质。有机农业依托生态系统的自然调节功能，提倡生物多样性和生态循环，有助于减少农业对环境的负面影响。

（2）循环农业

新型职业农民可以倡导和实践循环农业理念，通过资源的循环利用和废弃物的合理处理，减少农业对环境的压力。例如，农作物秸秆可以用作有机肥料，提供养分和能量；养殖废弃物可以进行生物发酵制肥，减少环境污染。

2.生态景观规划

（1）农田生态规划

新型职业农民可以注重农田的生态规划，合理布局农田、水体和植被，保留和恢复生态廊道、湿地等自然景观。通过营造良好的生态环境，可以增加农田生物多样性，促进生物间的相互作用，提高生态系统的稳定性和农田的生态服务功能。

（2）农村环境规划

新型职业农民可以在农村环境规划中注重生态景观的保护和恢复。通过合理规划农村建设和农田布局，保留自然景观和生态要素，如林地、湖泊、湿地等，维护农村的生态景观和生态系统的完整性。

总的来说，生态农业的推广应用对农业的可持续发展和生态环境的保护具有重要意义。新型职业农民可以通过采用有机农业模式、循环农业理念以及注重生态景观规划等措施，促进农业与生态环境的协调发展，实现农业的可持续性，并为人们提供更多的生态服务。

（四）环境监测和评估

环境监测和评估在农业可持续发展和生态环境保护中起着重要的作用。新型职业农民可以积极参与农业环境监测工作，并推动农业环境评估和认证制度的建立和应用，以确保农业活动对环境的负面影响得到有效控制。

1.农业环境监测

（1）监测农田土壤

新型职业农民可以定期对农田土壤进行监测，包括土壤质量、养分含量、重金属含量等方面的指标。通过土壤监测，可以了解土壤的健康状况，及时发现和解决土壤污染、土壤侵蚀等问题。监测结果还可以为农民提供科学的土壤管理建议，帮助他们合理调整施肥方案和耕作措施，减少对土壤的负面影响。

（2）监测农田水体

新型职业农民可以对农田的水体进行监测，包括灌溉水源、水质和水量等方面的指标。通过水体监测，可以及时发现农业活动对水体的污染和过度利用等问题，采取相应的措施保护水资源的可持续利用。此外，监测水体中的农药残留和重金属含量等也可以为农民提供科学的水资源管理建议，保障农业生产的安全性和环境友好性。

（3）监测农田大气

新型职业农民可以监测农田周边的大气质量，包括农药飘散、气候变化等方面的指标。通过大气监测，可以了解农业活动对大气环境的影响，及时采取措施减少农药的挥发和飘散，减少温室气体的排放，保护空气和人体健康。

2.环境评估和认证

（1）农业环境评估

新型职业农民可以倡导农业环境评估的实施，对农业生产过程和结果进行全面评估，评估其对环境的影响和可持续性。通过环境评估，可以科学地评估农业活动对土壤、水体、大气和生物多样性等方面的影响，帮助农民了解自身的环境绩效，并识别改进的空间。农业环境评估可以基于一系列指标和标准，综合考虑农业生产系统的环境效益和风险，为农民提供决策支持和改进建议。

（2）环境认证

新型职业农民可以倡导农业环境认证制度的建立和应用。通过环境认证，农业生产者可以获得环境友好认证标志，证明其农产品的生产符合环境保护的要求。环境认证可以为消费者提供选择环保农产品的参考标准，增加消费者对农产品的信任度，促进可持续农业的发展。同时，环境认证还可以激励农民采取环保措施，提高农业生产的环境可持续性。

通过积极参与农业环境监测和推动环境评估与认证，新型职业农民可以更好地了解农业活动对环境的影响，及时发现和解决环境问题，实现农业与生态环境的协调发展。这不仅有助于保护生态系统的稳定性和生态服务功能的提升，还可以提高农业的可持续性发展和社会认可度，推动农业向更加环境友好的方向发展。

（五）农业废弃物资源化利用

农业废弃物的资源化利用对于实现农业的可持续发展和减少环境污染具有重要意义。新型职业农民可以采取一系列措施和管理方式，有效处理农业废弃物，并推动农业循环经济的发展。

1.农业废弃物处理

制作有机肥料。新型职业农民可以将农作物秸秆、养殖废弃物等农业废弃物进行堆肥或厌氧发酵处理，制作有机肥料。有机肥料富含养分和有机质，可以提高土壤肥力，改善土壤结构，减少对化学肥料的依赖。同时，有机肥料的使用还能够将废弃物中的养分循环回归到农田，减少废弃物的排放，降低环境污染的风险。

生物能源生产。新型职业农民可以将农业废弃物用作生物能源的原料，如生物质能源的生产。通过生物质能源的利用，如生物气化、生物发酵等技术，可以将废弃物转化为可再生能源，如生物气、生物乙醇等，实现能源的可持续利用。这不仅减少了化石燃料的使用，还降低了温室气体的排放，对环境的负面影响较小。

2.农业循环经济

废物资源的利用。新型职业农民可以倡导农业循环经济的理念，通过将农业废弃物作为资源进行利用，实现资源的最大化利用和循环利用。例如，将农作物秸秆、养殖废弃物等废弃物作为生产原料，用于生产有机肥料、生物能源等。这样既减少了废弃物的排放，又提供了农业生产所需的资源，实现了农业内部的循环利用。

能源与农业产业的协同发展。新型职业农民可以促进农业与能源产业的协同发展。例如，农业废弃物可以作为能源产业的原料，供给生物质能源的生产；能源产业的副产品，如生物质能源的发酵产物，可以被重新运用于农业生产过程中，促进农田的健康生长和增加农产品的产量。

废物资源的再利用。新型职业农民可以探索废弃物的再利用途径，将农业废弃物转化为其他有价值的产品。例如，利用农作物秸秆制作纤维板、纸浆等材料；将养殖废弃物进行生物转化，制作肥料、饲料等。通过废物资源的再利用，不仅减少了废弃物的堆积和对环境的负面影响，还可以开发新的经济增长点，促进农业与其他产业的融合发展。

3.社会经济效益

农业废弃物的资源化利用不仅对环境保护有益，还带来了社会经济效益。

资源节约与成本降低。通过有效处理和利用农业废弃物，减少了对化肥、能源等资源的需求，降低了生产成本。同时，资源的循环利用还降低了废弃物处理和清理的费用，提高了农业生产的经济效益。

农村经济发展。农业废弃物的资源化利用可以带动农村经济的发展。例如，废弃物处理和再利用的产业链的建立，为农民提供了新的就业机会和增收途径。同时，资源化利用还可以促进农村产业结构的优化和升级，推动农村经济的转型升级。

农业废弃物的资源化利用是实现农业的可持续发展和减少环境污染的重要举措。新型职业农民可以通过有效处理废弃物推动循环经济并实现资源的最大化利用，同时带来社会经济效益。这样的努力将为农业产业的可持续发展和生态环境的保护做出重要贡献。

（六）环境教育和意识提升

环境教育和意识提升对于实现农业的可持续发展和保护生态环境具有重要作用。新型职业农民可以积极开展农民环境教育，提高农民对环境保护的认识和意识，并鼓励他们参与环境治理工作。

1.农民环境教育

培训课程。新型职业农民可以组织和参与农民环境教育的培训课程。这些课程涵盖环境保护知识、可持续农业技术、生态系统的重要性等内容。通过培训，农民可以了解环境保护的重要性，学习如何采取环保的农业生产措施，增强环境意识和技能。

宣传活动。新型职业农民可以组织和参与宣传活动，向农民传播环境保护的理念和知识。可以通过举办讲座、展览、农田观摩等方式，向农民介绍环境保护的重要性，分享环保的农业实践经验，激发农民的环保意识和积极性。

示范示教。新型职业农民可以通过自身的示范示教，向农民展示环保的农业生产方式和效益。他们可以选择一些环境友好的农业技术和管理方法,在农田中进行示范种植或养殖,向农民展示环保的农业实践成果,引导农民主动采用环保措施。

2.农民参与环境治理

农田水利设施修复。新型职业农民可以鼓励农民参与农田水利设施的修复和管理。他们可以组织农民共同修复和改善农田的排水系统,修复沟渠,防止水土流失和水源污染,提高农田的生态环境和水资源的利用效率。

植树造林。新型职业农民可以组织农民参与植树造林活动,推广绿色农业发展。通过植树造林,可以增加农田的绿化覆盖率,改善生态环境,促进土壤保护和生物多样性的增加。同时,树木还可以防风固土、调节气候、改善空气质量等,为农田和周边环境提供生态服务。

水源保护。新型职业农民可以鼓励农民参与水源保护工作。他们可以组织农民共同参与水源保护区域的管理和监测,避免农业活动对水源的污染和过度利用。通过加强水源保护,可以保障农田的灌溉水源,维护生态系统的水循环,提高水资源的可持续利用。

生态修复与保护。新型职业农民可以引导农民参与生态修复和保护工作,如湿地保护、生态廊道建设等。通过恢复和保护自然湿地、建立生态廊道,可以提供适宜的栖息环境和迁徙通道,促进农田生态系统的恢复和生物多样性的增加。

通过环境教育和意识提升,农民可以深刻认识到环境保护与农业发展的密切关系,意识到自己在保护生态环境中的重要角色。他们将更加积极地采取环保的农业生产措施,减少对环境的负面影响。同时,参与环境治理工作也能增强农民的环境责任感和主动性,推动农业可持续发展和生态环境的保护。

三、提高农产品质量和安全

农业科学技术水平的提升对于农产品质量和安全的提高具有重要意义。新型职业农民可以通过应用先进的科学技术和管理方法,改善种植和养殖过程,以提升农产品的质量和安全标准,满足消费者对优质、安全农产品的需求。

(一)农产品品质和口感的提升

1.种植技术改进

新型职业农民可以采用先进的种植技术,如精准农业、遥感技术、基因改良等,提高农作物的产量和品质。通过合理的施肥、灌溉和病虫害防治措施,确保农作物获得充足的营养和水分,增加其营养成分和口感的优良特性。

2.养殖管理优化

新型职业农民可以采用科学的养殖管理方法,如良好的饲养环境、科学的饲料配制和养殖水质管理,提高畜禽产品的质量和口感。良好的养殖环境能够减少动物的应激反应，提高肉质的嫩度和口感。科学的饲料配制能够满足动物的营养需求，提高肉、蛋、奶等畜禽产品的品质。

3.品种改良和优质种植材料选用

新型职业农民可以选择适应当地气候和土壤条件的优质种植材料，并注重品种改良。通过选用具有抗病虫害、耐逆性强的品种，降低农作物的病虫害发生率，减少对农药的依赖，提高农产品的质量和安全性。

（二）农产品安全性的保障

1.农药和兽药使用管理

新型职业农民可以严格遵守农药和兽药的使用规定，科学合理使用农药和兽药。通过准确掌握使用剂量、使用时机和使用方法，最大限度地减少农药和兽药的残留量，保障农产品的安全性。农民可以定期进行农产品的检测和监测，确保农产品符合安全标准，消除潜在的安全风险。

2.食品安全管理体系建设

新型职业农民可以推动食品安全管理体系的建设和应用。建立科学的食品安全管理体系，包括从种植、养殖、加工到销售的全程管理，确保农产品在生产、加工和流通环节中的安全性。通过建立追溯系统、加强食品安全监管和培训农民食品安全意识等措施，可以提高农产品供应链的透明度和可追溯性，增强消费者对农产品的信任和满意度。

3.优质农产品认证体系建设

新型职业农民可以推动农产品的优质认证体系建设，通过认证标识的使用，向消费者传递农产品质量和安全的信息。建立健全的认证机构和认证标准，对符合优质、安全要求的农产品进行认证，提升其市场竞争力和附加值。

农业科学技术水平的提升对农产品质量和安全的提高至关重要。通过应用先进的科学技术和管理方法，新型职业农民可以改善种植和养殖过程，提高农产品的品质和口感，减少农药和兽药的使用，保障农产品的安全性。这不仅能够满足消费者对优质、安全农产品的需求，拓展农产品的市场销售渠道，还能提高农民的收益和竞争力，推动农业的可持续发展。

第五章　乡村振兴背景下新型职业农民培育的障碍

第一节　重视程度有待提高

一、培育资金投入不足且使用不合理

充足的资金是保障新型职业农民信息素养培育工作正常推进的物质基础和根本前提。但是，当前我国政府在新型职业农民信息素养培育资金的运作上主要存在以下两个问题。

（一）培育资金投入的总量不足

农业生产的特点是受自然环境和市场波动的影响较大，因此需要相对较高的资金投入来应对各种风险和挑战。然而，当前农业领域的资金投入总量不足，这给新型职业农民的培育带来了一定的困难。

1.农业生产的投入成本较高

农业生产的投入成本较高是由多个因素所致的，包括农资费用、人力成本、机械设备投资等。

（1）农资费用

种子费用。优质种子的购买成本较高，特别是在种植高产、耐逆品种或基因改良品种时。农民需要选择适应当地气候、土壤条件和市场需求的种子，这要求他们支付更高的种子费用。

肥料费用。农民需要购买化肥、有机肥等来提供作物所需的养分，这些肥料费用在大规模农业生产中相对较高。同时，合理施肥需要进行土壤检测和养分平衡计算，这增加了农民的技术和劳动成本。

农药费用。为了保护作物免受病虫的侵害，农民需要购买农药进行防治，这增加了农业生产的成本。同时，为了减少农药残留和环境污染，农民需要选择低毒、高效的农药，这通常需要更高的投入。

兽药费用。在养殖业中，动物的健康管理需要使用兽药，而兽药费用也是农业生

产中的重要成本之一。兽药的购买、使用和储存需要农民具备一定的专业知识和技能，增加了养殖成本。

（2）人力成本

农业生产需要投入大量的人力，从种植、养殖、收割、包装到销售等各个环节都需要劳动力的参与。劳动力成本包括雇佣工人的工资、社会保险费用等，特别是在季节性农业劳动力需求高峰时，劳动力成本相对较高。此外，由于农业劳动力的流动性较大，农民还需要投入时间和精力来培训和管理临时工人，增加了人力成本。

（3）机械设备投资

农业机械化程度的提高需要农民购买和维护农业机械设备，如拖拉机、收割机、喷雾器等。这些机械设备的购买成本较高，而且需要定期维修和保养，增加了农业生产的投入成本。农民需要购买适合自己农田规模和作物需求的机械设备，同时需要支付维护和修理的费用，这些都增加了农业生产的投入成本。

（4）土地成本

农业生产需要占用土地资源，特别是在土地价格较高的地区，土地租赁或购买的成本相对较高。农民需要支付土地租金或购买土地的资金，这增加了农业生产的成本负担。

（5）市场风险

农业生产受到市场供需和价格波动的影响，农民面临市场风险。如果市场价格低于成本，农民将面临亏损的情况。为了规避市场风险，农民需要投入更多的资金用于市场调研、销售渠道建设和市场营销，这进一步增加了农业生产的成本。

（6）政策支持不足

农业生产的投入成本受到政策支持的影响。如果政府在农业领域的支持力度不足，农民将面临更大的经济压力。政府可以通过制定和实施相关农业政策，提供财政支持、优惠贷款和补贴等措施，减轻农民的经济负担，降低农业生产的投入成本。

综上所述，农业生产的投入成本较高主要是由农资费用、人力成本、机械设备投资、土地成本和市场风险等因素综合影响导致的。

2.农业经营的周期较长

农业经营的周期较长是指从农民开始种植或养殖到产品上市销售的整个过程时间较长。这个周期涵盖了从准备土地、播种、施肥、病虫害防治、生长发育、收获、加工、包装到销售等一系列环节，每个环节都需要时间和资源的投入。

（1）生长周期

植物的生长周期通常需要数周、数月甚至更长时间，具体取决于作物的类型和品种。例如，小麦的生长周期一般为3~6个月，水稻的生长周期为3~6个月，果树的生长周期可能需要数年甚至更久。在这个生长周期中，农民需要耐心地进行田间管理,提供适当的水、养分和保护措施,以确保作物能够正常生长和发育。

(2)收获与加工

一旦作物生长期结束,还需要进行收获和加工。农民需要耗费时间和人力资源来收割、清洗、分类和包装农产品,以便将其投放到市场。对于某些农产品,如水果和蔬菜,还可能需要进行进一步的加工和处理,以延长其保鲜期和提高附加值。这些加工过程可能需要数天甚至数周的时间。

(3)市场销售周期

农产品上市销售的时间也是农业经营周期中的重要环节。农产品的销售周期可能因市场需求、产品品质、物流运输等因素而有所不同。某些农产品可能需要等待特定的销售季节或市场需求高峰,才能获得较好的价格和销售机会。因此,农民需要等待适当的时机将产品投放到市场,以获取最大的经济效益。

由于农业经营周期较长,农民在整个生产过程中需要支付大量的成本,如种子、农资、人力、机械设备和运输等费用。然而,收入往往要延迟到产品上市后才能得到,这给农民带来了经济压力和资金储备的需求。

农业经营周期较长的原因主要包括以下几个方面:第一,生物生长的自然规律。农业生产受到自然环境的制约,作物的生长需要遵循其生物周期和生长规律。不同作物有不同的生长周期,且受到季节、气候、温度等自然因素的影响。例如,稻谷需要经历播种、生长、抽穗、灌浆等多个阶段,整个生长周期较长。这就需要农民耐心地等待作物生长和成熟,才能进行收获和销售;第二,作物生长的复杂性。作物的生长过程涉及土壤条件、水分供应、养分吸收、病虫害防治等多个因素的协调。农民需要根据作物的特性和需求,提供适宜的种植环境和管理措施,促进作物的正常生长和发育。这需要农民持续关注和管理作物,确保其健康成长,从而延长了农业生产的周期;第三,农产品的加工和质量控制。在农产品上市销售之前,农民可能需要进行一些加工和处理,以提高产品的质量和附加值。例如,对水果进行分级、清洗和包装,对粮食进行脱粒和磨制等。这些加工过程需要时间和人力资源的投入,从而延长了农业经营的周期;第四,市场需求和销售渠道。农产品的销售需要考虑市场需求和销售渠道的安排。不同农产品有不同的销售季节和市场窗口期,农民需要等待适当的时机投放产品市场,以获得更好的价格和销售机会。这就增加了农业的经营周期。

农业生产周期较长给农民带来了一些挑战和压力,尤其是在经济方面。在整个生产周期中,农民需要支付各种费用,如种子、农资、人力和机械设备等,但收入通常要延迟到产品上市后才能得到。这要求农民具备足够的资金储备和财务规划能力,以支持农业生产的持续经营。

3.农业领域的金融支持相对不足

农业领域的金融支持相对不足是指传统金融机构对农业领域的融资支持较少,存在融资渠道不畅、融资成本较高等问题。这给农民在农业生产中的资金运作能力带来了一定的限制。

（1）农业领域金融支持不足的原因

融资渠道不畅。传统金融机构对农业领域的融资渠道相对不畅，农民难以获得低成本、灵活度高的贷款。与其他行业相比，农业生产具有一定的风险和特殊性，传统金融机构对农业项目的风险评估和贷款审批较为谨慎。这导致农民融资困难，尤其是中小农户更难以获得融资支持。

融资成本较高。由于农业生产的特殊性和风险，传统金融机构对农业项目的融资成本较高。银行贷款的利率普遍较高，且农民需要提供较多的担保和抵押物，增加了融资的成本和风险。这使得农民在融资过程中面临较高的利息负担，影响了其资金运作和农业生产的可持续发展。

缺乏农业专业金融产品。传统金融机构往往缺乏针对农业生产特点的专业金融产品。农业生产具有季节性、周期性和不确定性等特点，需要灵活的融资方式和还款安排。然而，传统金融机构的贷款产品通常较为标准化，难以满足农民的实际需求。缺乏针对农业生产的专业金融产品限制了农民的融资选择和灵活性。

信息不对称和风险评估困难。农业领域存在信息不对称和风险评估困难的问题，这使得金融机构对农业项目的融资更为谨慎。农民通常缺乏准确的财务报表和经营数据，难以提供充分的信息支持。同时，农业生产面临自然灾害、市场变化和政策风险等多种风险，增加了金融机构对农业项目的风险评估难度。这使得金融机构更加谨慎地考虑农业领域的融资需求，导致农民难以获取到足够的资金支持。

（2）农业领域金融支持不足的影响

对农民的影响：第一，资金短缺限制了农民的生产能力和发展空间。由于缺乏足够的资金支持，农民难以购买高质量的种子、农资和设备，限制了其进行规模化种植或养殖。同时，缺乏资金也使得农民无法及时应对市场变化和应急情况，影响了农业生产的灵活性和竞争力；第二，高成本的融资限制了农民的盈利能力。由于融资成本较高，农民在借贷过程中需要支付较高的利息，从而降低了其盈利能力。这使得农民在经营过程中的资金回报较低，难以实现可持续发展和增加农产品附加值的目标；第三，缺乏农业专业金融产品限制了农民的融资选择和风险管理。由于缺乏针对农业特点的专业金融产品，农民往往只能依赖传统的贷款方式，难以满足其实际需求。同时，缺乏农业专业金融产品也限制了农民进行风险管理和保险的能力，增加了其面临的风险和不确定性。

对农业发展的影响：第一，限制了农业现代化和产业升级的推进。农业现代化需要大量的资金支持，包括农业科技创新、设备更新和生产标准提升等。然而，金融支持不足限制了农业发展的资金来源，阻碍了农业现代化的推进和产业升级的实施；第二，影响了农产品质量和安全的提升。农产品质量和安全的提升需要农民进行规范化种植、科学施肥、病虫害防治和加工等环节的改进。然而，缺乏足够的资金支持限制了农民进行技术和设备投入，影响了农产品质量和安全性的提升；第三，阻碍了农业可持续发展和农民收入增长。农业领域的金融支持不足限制了农民的经营能力和发展空间，阻碍了农业的可持续发展。缺乏足够的资金支持和金融工具限制了农民进行农业技术创新、设备更新和市场开拓，影响了农业产量和效益的提升。同时，农民收入的增长也受到限制，无法满足其改善生活水平、提高农业生产条件和培养农业人才的需求。

（二）培育资金的分配与使用不合理

乡村振兴背景下，培育新型职业农民对于建立与之相匹配的信息基础设施至关重要。然而，在实际中，由于各种因素的影响，一些"硬件设施"的建设未能满足新型职业农民的实际需求，从而阻碍了他们信息素养的培育。以下将详细探讨培育资金的分配与使用不合理的障碍及其具体原因和影响。

1. 培育资金的分配与使用不合理的原因

（1）培育资金分配不合理

在农村振兴战略中，为了培育新型职业农民，政府通常会提供一定的资金支持。然而，在实际操作中，培育资金的分配往往不够合理，存在一些问题。

资金分配过于集中。部分地区将大部分培育资金集中在少数示范项目上，而忽视了其他农民的需求。这导致了资源的不均衡分配，使得许多农民无法获得必要的资金支持，限制了他们的发展。

资金分配缺乏差异化。不同地区、不同类型的新型职业农民在发展需求和潜力上存在差异，但资金分配却缺乏差异化。一刀切的分配模式无法满足不同农民的实际需求，限制了他们的发展空间。

资金分配过于注重表面工程。在一些地方，培育资金被过度用于建设农业相关的硬件设施，如农业园区、农产品加工厂等，而忽视了新型职业农民的真正需求，如培训、技术支持、市场开拓等。

（2）培育资金使用不合理

即使培育资金得到分配，其使用方式也存在不合理的情况：

资金使用过度依赖项目建设。一些地方将大部分资金用于项目建设，而忽视了资金的可持续利用。这导致了资金的短期效益，而长期的培育效果得不到保障。

资金使用缺乏监管和评估。在一些地方，培育资金的使用缺乏有效的监管和评估机制，容易导致资金的滥用和浪费。缺乏监管和评估也限制了资金的有效利用和最大化的效益。

2.培育资金的分配与使用不合理的影响

这种培育资金的分配与使用不合理给新型职业农民的信息素养培育带来了一系列的障碍和影响。

首先，由于资金分配过于集中，许多农民无法获得足够的资金支持，限制了他们改善农业生产条件、技术创新和市场开拓。这使得农民难以在新型职业农民培育中发挥其潜力，限制了农村经济的全面发展。

其次，缺乏差异化的资金分配使得不同类型的新型职业农民无法获得与其发展需求相匹配的资金支持。不同地区的农业发展水平和潜力存在差异，因此，针对不同地区和不同类型的农民制定差异化的资金支持政策至关重要，以促进其持续发展和增强农民的信心。

再次，缺乏对资金使用的监管和评估机制也导致了资金的滥用和浪费。有效的监管和评估可以确保资金使用的透明度和效率，同时也可以及时发现问题并采取相应措施进行纠正，以保障资金的合理利用和最大化的效益。

最后，一些地方过度注重表面工程而忽视农民实际需求的情况。培育新型职业农民需要更多的培训、技术支持和市场开拓等软性服务，而过度关注硬件设施的建设会使得农民无法获得真正有益于其发展的支持，造成资源的浪费和效益的降低。另外，在培育资金使用方面，过度依赖项目建设而忽视资金的可持续利用会使资金的长期效益得不到保障。新型职业农民需要的是持续的资金支持，包括培训、技术研发、市场拓展等方面的支持，而仅仅依靠短期的项目建设难以满足其持续发展的需求。

二、培育宣传不及时且不到位

乡村振兴背景下，培育新型职业农民的过程中，培育宣传的及时性和到位性是至关重要的。然而，在实际操作中，培育宣传工作往往存在滞后性，未能及时传达给每个新型职业农民，限制了他们积极性和主动性的发挥。

（一）宣传渠道不畅通

培育宣传的及时性受到宣传渠道的影响。在一些农村地区，由于信息传递渠道不畅通，农民难以及时了解到培育项目和相关信息。缺乏有效的信息传递平台和渠道，使得培育宣传的效果受到限制，主要存在以下问题。

1.电信网络覆盖不足

电信网络覆盖不足是农村地区宣传渠道不畅通的主要问题之一。在许多农村地区，由于基础设施建设滞后，电信网络的覆盖范围和质量无法满足农民获取宣传信息的需求，给培育宣传工作带来了很大的挑战。

首先，农村地区的网络基础设施建设相对滞后。由于地理条件、经济发展水平等因素的影响，许多农村地区的电信网络建设相对较弱。传输设备、网络覆盖设施和通信基站的建设进展缓慢,导致农村地区的网络覆盖不足。网络基础设施的滞后限制了农民在信息获取方面的便利性和效率,无法及时获取培育项目的宣传信息。

其次,农村地区的网络带宽和速度有限。即使在有一定网络覆盖的地区,网络带宽和速度也往往无法满足大量用户同时访问的需求。农村地区的网络带宽有限,特别是在高峰时段,网络拥堵和延迟问题更为突出。这使得农民在获取宣传信息时经常面临缓慢的网页加载速度、视频播放卡顿等问题,影响了宣传信息的传递效果。

最后,农村地区的网络连接质量不稳定。由于网络设备维护和管理方面的不足,农村地区的网络连接经常出现断断续续的情况。农民在访问宣传信息时可能会遇到网络中断、频繁掉线等问题,使得他们无法顺利获取所需的培育宣传信息。网络连接质量的不稳定性使得宣传渠道的可靠性和稳定性受到了很大的影响。

由于电信网络覆盖不足所带来的问题,农民在获取宣传信息方面面临着很多困难。一方面,他们无法及时了解到培育项目的最新信息,错过了重要的培育机会。另一方面,信息传递的滞后使得农民无法及时掌握先进的农业技术、市场动态等重要信息,影响了他们的农业生产和经营决策。

2. 缺乏新媒体覆盖

农村地区缺乏新媒体覆盖是宣传渠道不畅通的一大障碍。在许多农村地区,智能手机和移动互联网的普及程度较低,农民在新媒体使用方面存在一定的局限性。以下是该问题的详细分析:

智能手机普及率低。农村地区智能手机的普及率相对较低,很多农民并没有拥有或使用智能手机。智能手机是农民获取宣传信息的重要工具,但由于经济水平、教育程度和数字技术素养的限制,许多农民对智能手机的认知和使用经验较为有限,无法充分利用新媒体平台获取宣传信息。

移动互联网覆盖不足。农村地区的移动互联网覆盖相对不完善,网络基础设施建设滞后。一些农村地区由于地理条件和经济发展限制,无法实现高速移动网络的覆盖,使得农民在利用移动互联网获取宣传信息时面临着网络信号弱、网速慢等问题,影响了信息获取的便捷性和效率。

缺乏新媒体应用经验。农村地区的农民普遍缺乏对新媒体应用的熟悉和经验。他们对于新媒体平台的使用技巧和操作方法不熟悉,对应用程序的下载、安装和使用存在困难。由于缺乏相关的培训和指导,许多农民对于新媒体的认知和了解程度较低,导致他们无法充分利用新媒体平台获取培育宣传信息。

网络基础设施限制。一些农村地区的网络基础设施无法满足高速网络的需求。由于网络基础设施建设滞后,农村地区的网络带宽有限,无法支持大规模的数据传输和高速的在线内容浏览。这使得农民在利用新媒体平台获取宣传信息时常常面临网速慢、页面加载缓慢等问题,限制了他们获取宣传信息的能力。

（二）宣传方式不多样

培育宣传往往依赖于传统的宣传方式，如传单、海报、会议等。然而，这种宣传方式在传播效果和覆盖范围上存在一定的局限性。新型职业农民的群体具有多样性和广泛性，需要采用更多元化、针对性更强的宣传方式，如网络媒体、社交平台、移动应用等，以满足不同农民的信息获取需求。

1. 传统宣传方式的局限性

传统的宣传方式，如传单、海报和会议等，虽然被广泛使用，但存在一定的局限性。首先，传单和海报的信息容量有限，无法充分传递复杂的培育信息和技术知识。其次，这些传统方式的覆盖范围有限，难以到达较远的农村地区，尤其是偏远山区和边远乡镇。最后，召开宣传会议的成本较高，场地、人力和时间等资源投入较大，限制了宣传活动的规模和频率。

信息容量有限。传单和海报等传统宣传方式的信息容量有限，无法充分传递复杂的培育信息和技术知识。由于篇幅有限，这些宣传材料往往只能提供简单的介绍和概述，无法深入探讨和解读培育项目的关键要点。农民往往需要更加详细和具体的信息来帮助他们理解和应用培育知识，而传统宣传方式难以满足这种需求。

有限的覆盖范围。传统宣传方式的覆盖范围有限，无法有效地将宣传信息传递到较远的农村地区，尤其是偏远山区和边远乡镇。这些地区通常交通不便、人口分散，传统宣传方式很难覆盖到每一个农户。传单和海报的分发往往只限于特定地点或特定活动，无法实现全面覆盖。召开宣传会议也面临着场地、人力和时间等资源的限制，无法满足广大农民的宣传需求。

召开宣传会议成本高。传统宣传方式中的会议形式在宣传工作中起到重要作用，可以提供互动交流的机会，使农民能够直接与专家、从业者进行交流和学习。然而，召开宣传会议需要投入大量的场地、人力和时间等资源，成本较高。农村地区的宣传资源有限，无法满足大规模会议的需求，限制了宣传会议的规模和频率。

2. 缺乏个性化和针对性

新型职业农民群体具有多样性和广泛性，对培育宣传信息有不同的需求和兴趣。然而，传统的宣传方式难以提供个性化和针对性的宣传内容，无法满足不同农民的信息获取需求。宣传信息的广告性质较强，缺乏针对性的解读和指导，无法提供具体的实践指导和案例分享，使农民难以将宣传信息与自身实际结合起来。以下是对该问题的详细分析。

缺乏个性化宣传内容。传统宣传方式往往采用统一的宣传内容和形式，无法针对不同农民的特点和需求进行个性化定制。不同农民的兴趣、知识水平、技能需求等存在差异，对培育宣传信息的理解和应用也有所不同。然而，传统宣传方式往往只能提供一种通用的宣传内容，无法满足不同农民的个性化需求，使得宣传信息难以与农民的实际情况相匹配。

缺乏针对性的解读和指导。传统宣传方式往往注重宣传信息的传递，而忽视了对农民的解读和指导。培育宣传信息通常涉及较为复杂的农业知识和技术，对农民来说可能存在一定的难度。然而，传统宣传方式往往只是简单地介绍和传递宣传信息，缺乏对农民实际操作和应用的指导和解读。农民往往需要具体的实践指导、案例分享和经验交流，才能更好地理解和应用培育宣传信息。

缺乏与农民实际结合的案例分享。传统宣传方式往往缺乏与农民实际结合的案例分享，无法将宣传信息与农民的实际情况相连接。农民更加关注培育宣传信息的实际效果和应用场景，他们希望了解成功的实践案例和经验教训，以便更好地参考和借鉴。然而，传统宣传方式往往只是提供抽象的理论知识，缺乏具体的实践案例和应用场景的分享，使农民难以将宣传信息与自身实际结合起来。

3.缺乏互动和参与性

传统宣传方式往往缺乏互动性和参与性，无法建立起与农民之间的双向交流和互动机制。农民无法提出问题、分享经验或与专家、从业者进行交流，限制了培育宣传信息的实际应用和反馈。缺乏互动性和参与性会导致农民对宣传信息的理解程度有限，难以将其转化为实际行动和改进措施。

缺乏双向交流机制。传统宣传方式通常是单向传播，宣传者将信息传递给农民，但无法建立起与农民之间的双向交流机制。农民无法提出问题、表达疑虑或寻求进一步的解答和指导。这种单向的宣传方式限制了农民对宣传信息的深入理解和实际应用，无法满足他们对个性化指导和实际问题解决的需求。

缺乏经验分享和互动交流。传统宣传方式往往缺乏农民之间的经验分享和互动交流机制。农民在实际生产和实践中积累了许多宝贵的经验和知识，但由于缺乏平台和机会，无法与其他农民分享和交流。这种情况导致了信息的孤立性和局限性，农民无法从其他人的成功经验中学习，也无法将自己的经验与他人分享，限制了宣传信息的实际应用和迭代改进。

缺乏专家和从业者的参与。传统宣传方式往往无法将专家和从业者纳入宣传过程中，限制了农民与专家和从业者之间的交流和互动。专家和从业者拥有丰富的实践经验和专业知识，可以提供更深入、更实用的指导和解答。然而，由于缺乏互动机制，农民无法与专家和从业者直接交流，无法得到专业的建议和指导，从而限制了宣传信息的实际应用效果。

（三）宣传内容不具体

宣传内容的具体性对于培育宣传的效果至关重要。一些培育宣传内容过于概括和普遍，缺乏具体的指导和操作性，无法满足农民对于实际问题的解答和指导需求。因此，宣传内容应更加贴近农民的实际情况，提供实用性的信息和技能培训，以便农民能够真正将其应用到实际生产中。

1. 宣传内容过于概括和普遍

一些培育宣传内容往往过于概括和普遍，缺乏具体的指导和操作性。这种宣传内容往往只是简单地介绍一些理论知识和基本概念，而缺乏实际操作的具体指导。农民在实际生产中面临着许多具体问题和挑战，需要针对性的解答和实用性的信息，以帮助他们应对实际困难。因此，宣传内容应该更贴近农民的实际情况，提供具体的实践指导和案例分享。

2. 缺乏实用性信息和技能培训

培育宣传内容往往缺乏实用性的信息和技能培训，无法满足农民对于实际问题的解答和指导需求。新型职业农民需要掌握一系列实用的农业知识和技能，包括种植技术、养殖管理、市场开拓等方面。然而，一些宣传内容偏重理论知识，缺乏与农民实际操作相结合的实用性培训。宣传内容应该提供具体的实践技能培训，帮助农民掌握实际应用的技术和技能，提高他们的生产效率和竞争力。

3. 缺乏个性化指导和解答

农民在实际生产中会面临各种具体问题和挑战，需要个性化的指导和解答。然而，一些宣传内容往往缺乏针对性的解读和指导，无法满足农民个性化问题的解答需求。农民往往需要针对性的指导来帮助他们解决实际困难、提供实际操作的建议和方法。因此，宣传内容应该提供个性化的指导和解答，根据不同农民的实际情况提供具体的操作建议和解决方案。

（四）宣传资源有限

宣传资源的有限性也影响了培育宣传的及时性和到位性。由于宣传资源的限制，如资金、人力和时间等，宣传工作无法做到全面覆盖和长期跟踪，使得一些农民错过了培育宣传的重要信息和机会。

1. 宣传资金限制

宣传工作所需的资金投入是宣传资源的重要方面之一。然而，在乡村地区，宣传资源的资金投入往往受到限制。乡村地区的经济发展相对滞后，政府和相关机构对于农民培育宣传的资金支持有限，难以满足全面、长期的宣传需求。缺乏足够的资金投入，使得宣传活动的规模和质量受到限制，农民无法获得充分的宣传服务和信息资源。

2. 宣传人力短缺

宣传工作需要一定的人力资源支持，包括宣传人员、培训师和专家等。然而，乡村地区往往面临人力资源短缺的问题。由于人口流失和城市化进程，乡村地区的人才流失严重，缺乏专业的宣传人员和培训师，无法满足农民培育宣传的需要。同时，由于工作压力和收入差距，一些专业人才也不愿意投身于乡村地区的宣传工作，使得宣传资源的人力支持存在一定的缺口。

3.宣传时间限制

宣传工作需要耗费大量的时间来组织活动、开展培训和提供服务。然而，在乡村地区，农民和宣传人员的时间都较为有限。农民需要将大部分时间用于农业生产和经营，宣传人员则需要同时面对多个农民和项目的需求。由于时间限制，宣传工作往往无法做到全面覆盖和长期跟踪，导致一些农民错过了重要的培育宣传信息和机会。

第二节　培育体系不够完善

乡村振兴背景下，新型职业农民培育体系的不完善是一个重要障碍。

一、培训内容与实际需求不匹配

当前的新型职业农民培育体系在培训内容设计上存在不足，无法与农民的实际需求相匹配。一些培训课程过于理论化，缺乏与实际生产相结合的实践操作，使农民难以将所学知识应用到实际生产中。此外，一些新兴领域的培训内容相对较少，无法满足新型职业农民在农业创新、农产品加工和农村旅游等方面的培训需求。

（一）理论化过多

目前的培训内容普遍过于理论化，注重传授农业知识和技术，却缺乏与实际生产相结合的实践操作。农民需要掌握实际的农业技能和操作经验，而不仅是理论知识。然而，现实中的培训往往偏重于课堂教学，缺乏足够的实践训练和实地操作。这导致农民难以将所学知识应用到实际生产中，限制了培训效果的发挥。

1.知识与实践脱节

培训内容过于理论化，注重传授农业知识和技术，但缺乏与实际生产相结合的实践操作。农民需要在实际生产环境中运用所学知识解决实际问题，而纯粹的理论知识无法直接应用于实践中。缺乏实践操作的培训使农民在面对实际生产时遇到困难，难以运用所学知识进行解决，限制了培训效果的发挥。

2.技能培养不足

过于理论化的培训内容侧重于知识传授，但忽视了实际操作技能的培养。农民需要掌握实际的农业技能和操作经验，例如农作物种植技术、养殖管理、农产品加工等。然而，现有培训往往缺乏充足的时间用来训练和操作实践，无法为农民提供实际操作技能的培养和提升，限制了他们在实际工作中的应用。

3.缺乏问题解决能力培养

培训内容主要注重知识的传授，但忽略了培养农民解决实际问题的能力。农民在实际生产中常常面临各种挑战和困难，需要具备解决问题的能力。然而，过于理论化的培训未能培养农民分析和解决问题的能力，使其在实际工作中无法灵活应对各种情况，限制了培训效果的实际应用。

4. 缺乏实际场景模拟

培训内容过于理论化，缺乏对实际场景的模拟和仿真训练。农民需要在真实的农业生产环境中进行实践操作，才能更好地掌握相关技能。然而，目前的培训往往仅限于课堂教学，无法提供真实的农业生产场景。缺乏实际场景模拟训练使农民无法真实感受到实际生产的复杂性和挑战性，限制了培训效果的实际应用和提升。

5. 缺乏实际案例和成功经验分享

培训内容过于理论化，缺乏实际案例和成功经验的分享。农民需要了解真实的农业成功案例，从中学习经验和教训，以指导自己的实际生产和经营。然而，现有培训往往缺乏实际案例和成功经验的引导，使农民在实践中面临更多的试错和摸索，限制了他们的学习效果和发展潜力。

当前的新型职业农民培育体系存在培训内容过于理论化的问题。为了解决这一问题，需要加强实践操作、培养问题解决能力、引入实际场景模拟训练、跨学科融合、分享实际案例和成功经验，并建立参与和反馈机制，以确保培训内容与实际需求相匹配，促进农民实际应用能力和创新能力的提升。

（二）缺乏新兴领域的培训内容

随着乡村振兴战略的推进，农村发展的新兴领域不断涌现，包括农业创新、农产品加工和农村旅游等。这些新兴领域为新型职业农民提供了广阔的发展机遇，可以促进农村经济的多元化发展和提升农民收入。然而，目前的培训内容相对传统，未能及时跟进新兴领域的发展，缺乏相关培训内容，这限制了新型职业农民在这些领域中的创新和发展。

首先，针对农业创新领域，目前的培训内容较为保守，未能充分覆盖新的农业科技和技术应用。随着科技的进步和农业现代化的推进，农业创新已经成为农村发展的重要动力。然而，培训内容还停留在传统的农业生产技术和管理知识，未能涵盖新的农业科技应用、数字化农业、智能农业等方面。这导致新型职业农民在农业创新方面缺乏相应的知识和技能支持，难以应对快速变化的农业发展需求。

其次，对于农产品加工领域，目前的培训内容相对较少，未能满足新型职业农民在农产品加工和价值增加方面的培训需求。农产品加工是农村发展的重要方向，可以增加农产品的附加值和市场竞争力。然而，现有的培训内容主要集中在农产品的基本加工技术和传统产品的生产流程，缺乏对新产品开发、包装设计、市场营销等方面的培训。这使得新型职业农民在农产品加工创新和市场拓展方面面临困难，限制了他们在农产品加工领域的创新能力和发展潜力。

最后，对于农村旅游领域，目前的培训内容也相对有限，未能充分涵盖农村旅游的知识和技能培养。农村旅游是农村发展的重要支柱产业，可以促进农民增收和农村经济的多元化发展。然而，现有的培训内容主要集中在旅游服务基础知识和管理技能方面，缺乏对农村旅游规划、产品设计、营销推广等方面的培训。农村旅游的成功需要农民具备创新意识、客户服务技巧以及对本地文化和资源的理解与运用能力。然而，目前的培训内容未能满足新型职业农民在农村旅游领域所需的综合知识和技能，限制了他们在这一领域的发展和竞争力。

（三）缺乏实用性和实践性

培训内容缺乏实用性和实践性，无法满足农民对解决实际问题和提升实际操作技能的需求。农民需要掌握解决实际生产中遇到的难题和挑战的能力以及实际操作技能。然而，一些培训内容过于理论化，缺乏实际操作的训练和实践化，使得农民在实际工作中难以运用所学知识。缺乏实践性的培训限制了农民在实际生产中的应用能力和技能提升。

首先，培训内容缺乏实用性是导致实践能力不足的主要原因之一。目前的培训内容往往注重理论知识的传授，忽视了解决实际问题的实用技能的培养。农民需要在实际生产中面对各种挑战和难题，如病虫害防治、农产品质量保证、市场营销策略等，而这些实际问题往往无法仅通过理论知识解决。然而，现有培训往往缺乏实际案例和实际操作的训练，无法提供农民在解决实际问题方面的实践指导和经验分享。缺乏实用性的培训使得农民在实际工作中难以应对复杂的情况，限制了他们的应用能力和解决问题的能力。

其次，缺乏实践性的培训也限制了农民的实际操作技能的提升。农业生产需要丰富的实际操作技能，如种植技术、养殖管理、机械操作等。然而，现有的培训往往过于注重理论知识，缺乏实际操作的培训和训练。农民在缺乏实际操作训练的情况下，无法充分掌握实际操作技能，影响了他们的实际工作表现和生产效率。缺乏实践性的培训也使得农民在面对新技术和新设备时缺乏应对能力，限制了农业生产的现代化和高效化水平的提升。

最后，缺乏与实际生产场景相结合的培训也是造成实用性和实践性不足的原因之一。培训应该能够与实际生产场景相结合，让农民在真实的农田环境中进行实践操作和训练。然而，现有的培训往往限于课堂教学和模拟实验，缺乏真实的农田实践机会。缺乏与实际生产场景相结合的培训使得农民无法真实感受到实际生产的复杂性和挑战性，无法全面了解农业生产的实际情况和问题。在模拟环境下进行的培训往往无法复制真实的农田条件和工作环境，无法让农民在真实场景中面对实际的挑战和应对问题。缺乏与实际生产场景相结合的培训限制了农民的实践能力的培养和提升，使他们在实际工作中缺乏实践经验和应对能力。

（四）缺乏与市场需求的对接

培训内容应该紧密对接市场需求，使农民具备适应市场变化的能力。然而，目前的培训内容往往与市场需求脱节，无法满足市场对农产品质量、品牌塑造、市场营销等方面的要求。缺乏与市场需求的对接使得培训的实际效果降低，农民难以在市场竞争中获得优势。

首先，市场竞争的加剧要求农民具备适应市场需求的能力。农产品市场的竞争日益激烈，消费者对农产品的品质、安全和品牌形象等方面的要求也越来越高。然而，目前的培训内容往往脱离市场需求，只注重传授农业生产技术和管理知识，忽视了市场导向的培训。农民在缺乏市场需求的认知和了解的情况下，无法准确把握消费者需求和市场趋势，难以满足市场的多样化需求，限制了农产品的市场竞争力和附加值的提升。

其次，缺乏与市场需求的对接导致农产品质量和安全管理的不足。随着人们对食品安全和质量的关注增加，农产品的质量安全成为市场准入的重要条件。然而，现有的培训往往忽视了农产品质量和安全管理方面的培训，农民缺乏相关知识和技能。缺乏对质量管理体系、农药和化肥的正确使用、农产品检测和认证等方面的培训，使得农产品的质量安全难以得到有效保障，影响了农产品的市场竞争力和消费者的信任。

最后，市场营销能力的缺乏也是导致与市场需求脱节的重要原因之一。农产品的销售不仅依赖于产品质量，还需要有有效的市场营销策略和渠道。然而，目前的培训往往缺乏对市场营销的培训，农民在市场推广、品牌塑造、销售渠道的建立等方面缺乏必要的知识和技能。缺乏与市场需求相匹配的市场营销培训，使农民在面对市场营销的挑战时无从下手，限制了农产品的市场拓展和销售能力的提升。

（五）缺乏跨学科综合培训

农业发展涉及多个领域，如农业技术、经营管理、市场营销等。然而，目前的培训内容较为片面，缺乏跨学科的综合培训。农民需要全面掌握各个领域的知识和技能，才能应对复杂的农业生产和管理问题。缺乏跨学科综合培训限制了农民的综合素质提升，难以适应多元化的农业发展要求。

首先，农业发展涉及多个学科领域，包括农业技术、经营管理、市场营销、财务管理等。然而，目前的培训内容往往较为片面，偏重于某一特定领域的知识传授，忽视了农民综合素质的培养。农民需要具备跨学科的综合能力，才能全面应对农业生产和管理的复杂性。缺乏跨学科综合培训使得农民在面对综合性问题时难以综合运用各个学科领域的知识和技能，限制了他们的决策能力和综合素质的提升。

其次，农业发展的多样化要求农民具备多领域的知识和技能。随着乡村振兴战略的推进，农业不再局限于传统的农作物种植和养殖业，还涉及农产品加工、农村旅游、农业创新等新兴领域。然而，现有的培训往往仍停留在传统的农业领域，缺乏对新兴领域的相关培训。农民需要全面了解农业发展的多个领域，掌握不同领域的知识和技能，才能在农业多元化发展中找到更多机遇和发展空间。缺乏跨学科综合培训使得农民在新兴领域的发展机遇面前缺乏相应的知识和技能支持，限制了他们在这些领域中的创新能力和发展潜力。

最后，缺乏跨学科综合培训也影响农民综合素质的提升。综合素质包括农民的综合能力、创新精神、沟通协作能力等。然而，现有的培训往往只关注特定领域的知识和技能，缺乏对农民综合素质的培养。农民需要具备多领域的知识和技能，才能够灵活应对复杂多变的农业生产和管理环境。缺乏跨学科综合培训使得农民的综合素质提升受限，难以胜任综合性的农业工作和决策。

当前的新型职业农民培育体系在培训内容与实际需求的匹配方面存在不足。需要加强实践操作、个性化培训、新兴领域内容的覆盖，与市场需求对接，提供跨学科综合培训以及后续支持和服务，以推动新型职业农民培育体系的健全和完善。

二、培训资源分布不均

一些地区或机构拥有丰富的培训资源，包括专业师资、现代化培训设施和教材等，而其他地区或机构则缺乏相应的资源支持。这导致培育体系的不公平性和不平衡性，限制了农民在培育过程中的公平竞争和发展机会。

（一）培训师资的不均衡

一些地区或机构拥有丰富的专业师资，他们具备丰富的农业知识和经验，并能够将其传授给学员。这些专业师资可以提供高质量的培训，帮助农民提升技能和知识水平。然而，其他地区或机构由于师资力量匮乏，无法提供同样水平的培训。缺乏优质师资的情况使得这些地区或机构的培育体系面临着知识和经验的匮乏问题，限制了农民的学习和发展机会。

首先，一些地区或机构拥有丰富的专业师资。这些专业师资通常具备丰富的农业知识和经验，他们在农业领域有着深入的研究和实践背景。他们掌握着最新的农业技术和发展动态，并能够将这些知识传授给学员。这些优质的师资力量能够提供高质量的培训服务，帮助农民提升技能和知识水平。他们能够引导学员了解农业生产的最佳实践、解决实际问题，并培养他们的创新能力和实践能力。

其次，其他地区或机构由于师资力量匮乏，无法提供同样水平的培训。这些地区或机构面临着招聘和培养专业师资困难的问题。一方面，由于人才流动性和竞争性的问题，优秀的农业专业人才往往倾向于选择在经济发达地区或知名机构工作，导致资源的集中和不均衡。另一方面，一些地区或机构由于经济条件或地理位置的限制，无法吸引和留住优秀的师资力量。这种师资力量的匮乏使得这些地区或机构的培育体系面临着知识和经验的缺乏问题。

最后，缺乏优质师资对于农民的学习和发展机会造成了限制。农民需要具备丰富经验和专业知识的师资指导，才能够系统学习和掌握农业技术、管理知识和市场趋势

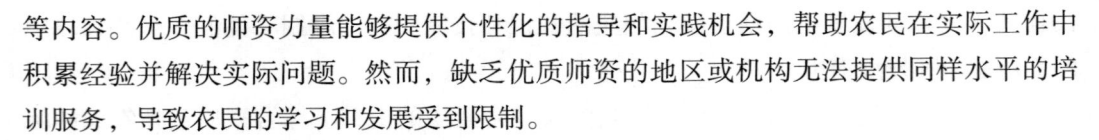

等内容。优质的师资力量能够提供个性化的指导和实践机会，帮助农民在实际工作中积累经验并解决实际问题。然而，缺乏优质师资的地区或机构无法提供同样水平的培训服务，导致农民的学习和发展受到限制。

（二）现代化培训设施的不平衡

现代化的培训设施，如实验室、示范农田、现代农业机械等，可以提供实践操作和实际应用的机会，帮助农民更好地掌握知识和技能。然而，一些地区或机构由于缺乏投资和技术支持，无法提供先进的培训设施。这使得这些地区或机构的培训过程无法充分满足农民的实践需求，限制了他们在实际工作中的应用能力和技能提升。

首先，缺乏投资和技术支持是导致现代化培训设施不平衡的主要原因之一。一些地区或机构由于经济条件相对薄弱，无法投入足够的资金和资源用于现代化培训设施的建设和改善。这可能是由于资金短缺、技术设备不足、基础设施不完善等因素所致的。缺乏投资和技术支持使得这些地区或机构无法提供先进的培训设备、实验室设施、示范农田等，从而限制了农民在培训过程中的实践操作和实际应用的机会。没有现代化的培训设施，农民无法充分接触到最新的农业技术和设备，无法提高自己的应用能力和技能水平。

其次，地区之间的经济条件和发展水平差异也导致了现代化培训设施不平衡。经济相对发达的地区通常能够投入更多的资金和资源用于培训设施的建设和改善。这些地区拥有现代化的实验室、农田示范基地、现代农业机械等设施，为农民提供了良好的学习和实践环境。然而，经济相对落后的地区由于资金和技术的限制，无法进行同样水平的投资和设施建设。这导致这些地区的农民在培训过程中缺乏现代化设施的支持，限制了他们的学习和发展。

现代化培训设施不平衡对新型职业农民培育带来了多方面的影响。一方面，缺乏现代化设施的农民无法充分接触到最新的农业技术和实践，限制了他们在农业生产中的创新能力和效率。现代化设施能够提供实践操作和实际应用的机会，使农民能够更好地掌握知识和技能，并将其应用于实际工作中。另一方面，缺乏这些设施的农民无法进行充分的实践训练，无法真实地了解和应用最新的农业技术和工具。这使得他们在面对复杂的农业生产和管理问题时，缺乏应对的能力和自信。

（三）教材和教学资源的不平衡

高质量的教材和教学资源对于培训的有效性和质量至关重要。然而，一些地区或机构由于资源有限，无法提供最新的教材和教学资源。这使得这些地区或机构的培训内容滞后于行业发展和市场需求，难以满足农民在不断变化的农业环境中的培训需求。同时，教材和教学资源的不平衡也加剧了农民之间的学习差距，造成了新型职业农民的不平等问题。

首先，缺乏最新教材和教学资源使得一些地区或机构的培训内容滞后于行业发展和市场需求。随着农业技术的不断创新和农业市场的快速变化，农民需要了解和掌握最新的农业知识和技术。然而，一些地区或机构由于资源有限，无法及时更新教材和教学资源。这导致农民在培训过程中只能接触到过时的知识和技术，无法跟上行业的发展趋势和市场的需求。缺乏最新教材和教学资源的情况使得这些农民在农业生产中缺乏应对新问题和挑战的能力，限制了他们的创新能力和适应性。

其次，教材和教学资源的不平衡也加剧了农民之间的学习差距和培训不平等问题。一些地区或机构由于资源丰富，能够提供高质量的教材和教学资源，为农民提供全面而深入的培训。这些教材和教学资源可能包括权威的教科书、实用的操作指南、多媒体教学资料等，能够满足农民的不同学习需求。然而，其他地区或机构由于资源有限，无法提供同样水平的教材和教学资源。这导致了农民之间的学习差距，一些农民由于缺乏高质量的教材和教学资源的支持，学习效果受到限制，无法充分发挥潜力。

教材和教学资源的不平衡对新型职业农民培育带来了多方面的影响。缺乏最新教材和教学资源限制了农民的知识更新和技能提升。现代农业发展迅速，新的农业知识和技术不断涌现，农民需要及时了解并掌握这些信息。然而，如果教材和教学资源滞后于时代，农民将无法及时掌握最新的农业发展趋势和技术应用方法，限制了他们在农业生产中的创新能力和竞争力。他们可能无法适应市场需求的变化，无法应用最新的农业科技和管理方法，从而在竞争激烈的市场中失去优势。

三、培训机构能力不足

培育新型职业农民需要专业的培训机构来提供培训服务。然而，一些培训机构在师资力量、教学设施和管理水平等方面存在不足。培训师资队伍中缺乏专业技能和实践经验丰富的教师，培训设施落后且不足以满足培训需求，培训管理方面也缺乏标准和规范。这些问题限制了培训机构的能力和水平，影响了培育体系的质量和效果。

（一）师资力量不足

一些培训机构的师资队伍缺乏专业技能和实践经验丰富的教师。新型职业农民需要掌握农业技术、经营管理、市场营销等多个领域的知识和技能，而缺乏专业能力的教师难以提供全面、深入的培训。缺乏优秀的师资力量限制了培训的质量和效果，无法满足农民的学习需求。

首先，一些培训机构在招聘和选拔教师时存在一定的问题。一方面，由于农业领域的发展需要具备丰富农业知识和实践经验的教师，但是一些机构在招聘过程中可能没有足够的专业性和严格性，导致招聘到的教师在农业领域的知识和实践经验相对不足。另一方面，由于农业知识和技能的复杂性和专业性，一些教师可能缺乏全面的专业技能，无法满足培训的要求。因此，培训机构在招聘和选拔教师时需要更加注重教师的专业背景和实践经验，确保教师具备丰富的农业知识和技能。

其次，培训机构在教师培训和发展方面的投入不足也是导致师资力量不足的原因之一。培训机构应该为教师提供持续的专业培训和学习机会，以不断更新和提升教师的专业水平。然而，由于一些机构对教师培训和发展的投入不足，教师缺乏机会进行专业的学习和交流，无法及时掌握新的农业知识和技术。此外，一些培训机构也缺乏制定并落实教师绩效评估制度的能力，无法对教师进行全面的评估和激励，从而影响教师的职业发展动力。

最后，农业领域的快速发展和技术进步要求教师具备广泛的专业知识。然而，一些培训机构的教师可能过于专注于某个领域，缺乏对农业发展其他领域的了解。这使得教师无法提供全面的培训，限制了农民在农业生产和管理中的综合能力。培训机构应该加强教师的综合能力培养，鼓励教师进行跨学科学习和专业知识的更新，以便能够全面地满足农民的培训需求。为此，培训机构可以开展定期的教师培训计划，邀请行业专家和学者进行专业知识的分享和交流，提供教学方法和教学资源的更新和改进。

（二）教学设施不足

一些培训机构的教学设施落后且不足以满足培训需求。现代化的培训设施，如实验室、示范农田、现代农业机械等，对于提供实践操作和实际应用的机会至关重要。然而，一些培训机构由于投资不足或缺乏技术支持，无法提供先进的教学设施。这使得农民在培训过程中无法充分接触到最新的农业技术和设备，限制了他们在实际工作中的应用能力和技能提升。

首先，培训机构的教学设施落后是导致教学设施不足的主要原因之一。一些培训机构由于投资不足或缺乏技术支持，无法及时更新和改进教学设施。例如，缺乏现代化的实验室设备、示范农田或现代农业机械等，使得农民在培训过程中无法进行实际操作和实践应用的训练。这导致他们无法真实地接触到最新的农业技术和设备，限制了他们在实际工作中的应用能力和技能提升。

其次，资金短缺是导致教学设施不足的另一个关键问题。建设和维护现代化的教学设施需要大量的资金投入，包括设备购置、场地建设、设施维护等方面的费用。然而，一些培训机构可能由于经费有限，无法进行必要的设施建设和更新。缺乏足够的资金支持使得这些机构无法提供先进的教学设施，限制了农民在培训过程中的实践训练和技能提升。

最后，技术支持不足也是导致教学设施不足的一个重要原因。现代化的教学设施通常需要相关的技术支持和维护，包括设备操作和维修等方面的技术知识。然而，一些培训机构可能缺乏专业的技术人员或技术合作伙伴，无法提供必要的技术支持。这使得教学设施的使用和维护存在困难，影响了设施的正常运作和使用效果。

（三）培训管理不规范

一些培训机构在培训管理方面缺乏标准和规范。培训管理涉及培训计划的制订、教学内容的设计、学员的评估和跟踪等多个环节。然而，一些机构在管理过程中存在着信息不透明、流程不规范、评估方式单一等问题。这使得培训机构无法有效地评估学员的学习成果和培训效果，也无法及时调整和改进培训内容和方式。

首先，一些培训机构在培训管理方面存在信息不透明的问题。培训机构应该向学员提供清晰明确的培训信息，包括培训计划、课程内容、学习资源等。然而，一些机构可能缺乏透明度，无法及时向学员提供相关信息，导致学员对培训的期望和目标不清楚。缺乏信息透明度不仅会影响学员的学习积极性和参与度，还会降低培训的效果和成效。

其次，培训机构在培训流程和程序上可能存在不规范。培训流程应该具有清晰的步骤和规范的操作程序，以确保培训的有序进行。然而，一些机构可能缺乏规范的培训流程，导致培训活动的组织和管理混乱。例如，培训计划的制定可能缺乏科学性和系统性，培训内容的设计可能缺乏结构性和层次性，评估方式可能单一且不全面。这些不规范影响了培训的质量和效果，使得培训难以满足学员的学习需求和培养目标。

最后，培训机构在学员评估和跟踪方面可能存在不足。评估是培训的重要环节，可以帮助机构了解学员的学习情况和成果，并及时调整培训策略和方法。然而，一些机构可能缺乏全面、科学的评估方式，无法客观的评估学员的学习成果。同时，机构在学员跟踪和支持方面也可能存在不足，缺乏对学员学习过程的有效监控和指导。这使得机构无法及时发现和解决学员的问题和困难，影响了学员的学习效果和培训的成效。

以上问题的存在限制了培训机构的能力和水平，影响了培育体系的质量和效果。为了解决这些问题，培训机构应加强师资队伍建设，吸引和培养具备专业技能和实践经验的教师，确保教师具备全面的知识和教学能力。

四、培训持续性和跟踪性不足

新型职业农民的培育需要持续地培训和跟踪评估。然而，当前的培育体系中，培训的持续性和跟踪性不足。培训往往只停留在短期的课程培训阶段，缺乏后续的培训和指导。同时，对培育效果的跟踪评估也相对较少，无法全面了解农民在培育过程中的学习成果和实际应用情况。缺乏持续性的培训和跟踪评估使得培育效果无法得到充分发挥和巩固，农民在实际生产中的问题和困难无法及时解决。

（一）培训的持续性不足问题

1.培训计划的不连贯性

一些培训机构缺乏全面规划和系统性设计，导致培训课程之间缺乏衔接和延续性。短期培训难以覆盖新型职业农民所需的全面知识和技能，无法满足他们在不同发展阶段的学习需求。

缺乏全面规划和系统性设计。一些培训机构在制订培训计划时缺乏全面性和系统性，仅仅关注于短期的培训课程，而忽视了培训的长远目标和发展需求。培训计划应该从新型职业农民的整体发展需求出发，覆盖各个学习阶段和不同技能层面，以确保培训的连贯性和持续性。

缺乏课程间的衔接和延续性。培训课程之间缺乏衔接和延续性，导致学员在不同课程之间的知识和技能无法有机地结合和应用。例如，学员在一门课程中学到的知识在后续的课程中往往无法得到进一步的延伸和应用。这种断层式的培训模式限制了学员对知识的整体把握和能力的综合提升。

缺乏个性化和差异化的培训计划。培训机构往往采用一种标准化的培训计划，忽视了学员的个体化差异和不同学习需求。新型职业农民在背景、经验和兴趣等方面存在差异，因此培训计划应该具有一定的个性化和差异化，满足学员不同的学习需求和发展目标。

2. 缺乏长期指导和支持

培训机构往往在课程结束后缺乏对学员的持续指导和支持，缺乏有效的后续培训安排。农民在实际生产中遇到问题时，无法及时得到专业指导和解决方案，影响了培训效果的巩固。

缺乏后续培训安排。许多培训机构注重短期培训，一旦课程结束，便结束了对学员的培训过程。这种短期培训模式无法满足农民在实际生产中的长期学习需求。缺乏后续培训安排，学员在面对实际问题时无法获得及时的专业指导和解决方案，限制了培训效果的巩固。

缺乏持续指导和支持机制。培训机构缺乏持续的指导和支持机制，无法为学员提供持续的学习和发展支持。农民在培训结束后面临新的问题和挑战，但缺乏专业人员的指导和支持，无法解决实际困难，不能学以致用。

缺乏个性化的学习计划。培训机构往往没有根据农民的个体差异制定个性化的学习计划。每个农民在知识储备、技能水平和实践经验方面存在差异，需要定制化的指导和支持。缺乏个性化的学习计划使得培训机构无法满足农民的个体需求，难以提供精准的指导和支持。

3. 培训资源的浪费

短期培训往往需要大量人力、物力和财力的投入，但培训结束后，这些资源可能无法得到有效利用，造成了资源的浪费。

人力资源的浪费。短期培训通常需要培训师资队伍的投入，包括专业讲师、教育专家和实践导师等。然而，一旦培训结束，这些专业人才可能无法得到充分的利用，导致人力资源的浪费。他们的专业知识和经验在培训结束后可能闲置或流失，无法为农民提供持续的指导和支持。

物质资源的浪费。短期培训往往需要大量的物质资源，如教室、实验室设备、培训材料等。然而，这些物质资源在培训结束后可能无法得到充分的利用，造成了资源的浪费。例如，一些设备可能只在短期培训期间使用，之后就处于闲置状态，无法发挥其应有的价值。

财务资源的浪费。短期培训往往需要大量的财务投入，包括培训费用、师资费用、设备采购费用等。然而，如果培训只停留在短期阶段，财务资源的投入可能无法得到充分的回报，造成了财务资源的浪费。这种资源的浪费可能限制了培训机构在其他方面的发展和改进。

（二）跟踪评估不足问题

缺乏有效的评估指标和工具，目前的评估方法往往局限于简单的学习成绩或考试成绩评估，无法全面衡量学员的实际应用能力和综合素质。缺乏有效的评估指标和工具，使得对培训效果的跟踪评估变得困难。

1. 缺乏个性化的跟踪支持

每个学员在培育过程中的需求和问题都可能存在差异，然而，缺乏个性化的跟踪支持是一个普遍存在的问题。培训机构往往采取一种统一的跟踪支持方式，无法根据学员的具体情况提供针对性的指导和帮助。这种缺乏个性化的跟踪支持使得学员在实际应用中无法得到及时的专业指导和解决方案。

2. 跟踪信息共享和利用不足

培训机构之间、培训机构与相关农业部门之间的跟踪信息共享和利用也存在不足。跟踪评估结果和学员的实际应用情况往往局限在各自的机构内部，缺乏跨机构的信息交流和共享。这种信息的孤岛化使得培训机构无法共同探讨和解决农民在实际生产中遇到的问题，限制了培训效果的充分发挥。

五、缺乏综合性的支持服务

新型职业农民在培育过程中需要综合性的支持服务，包括市场开拓、技术指导、融资支持等。然而，目前的培育体系中缺乏与培育内容相匹配的综合支持服务，使得农民在培育后期面临市场销售困难、技术难题和融资问题等时无法得到有效的支持和解决方案。缺乏综合性的支持服务限制了新型职业农民的发展空间和竞争力。

（一）市场开拓支持不足

新型职业农民在培育后期面临着将产品推向市场的挑战。然而，目前的培育体系中缺乏有效的市场开拓支持服务。农民可能缺乏市场信息和营销技巧，无法准确判断市场需求和竞争情况，也无法制定有效的市场推广策略。缺乏市场开辟支持限制了新型职业农民产品的推广和销售，影响了其经济效益和可持续发展。

1. 缺乏市场信息和调研

新型职业农民在市场开拓过程中，首先需要了解市场需求、消费趋势以及竞争对手的情况。然而，当前的培育体系中缺乏有效的市场信息和调研支持。农民可能缺乏市场数据和趋势分析，无法准确判断目标市场的需求规模、消费偏好以及竞争态势。缺乏市场信息和调研使得农民在产品定位、市场定位和定价策略等方面难以做出明智的决策。

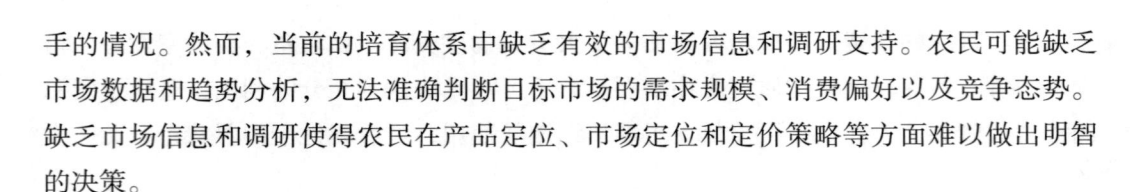

2.营销技巧和策略的不足

市场开拓还需要农民具备一定的营销技巧和策略。然而，目前的培育体系中对于营销技巧和策略的培训和指导不足。农民可能缺乏市场营销的专业知识和技能，无法制定有效的品牌推广、渠道拓展和促销策略。缺乏营销技巧和策略的支持使得农民在产品宣传、销售渠道选择和销售推动等方面存在困难，影响了产品的市场竞争力和销售效果。

3.缺乏市场对接平台和合作机制

市场开拓需要农民与市场主体进行合作和对接。然而，当前的培育体系中缺乏有效的市场对接平台和合作机制。农民面临与销售渠道、批发商、超市等市场主体的接触和合作难题。缺乏市场对接平台和合作机制限制了农民与市场主体的交流和合作，使得产品难以进入市场，销售渠道受限，影响了农产品的推广和销售。

4.缺乏品牌推广和市场宣传支持

市场开拓需要农产品具备一定的品牌推广和市场宣传能力。然而，目前的培育体系中对于品牌推广和市场宣传的支持不足。农民缺乏品牌建设的战略规划和市场宣传的指导，无法有效地提升产品的知名度和市场认可度。缺乏品牌推广和市场宣传的支持使得农民难以在竞争激烈的市场中脱颖而出，影响了产品的市场占有率和销售额。

5.缺乏市场反馈和改进机制

市场开拓的过程中，及时获得市场反馈并进行改进非常重要。然而，当前的培育体系中缺乏有效的市场反馈和改进机制。农民往往无法及时了解产品在市场上的表现和消费者的反馈意见，难以对产品进行及时的调整和改进。缺乏市场反馈和改进机制限制了农民对产品质量、功能和包装等方面的优化，阻碍了产品的市场适应性和竞争力。

缺乏市场开辟支持对新型职业农民的发展构成了重要的障碍。为了解决这一问题，培育体系应该加强市场信息和调研的支持，提供相关的培训和指导，建立市场对接平台和合作机制，加强品牌推广和市场宣传的指导，建立市场反馈和改进机制。这样可以帮助新型职业农民更好地开拓市场，增强产品的竞争力，实现可持续发展。

（二）技术指导不完善

新型职业农民在培育过程中需要得到全面的技术指导，以提高农业生产效益和技术水平。然而，目前的培育体系中存在技术指导不完善的问题。培训机构往往只提供基础的农业技术培训，缺乏针对不同农作物种植、养殖、加工等方面的深入指导。此外，由于缺乏与培训机构和科研机构的紧密合作，导致新型职业农民在实际生产中无法获得最新的农业技术和科学研究成果的支持。

1. 基础技术培训的局限性

目前的培育体系往往只提供基础的农业技术培训，如土壤管理、种植技术、病虫害防治等方面的基本知识。这些培训主要着眼于农业的基本原理和常规操作，缺乏对特定作物、特殊气候条件或不同地域的技术指导。新型职业农民在实际生产中往往面临种植特定农作物的挑战，需要针对性的技术指导和解决方案。缺乏针对性的技术指导限制了新型职业农民在特定领域或特殊情况下的技术创新和农业生产效益的提升。

2. 科研机构和培训机构的合作不足

新型职业农民需要紧密结合科研成果和前沿技术进行农业生产。然而，目前的培育体系中缺乏与科研机构的紧密合作。培训机构与科研机构之间缺乏有效的沟通和合作渠道，导致新型职业农民无法及时获得最新的农业技术和科学研究成果的支持。科研机构在农业领域进行深入研究和创新，能够提供先进的农业技术和实践经验，为新型职业农民提供有针对性的技术指导和解决方案。缺乏与科研机构的合作使得新型职业农民无法及时获得最新的技术指导，影响了其技术水平和农业生产效益的提升。

3. 技术转化和推广的不足

技术指导不完善问题还表现在技术转化和推广的环节上。即使有一些先进的农业技术和实践经验，但由于缺乏有效的技术转化和推广机制，这些技术往往无法应用在新型职业农民的培育过程中，技术指导的不完善给农民的技术提升和农业生产效益的提高带来了一系列挑战。

（三）融资支持不充分

新型职业农民在发展过程中常常面临融资问题，需要资金支持来购买农业设备、改善生产条件等。然而，目前的培育体系中缺乏充足的融资支持。由于缺乏信用记录、缺乏可抵押品或无法满足贷款条件等原因，农民往往难以获得贷款或其他融资渠道。缺乏融资支持使得新型职业农民难以扩大生产规模、改善生产条件和推进农业现代化。

1. 融资渠道有限

新型职业农民在发展过程中需要融资支持来购买农业设备、改善生产条件、扩大生产规模等。然而，目前的培育体系中融资渠道有限。银行和金融机构往往更愿意向传统农业企业提供融资支持，而对于新型职业农民的需求缺乏足够的了解和关注。融资渠道的有限性限制了新型职业农民获取资金的能力，阻碍了他们的发展和现代化农业的推进。

2. 缺乏针对性的融资产品

当前的融资产品往往无法满足新型职业农民的特殊需求。传统的农业贷款产品往往更偏向于大型农业企业或传统农户，无法充分考虑新型职业农民的特殊情况和需求。

新型职业农民往往面临较高的创业风险和不确定性，需要具有灵活还款方式、较低的利率以及更长的贷款期限的融资产品。然而，目前的融资体系往往无法提供针对性的融资产品，使得新型职业农民难以获得适合自身发展的资金支持。

3. 缺乏金融教育和咨询服务

新型职业农民往往缺乏金融知识和经验，对融资的申请和管理不够熟悉。缺乏金融教育和咨询服务使得他们无法有效地与金融机构进行沟通和协商，也无法充分了解和利用各种融资工具和政策。此外，新型职业农民在融资过程中往往面临信息不对称的问题，缺乏对不同类型贷款、利率计算、风险管理等方面的了解。缺乏金融教育和咨询服务使得新型职业农民难以制定合理的融资计划和策略，增加了他们融资申请被拒绝的风险。

4. 缺乏信用评估和担保机制

在融资过程中，金融机构常常依赖信用评估和担保机制来评估借款人的还款能力和风险承受能力。然而，新型职业农民往往缺乏稳定的收入来源和可抵押品，使得他们难以满足传统信用评估和担保要求。由于缺乏信用记录和资产担保，新型职业农民的融资申请往往面临更高的审查标准和贷款条件。缺乏信用评估和担保机制限制了新型职业农民获取融资的能力，阻碍了他们的发展和农业现代化的推进。

5. 政策支持的不足

政府在农业融资方面的政策支持对于新型职业农民的发展至关重要。然而，目前的政策支持还不够完善。政府部门应加大对新型职业农民的融资支持政策制定和实施力度，提供更加灵活的融资渠道、贷款利率补贴、担保机制等支持措施。此外，还需要建立健全的农业金融服务体系，促进金融机构与新型职业农民之间的合作与交流，以提高融资支持的效果。

乡村振兴背景下新型职业农民培育体系的不完善是一个重要的障碍。培训内容与实际需求不匹配、培训资源分布不均、培训机构能力不足、培训持续性和跟踪性不足、缺乏综合性的支持服务以及缺乏协同合作机制等问题都限制了新型职业农民培育体系的质量和效果。因此，需要进一步加强对培育体系的改进和优化，确保培育工作能够更加有效地支持新型职业农民的发展和乡村振兴的实现。

第三节 培育机制不健全

乡村振兴背景下，新型职业农民培育机制的不健全是一个重要的障碍。

一、缺乏科学的培育规划

培育新型职业农民需要制定科学合理的培育规划，包括明确的培育目标、培育内容和培育路径等。然而，目前在一些地区和机构中缺乏全面、系统的培育规划，导致培育工作的组织性和针对性不足。缺乏科学的培育规划使得培育工作难以有序进行，限制了培育效果的提高和培育成果的可持续性。

（一）不清晰的培育目标

缺乏明确的培育目标是当前培育规划中的一个主要问题。在一些地区和机构中，对于新型职业农民培育的目标缺乏明确的规划和定义。培育目标应该明确界定新型职业农民的技能要求、知识水平、创新能力以及对乡村振兴战略的适应能力等方面。缺乏清晰的培育目标导致培育工作的方向不明确，难以有效组织和实施培育计划，使得新型职业农民的培养成果无法得到有效的评估和应用。

1. 技能要求缺乏明确界定

当前的培育规划在确定新型职业农民的技能要求方面缺乏明确的规划和定义。新型职业农民需要具备的技能涉及农业生产技术、农村经营管理、市场营销、农业科技创新等多个领域。然而，缺乏对不同领域所需技能的准确定义，使得培育工作的重点和方向不明确，无法针对性地提供相关的培训和支持。

2. 知识水平的模糊界定

培育新型职业农民需要明确界定其知识水平的要求，以满足现代农业发展的需求。新型职业农民需要掌握的知识包括农业科学、市场经济、农业政策等多个方面。然而，在当前培育规划中，对于新型职业农民所需知识的具体范围和深度缺乏明确界定，导致培育工作缺乏科学性和针对性，难以提供符合要求的知识培训和教育。

3. 创新能力的不明确要求

新型职业农民需要具备创新能力，以适应农业现代化和乡村振兴的要求。创新能力包括技术创新、管理创新和市场创新等方面。然而，在当前培育规划中，对于新型职业农民的创新能力缺乏明确的要求和培养计划。缺乏对创新能力培养的重视，使得新型职业农民在面对技术更新、市场变化等时缺乏应对能力。

4. 对乡村振兴战略适应能力缺乏明确界定

乡村振兴战略是当前推动农村发展的重要战略方针。新型职业农民作为乡村振兴的主体力量，需要具备适应乡村振兴战略的能力和素养。然而，在当前培育规划中，新型职业农民对乡村振兴战略的适应能力缺乏明确的界定和要求。新型职业农民需要了解乡村振兴战略的核心理念、政策措施以及与之相关的发展方向。然而，缺乏对这些方面的明确规划，使得新型职业农民培育的方向和内容无法有效地与乡村振兴战略相衔接。

（二）缺乏系统性的培育内容

培育规划中还存在着培育内容的不系统性和完整性问题。培育新型职业农民需要提供全面、深入的培育内容，包括农业生产技术、农村经营管理、市场营销、农业科技创新等方面的知识和技能。然而，目前的培育体系往往只注重某一方面的培训，缺乏系统性的培育内容。这使得新型职业农民在实际生产中知识和技能的不足，无法全面应对乡村振兴的发展需求。

1. 培养的偏重导致技能不平衡

当前的培育体系往往偏重于传统的农业生产技术，如种植技术和养殖技术，而对农村经营管理、市场营销、农业科技创新等方面的知识和技能缺乏系统性培养。这使得新型职业农民在实际生产中面临农村经营、市场运作等方面的挑战时缺乏足够的准备和能力。培育过程应更加注重技能的平衡发展，全面提升新型职业农民的综合素质。

2. 缺乏对前沿技术和创新的培养

农业发展日新月异，新技术、新理念和新模式不断涌现。然而，当前的培育内容往往无法及时跟上农业发展的脚步，缺乏农业科技创新、数字化农业、可持续农业等前沿领域的培养内容。为了适应农业现代化的需求，培育规划应紧密结合新型农业技术、数字农业和可持续农业等领域的发展，注重对新型农民的创新能力和适应能力的培养。

3. 缺乏综合性的培育内容限制发展

新型职业农民需要具备多方面的知识和技能，以应对乡村振兴的多元化发展需求。然而，当前的培育内容往往分散、零散，缺乏综合性的培养。培训机构通常将不同领域的培训内容划分为独立的课程，而很少将这些知识和技能整合起来，形成综合性的培养方案。这使得新型职业农民在实际操作中往往难以将所学知识和技能有机结合，无法形成系统化的工作思维和解决问题的能力。因此，培育规划应该注重培养综合能力，帮助新型职业农民在实践中形成全面的工作能力。

（三）培育路径不清晰

缺乏明确的培育路径是当前培育规划中的另一个问题。培育路径应该明确划分培训阶段、实践环节和进修机会等，为新型职业农民提供持续性的培育机会和发展路径。然而，目前的培育体系往往只停留在短期的课程培训阶段，缺乏后续的培训和指导。新型职业农民在培育后期往往面临实践经验的不足和进一步发展的困境，无法得到持续的培养和支持。

1. 培训阶段划分不明确

在当前的培育体系中，培训阶段的划分往往不明确。培育工作往往只注重短期的课程培训，而缺乏对不同阶段培养目标和内容的明确界定。这导致新型职业农民在不同阶段无法获得适应性的培育和指导，培养效果受到限制。培育路径应该明确划分初级培训、中级培养和高级进修等不同阶段，根据不同阶段的需求和发展目标提供相应的培育机会和培训内容。

2.实践环节不足

培育路径应该包括充分的实践环节，使新型职业农民能够在实际生产中应用所学知识和技能。然而，当前的培育体系往往忽视实践环节的重要性，重点放在理论知识的传授上。这导致新型职业农民在培育后期实际操作时经验不足，无法有效地运用所学知识解决实际问题。培育路径应该设计实践环节，包括农场实习、实际生产项目等，使新型职业农民能够锻炼实际操作能力，增强解决实际问题的能力。

3.缺乏进修机会

新型职业农民的培养应该是一个持续发展的过程，需要提供进修和深造的机会。然而，当前的培育体系往往在初级培训完成后就缺乏后续的培训和指导，无法满足新型职业农民进一步学习和发展的需求。培育路径应该设立进修机会，包括专业进修课程、培训讲座、行业交流等，为新型职业农民提供持续学习和专业发展的平台。

4.缺乏个性化的培育路径

不同的农民在能力、兴趣和背景等方面存在差异，因此需要个性化的培育路径来满足其个性化的需求。当前的培育规划往往忽视了个体差异性，未能提供差异化的培育路径。新型职业农民的培育路径应该根据其现有的知识、技能和经验水平以及个人的兴趣和发展目标来进行个性化定制。这可以通过进行个人能力评估和职业规划，制定针对性的培育计划和发展方案，为每个农民提供适合其特点和需求的培育机会和指导。

5.缺乏指导和支持机制

培育路径的不清晰还导致新型职业农民缺乏有效的指导和支持机制。新型职业农民在培育后期面临的挑战和问题往往需要专业指导和支持来解决，但当前的培育体系未能提供相应的机制。培育规划应该设立专业指导团队或咨询机构，为新型职业农民提供一对一的指导和咨询服务，帮助他们解决实际问题、探索发展方向，并提供相应的资源支持。

不清晰的培育路径限制了新型职业农民的持续发展和成长。为解决这一问题，需要制定明确的培育路径，包括不同阶段的培养目标和内容，充实实践环节，提供进修和深造的机会，个性化制订培育计划，建立专业的指导和支持机制。这样才能帮助新型职业农民实现持续发展，适应农业现代化和乡村振兴的要求。

二、培育机制缺乏灵活性和适应性

新型职业农民的培育需要灵活的机制和适应不同地区和群体。然而，目前一些培育机制过于僵化和统一，缺乏灵活性和适应性。培育机制的刚性限制了针对不同农民需求的个性化培育，无法满足农民多样化的发展需求和实际情况。

（一）僵化的培育模式

当前的培育机制往往依赖传统的培训模式，如集中式面授培训、统一的课程设置等。这种模式在一定程度上缺乏灵活性，无法满足农民学习方式和时间安排的差异性。一些农民可能有其他工作或家庭责任，无法参加固定时间和地点的培训课程。因此，培育机制应该考虑到农民的实际情况，提供多样化的培训方式，如在线学习、远程教育、定制化培训等，以便农民能够更灵活地安排学习时间和地点。

1. 集中式面授培训的局限性

当前的培育模式往往以集中式面授培训为主，要求农民在固定的时间和地点参加培训课程。然而，农民的时间和地理分布具有较大的不确定性，特别是那些有其他工作或家庭责任的农民，他们可能无法腾出时间参加长期的面授培训，导致培训效果受到限制。因此，培育机制应该考虑采用更加灵活的培训方式，如线上学习、远程教育和混合式学习等，以便农民能够根据自身的时间和地点安排进行学习，提高培训的参与度和效果。

2. 统一的课程设置的不适应性

目前的培育机制往往采用统一的课程设置，将所有农民纳入统一培训框架中。然而，农民的需求和兴趣在不同地区和个体之间存在差异，需要个性化的培训内容和学习路径。统一的课程设置无法满足不同农民的需求，导致培训内容的针对性和实用性不足。因此，培育机制应该注重根据不同地区和群体的特点，制定个性化的培训计划和课程设置。包括根据农民的背景和发展需求，提供可选的培训课程和专业化的学习模块，以便农民能够选择适合自己的学习内容，提高学习的积极性和效果。

3. 缺乏实践导向的培训

当前的培育模式往往注重理论知识的传授，忽视了实践导向的培训。农民在实际生产中面临各种具体问题和挑战，需要具备实际操作的能力和经验。然而，集中式面授培训在短时间内难以提供足够的实践机会，导致农民在实际操作中面临困难。为解决这一问题，培育机制应该更加注重实践导向的培训，为农民提供充分的实践机会。包括组织实地考察、农场实习、技术示范和实际生产项目等，让农民亲身参与农业生产实践，掌握实际操作技能和解决问题的能力。

（二）统一化的培育标准

培育机制通常倾向于将培育标准和要求统一应用于不同地区和群体的农民。然而，不同地区和群体的农民的农业发展水平、资源条件和市场需求等存在差异。因此，培育机制应该根据不同地区和群体的特点，制定相应的培育标准和要求。这意味着需要进行区域差异化的规划和设计，结合当地的农业特点和需求，提供具有针对性的培育内容和支持措施，以确保培育的实际效果和可持续性。

1. 地区差异

不同地区的农业发展水平、资源条件、气候特点和市场需求存在差异。统一化的培育标准无法充分考虑到这些地区差异的影响，导致培养出的新型职业农民缺乏地域适应能力。例如，在不同的气候和土壤条件下，农民需要掌握不同的种植技术和农业管理方法。因此，培育机制应该根据不同地区的特点，制定相应的培育标准和要求，提供针对性的培训和指导。

2. 群体差异

不同群体的农民在教育背景、经验、技能需求和兴趣等方面存在差异。统一化的培育标准无法满足不同群体的个性化需求，导致培养出的新型职业农民缺乏多样性和综合性。例如，年轻农民可能更加注重农业科技创新和市场营销方面的培训，而老年农民可能更需要农业经验的传承和技能的提升。因此，培育机制应该根据不同群体的特点和需求，制定差异化的培育标准和培训方案，提供个性化的学习和发展路径。

3. 农业发展动态性

农业发展是一个动态变化的过程，市场需求、政策环境和技术创新等因素在不断发生变化。然而，统一化的培育标准往往缺乏灵活性的调整机制，无法及时适应变化的农业环境。例如，新的市场趋势和农业技术的发展可能要求农民具备不同的知识和技能。因此，培育机制应该建立灵活的调整机制，能够根据农业发展的变化及时调整培育标准和要求，确保培养出的新型职业农民具备适应性和竞争力。

4. 区域差异化规划

针对不同地区的农业特点和需求，培育机制应该进行区域差异化的规划和设计，以确保培育标准和要求能够适应各地的农业发展需求。这需要充分了解和分析各地农业的特点和挑战，包括土壤类型、气候条件、种植品种、市场需求等因素，并结合当地的农民需求和资源条件，制定具有针对性的培育计划和培训内容。例如，对于发达地区，培育机制可以强调农业科技创新和可持续农业方法的培养；对于落后地区，可以注重基础农业知识和技能的传授，以提升其农业生产水平。

5. 灵活的标准认定

统一化的培育标准往往只注重知识和技能的掌握程度，忽视了实际能力和综合素质的考量。为解决这一问题，培育机制应该建立灵活的标准认定机制，充分考虑农民的实际能力和实践经验。除了传统的考试和证书制度，可以引入实践考核、项目评估、实地操作等方式，评估农民在实际生产和经营中的能力和表现。这样可以更准确地评估农民的综合素质和适应能力，为他们提供更合适的培训和发展机会。

6. 多元化的培育途径

统一化的培育标准往往只关注传统的培训方式，如集中式面授培训。然而，不同农民具有不同的学习方式和时间安排的需求。培育机制应该提供多元化的培育途径，

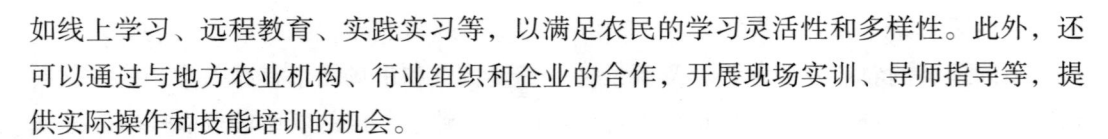

如线上学习、远程教育、实践实习等，以满足农民的学习灵活性和多样性。此外，还可以通过与地方农业机构、行业组织和企业的合作，开展现场实训、导师指导等，提供实际操作和技能培训的机会。

（三）忽视个体差异的培育计划

新型职业农民的个体差异体现在教育背景、经验、技能需求和兴趣等方面。然而，培育机制往往忽视了这些差异，采用一揽子的培育计划，无法满足不同农民的个性化需求。为解决这一问题，培育机制应该更加关注农民的个体差异，提供个性化的培育计划和支持服务。包括根据农民的学习能力和兴趣，量身定制培训内容和学习路径，提供多样化的学习资源和学习方式，以满足不同农民的需求。培育机制应该建立个体化的培育档案，收集和分析农民的背景信息和发展需求，以便为他们提供有针对性的培训和支持。同时，培育机制应该鼓励和支持农民自主学习和自我发展，提供自主学习的平台和资源，以便农民根据自己的兴趣和需求进行学习。

1. 教育背景差异

农民的教育背景各不相同，有的可能具有较高的学历和专业知识，而有的可能只有基础的教育背景。然而，统一的培育计划无法充分考虑到这些差异，可能导致一些农民觉得培训内容过于简单，缺乏挑战性；而另一些农民可能会因为培训内容过于复杂而感到难以理解和掌握。为解决这一问题，培育机制应该根据农民的教育背景，提供不同层次的培训内容和学习资源，为农民提供有针对性的教育和培训支持。

2. 经验和技能需求差异

农民的经验和技能需求也存在差异。有的农民可能已经具备一定的农业经验和技能，希望通过培训进一步提升专业能力；而有的农民可能是新手，需要从基础开始学习农业知识和技能。然而，一揽子的培育计划无法满足不同农民的需求。培育机制应该根据农民的经验和技能需求，提供个性化的培育计划和支持服务。包括开设不同层次和内容的培训课程，提供个别指导和辅导，以帮助农民根据自身情况制订发展计划和学习路径。

3. 兴趣和动机差异

农民的兴趣和动机对于学习和发展的积极性至关重要。然而，统一的培育计划无法充分考虑到不同农民的兴趣和动机差异，可能导致一些农民对培训内容缺乏兴趣和动力。为解决这一问题，培育机制应该注重激发农民的兴趣和动机，提供多样化的学习资源和学习方式。包括开设多样化的培训课程和专业方向，组织实践活动和案例研讨，提供个性化的学习支持和反馈机制，以帮助农民发现自己的兴趣所在并保持学习的积极性。

4. 个体化的学习计划

针对个体差异，培育机制应该建立个体化的学习计划。这需要对每位农民进行全面的背景调查和需求分析，了解他们的学习能力、兴趣爱好和发展目标。基于这些信息，培育机制可以量身定制培训内容和学习路径，确保培养出的新型职业农民能够获得最大的学习效果和发展潜力。例如，针对有技术背景的农民，可以提供更深入的技术培训和创新项目的指导；对于有市场开拓需求的农民，可以提供市场营销和经营管理方面的专业培训。通过个体化的学习计划，农民能够根据自身的兴趣和需求进行有针对性的学习，提高学习的效果和满意度。

5.多样化的学习资源和方式

为满足不同农民的个性化需求，培育机制应该提供多样化的学习资源和学习方式。除了传统的面授培训，可以引入在线学习、远程教育、实践实习、学徒制度等灵活的学习模式。这样农民可以根据自身时间安排和喜好选择合适的学习方式，更好地与培训内容进行互动和实践。同时，培育机制还应该提供丰富的学习资源，包括教材、案例分析、实践指导等，以便农民能够根据自己的学习需求进行自主学习和知识获取。

三、缺乏有效的评估和反馈机制

培育机制中缺乏有效的评估和反馈机制，无法及时了解培育效果和农民的培育需求。培育工作应该设立科学的评估指标和评估方法，对培育过程和成果进行定期评估和反馈。然而，现实中，一些培育机构和项目缺乏相应的评估机制和反馈机制，导致培育工作的质量监控和改进不足。

（一）缺乏及时的评估结果反馈机制

培训机构往往在评估学员的学习成果和能力方面存在反馈不及时的问题。学员需要及时了解自己在培训中的优势和不足之处，以便能够针对性地改进和提升。然而，由于缺乏有效的反馈机制，学员可能无法及时获知评估结果，从而无法对自己的学习进行准确的自我评估和调整。培训机构应建立起及时的评估结果反馈机制，确保学员能够及时了解自己的培训表现。

1.学习成果的确认和认可

及时的评估结果反馈对于学员来说是非常重要的，它可以帮助他们了解自己在培训中所取得的学习成果和进步。通过评估结果的反馈，学员可以对自己的学习进行准确的自我评估，知道自己在哪些方面取得了进展，并进行针对性地改进和提升。然而，由于缺乏及时的评估结果反馈机制，学员可能无法得知自己的学习成果是否符合培训的要求和标准，这可能导致他们缺乏自信和动力继续学习和发展。因此，培育机制应该建立及时的评估结果反馈机制，确保学员能够及时了解自己的培训表现。

2.学习过程的改进和调整

及时的评估结果反馈不仅对学员个人的学习发展有益，也对培育机制的改进和调整具有重要意义。通过了解学员的学习成果和表现，培育机制可以评估自身的培训效果和教学方法的有效性，及时进行改进和调整，以提高培训的质量和效果。然而，由于缺乏及时的评估结果反馈机制，培育机制往往无法及时获得学员的反馈意见和建议，难以了解他们的学习体验和需求，从而无法及时改进和优化培训内容和方式。因此，培育机制应该建立起学员与培训机构之间的双向沟通机制，鼓励学员积极提供评估反馈，以便及时了解学员的学习情况和需求。

3.学员发展的支持和指导

及时的评估结果反馈可以为学员提供个性化的支持和指导，帮助他们更好地规划自己的学习和发展路径。通过评估结果的反馈，学员可以了解自己在培训中的优势和不足之处，有针对性地改进和提升自己的学习能力和专业素养。然而，由于缺乏及时的评估结果反馈机制，学员可能无法获得及时的支持和指导，无法得知如何进一步提升自己的学习成果和调整自己的发展方向。培育机制应该建立个体化的辅导和指导机制，通过评估结果的反馈，为学员提供具体的建议和指导，帮助他们解决学习中遇到的问题和困惑，促进他们的学习提升和发展。

4.评估方式的多样化

为了确保及时的评估结果反馈，培育机制应该采用多样化的评估方式。除了传统的考试和测验，可以引入项目作业、实践操作、小组讨论、案例分析等多种评估方式。这样可以全面评估学员的学习成果和能力，并提供更准确的反馈。此外，培育机制还可以使用技术手段，如在线学习平台和学习管理系统，来实现实时的评估和结果反馈，让学员能够随时了解自己的学习情况和发展进程。

培育机制中缺乏及时的评估结果反馈机制是一个重要问题，它限制了新型职业农民在培训中的学习效果和个人发展。通过建立及时的评估结果反馈机制，采用个体化的学习计划、多样化的学习资源和方式，以及建立改进与反馈机制，可以提高学员对自身学习情况的认知和反思，促进他们的学习提升和发展。这样不仅有助于满足不同农民的个性化需求，也有助于培育机制的不断优化和提升。

（二）评估结果反馈得不准确或不具体

部分培训机构在评估结果反馈时可能存在准确性和具体性不足的问题。评估结果应该全面、客观地反映学员的学习成果和能力，以便学员能够准确了解自己的优势和不足。然而，有时评估结果可能只是简单地告知学员是否通过了评估，而没有提供具体的分析和建议。这种模糊或不准确的反馈无法帮助学员深入了解自己的潜在问题和提升空间，也无法引导他们进行有针对性的改进和进一步发展。培训机构应加强评估结果的准确性和具体性，为学员提供更有价值的反馈和建议。

1.不准确的评估结果反馈

在一些情况下，培训机构的评估结果可能缺乏准确性，无法准确地反映学员的学习成果和能力水平。这可能是评估工具和方法选择不当，评估标准不清晰，评估人员专业素养不足等导致的。不准确的评估结果会给学员带来误导，使他们对自己的学习情况产生错误的认识，无法准确判断自己的优势和不足。为解决这一问题，培训机构应注重评估工具和方法的有效性和准确性，制定清晰的评估标准，并确保评估人员具备专业的背景和能力。

2. 不具体的评估结果反馈

有时，评估结果的反馈可能缺乏具体性，只是简单地告知学员是否通过了评估，而缺乏具体的分析和建议。这种不具体的反馈无法帮助学员深入了解自己的潜在问题和提升空间，也无法引导他们进行有针对性的改进和进一步发展。评估结果反馈应该提供具体的信息，包括学员在不同方面的表现和成就，识别出学员的优势和不足，并提供具体的建议和指导。这样的反馈能够帮助学员更好地认知自己的学习情况，针对性地制定改进计划，并激发他们的学习动力和积极性。

3. 缺乏综合性的评估结果反馈

综合性的评估结果反馈对于学员的学习和发展至关重要。它应该综合考虑学员的知识、技能、态度和实践能力等方面，并提供全面的分析和反馈。然而，部分培训机构的评估结果过于局限于单一的知识考核，无法全面了解学员的整体学习情况。这样的评估结果反馈无法充分发现学员的潜力和提供全面的发展建议。为解决这一问题，培训机构应该设计多元化的评估方法，包括知识考核、实践能力评估、项目作业评价、反思报告等，以全面了解学员的学习情况和发展潜力。评估结果反馈应该对学员的各个方面进行详细分析，指出其在不同领域的优势和不足，并提供具体的建议和指导，以便学员能够有针对性地进行改进和提升。

4. 缺乏个性化的评估结果反馈

每个学员都具有独特的学习背景、兴趣和发展需求。然而，部分培训机构的评估结果反馈可能过于一概化，缺乏个性化的特点。学员可能面临不同的学习困难和挑战，需要针对性的支持和指导。因此，培育机制应该根据学员的个体差异，提供个性化的评估结果反馈。这可以通过定期与学员进行面对面的讨论和反馈会议，针对学员的具体情况提供个性化的建议和指导。同时，培训机构可以鼓励学员主动参与评估过程，提供自己的反馈和意见，以便更好地满足他们的个性化需求。

5. 缺乏参与性的评估结果反馈

评估结果反馈应该是学员和培训机构之间的双向沟通和交流。然而，部分培训机构的评估过程可能缺乏学员的参与和反馈机会。学员只能被动接受结果的告知，而无法表达自己对培训过程和结果的看法。为解决这一问题，培训机构应该建立学员参与评估的机制，鼓励学员提供自己对培训的评估意见和建议。评估过程可以包括学员的自我评估、同伴评价、反思报告等，以促进学员与培训机构之间的积极互动和沟通。这样的参与性评估结果反馈能够增加学员的参与度和责任感，同时也能够提高培育机制的质量和效果。

总而言之,评估结果反馈的准确性和具体性对于学员的学习和发展至关重要。培训机构应关注评估结果的准确性和具体性,确保评估结果反馈能够准确地反映学员的学习成果和能力水平。

四、缺乏行业和地方的协同合作

新型职业农民的培育需要行业协会、农业企业、地方政府和教育机构等多方合作,共同提供培育资源和支持。然而,在现实中,这些不同主体之间的合作协调度较低,缺乏有效的合作机制和协作平台,使得培育工作难以形成合力,限制了培育效果的提高和可持续性。

(一)缺乏共同的目标和合作机制

行业协会、农业企业、地方政府和教育机构等主体在培育新型职业农民方面往往缺乏共同的目标和合作机制。每个主体可能有自己的利益诉求和发展方向,缺乏整体的协调和统一行动。这导致各方在培育新型职业农民的过程中难以形成合力,资源和支持无法有效整合和利用。

1. 利益诉求的差异

行业协会、农业企业、地方政府和教育机构等主体在培育新型职业农民的过程中,往往有各自不同的利益诉求。行业协会可能关注行业的发展和利益保护,农业企业可能注重人才的实际应用和产业发展,地方政府可能关注农村经济的增长和社会稳定,教育机构可能专注于培养高素质的农业人才。这些不同的利益诉求导致各主体在目标设定和行动方案上存在差异,难以形成共同的目标和合作机制。

2. 缺乏整体协调和统一行动

由于缺乏共同的目标和合作机制,各主体往往在培育新型职业农民的过程中难以实现整体的协调和统一行动。每个主体可能单独开展培育工作,各自为政,缺乏协同合作和资源共享的机制。这使得各主体的资源和支持无法有效整合和利用,导致培育工作无法形成合力和协同效应,影响了培育新型职业农民的质量和效果。

3. 缺乏跨界合作的机制和平台

行业协会、农业企业、地方政府和教育机构等主体在培育新型职业农民的过程中,往往面临跨界合作的挑战。由于缺乏合适的机制和平台,各主体难以进行有效的跨界合作和资源共享。行业协会需要与农业企业合作,将行业的需求与实际应用结合起来;地方政府需要与教育机构合作,将政策支持与人才培养结合起来。然而,缺乏合适的合作机制和平台限制了跨界合作的实现。

4. 管理体制和利益驱动的影响

行业协会、农业企业、地方政府和教育机构等主体在培育新型职业农民的过程中,会受到各自的管理体制和利益驱动的影响。行业协会可能受行业协会的规范和利益保护的责任驱动，农业企业可能受盈利和竞争力的驱动，地方政府可能受农村发展和社会稳定的驱动，教育机构可能受教学质量和学术声誉的驱动。这些管理体制和利益驱动使得各主体在培育新型职业农民的过程中往往将自身的利益放在首位，缺乏整体合作和协同发展的意识。

5. 信息不对称和沟通不畅

行业协会、农业企业、地方政府和教育机构等主体之间存在信息不对称和沟通不畅的问题。各主体可能缺乏对其他主体的了解，无法准确把握彼此的需求、资源和能力。同时，由于缺乏有效的沟通渠道和平台，各主体之间的交流和协商受到限制，难以达成一致意见和合作共识。这导致了合作机制的缺失，阻碍了共同目标的制定和实施。

6. 政策支持不充分

在培育新型职业农民的过程中，政策支持对于各主体的合作和协同具有重要作用。然而，目前存在的问题是政策支持不充分或不协调。不同主体所受到的政策支持可能存在差异，政策的实施和落地难以形成共同的合力。此外，缺乏政策的稳定性和长期性也会影响合作机制的建立和发展。

为解决缺乏共同的目标和合作机制的问题，需要各主体之间建立起协同合作的机制和平台，明确共同的目标和利益，加强信息共享和沟通交流，制定协同发展的策略和行动计划。此外，政府部门应加大政策的协调性和支持力度，为各主体提供稳定的政策环境和资源支持。只有通过共同努力和协同合作，才能有效地解决培育新型职业农民中存在的问题，推动农业现代化和可持续发展。

（二）缺乏信息共享和沟通渠道

行业协会、农业企业、地方政府和教育机构之间缺乏有效的信息共享和沟通渠道，限制了彼此之间的了解和合作。缺乏及时的信息交流和沟通，导致各方难以共享最新的培育需求、政策信息和市场动态。这使培育工作难以针对性地开展，无法及时调整培育计划和提供所需的支持。

1. 信息孤岛和不对称

行业协会、农业企业、地方政府和教育机构之间存在信息孤岛和不对称的现象。每个主体可能有自己独立的信息来源和渠道，且信息流通不畅。行业协会可能更了解行业的发展趋势和需求，农业企业可能更了解市场的变化和技术的创新，地方政府可能更了解本地的政策支持和资源情况，教育机构可能更了解培育的教学和课程内容。缺乏共享和交流这些信息，限制了各主体对全局的全面认知和共同理解。

2. 沟通渠道不畅和不便

在培育新型职业农民的过程中，行业协会、农业企业、地方政府和教育机构之间

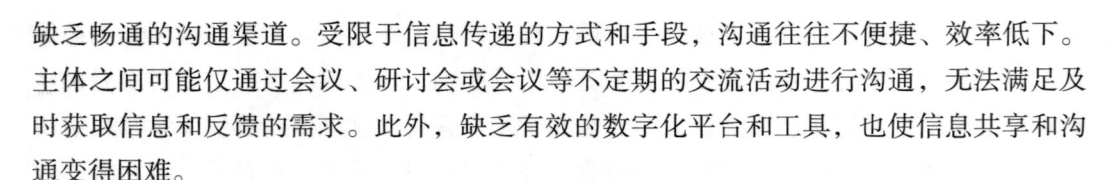

缺乏畅通的沟通渠道。受限于信息传递的方式和手段，沟通往往不便捷、效率低下。主体之间可能仅通过会议、研讨会或会议等不定期的交流活动进行沟通，无法满足及时获取信息和反馈的需求。此外，缺乏有效的数字化平台和工具，也使信息共享和沟通变得困难。

3. 缺乏信息共享的动力和意愿

缺乏信息共享和沟通渠道的问题也源于主体之间缺乏共享信息的动力和意愿。每个主体可能更关注自身利益和竞争优势，对于共享敏感的信息存在保留和保护的心态。行业协会可能担心信息泄露给竞争对手，农业企业可能担心技术和经验被侵犯，地方政府可能担心政策被滥用，教育机构可能担心教学资源被滥用。这种信息保护意识的存在，限制了信息共享和沟通的积极性和主动性。

4. 缺乏统一的信息标准和共识

在培育新型职业农民的过程中，各主体之间缺乏统一的信息标准和共识。不同主体对于信息的理解和解读存在差异，造成信息传递和理解的混淆和误解。例如，行业协会可能使用专业术语，而政府机构和教育机构可能使用不同的术语和概念。这种差异会导致沟通中产生困惑和误解，阻碍了有效信息的共享和交流。

5. 缺乏协调机制和平台

培育新型职业农民需要行业协会、农业企业、地方政府和教育机构之间的密切合作和协调。然而，缺乏协调机制和平台使得各主体之间的信息共享和沟通变得困难。没有一个统一的协调机构或平台来促进各方之间的合作和交流，导致信息共享和沟通仍然是一个单向或零散的过程。因此，需要建立起有效的协调机制和平台，促进主体之间的信息共享和沟通，以便更好地实现培育新型职业农民的目标。

6. 缺乏及时的反馈和回应

信息共享和沟通应该是一个双向的过程，需要及时地反馈和回应。然而，由于缺乏有效的信息共享和沟通渠道，主体之间的反馈和回应往往受限。反馈和回应的延迟和不及时导致问题无法及时解决，意见和建议无法得到及时采纳。因此，需要建立起及时的反馈和回应机制，鼓励各主体积极参与信息共享和沟通，以便更好地满足各方的需求和提供支持。

总而言之，缺乏信息共享和沟通渠道是培育新型职业农民过程中的一个重要问题。为解决这一问题，需要建立起有效的信息共享和沟通机制，打破信息孤岛和不对称，促进主体之间的交流和合作。同时，需要加强动力和意愿，制定统一的信息标准和共识，建立协调机制和平台，以及确保及时的反馈和回应，以便更好地支持和推动新型职业农民的培育工作。

（三）缺乏资源整合和协同配合

培育新型职业农民需要涉及多方资源的整合和协同配合。然而，由于缺乏协同合作的机制和平台，各方往往无法有效地整合和利用资源。行业协会可能具有专业的技术和培训资源，农业企业可能拥有现代化的生产设施和市场渠道，地方政府可能掌握着政策支持和基础设施建设资源，而教育机构可能提供专业的培育课程和教学资源。如果这些资源无法进行有效的整合和协同配合，将限制培育工作的效果和可持续性。

1. 资源碎片化和重复利用

在培育新型职业农民的过程中，行业协会、农业企业、地方政府和教育机构等主体可能拥有各自的资源，但这些资源往往处于碎片化状态，难以形成整体的协同效应。同时，由于缺乏协同合作的机制和平台，资源的重复利用也较为常见。例如，不同的教育机构可能提供类似的培育课程，不同的地方政府可能重复投入相似的基础设施建设项目。这种资源碎片化和重复利用的现象导致资源的浪费和效率的低下。

2. 信息不对称和资源匹配问题

由于缺乏资源整合和协同配合的机制，各主体之间存在信息不对称和资源匹配的问题。行业协会、农业企业、地方政府和教育机构对于其他主体拥有的资源了解不足，难以准确判断哪些资源可以进行整合和利用。例如，行业协会可能不了解教育机构提供的培育课程和教学资源，而教育机构也可能不了解地方政府提供的政策支持和基础设施资源。这导致资源的匹配不够精准，影响了资源的有效整合和协同利用。

3. 合作机制和平台缺失

缺乏协同合作的机制和平台是导致资源整合和协同配合困难的重要原因。在当前的培育新型职业农民过程中，各主体往往是独立开展培育工作，缺乏一个统一的合作机制和平台来促进资源的整合和协同配合。没有一个中立、权威的组织或机构来协调各方的合作和资源，导致各主体难以找到合适的合作伙伴和协同配合的机会，进一步限制了资源整合和协同配合的效果。

4. 管理体制和利益诉求的影响

行业协会、农业企业、地方政府和教育机构等主体在培育新型职业农民的过程中受到各自的管理体制和利益诉求的影响。这些主体往往面临不同的管理体制和监管要求以及不同的利益诉求。行业协会可能注重行业发展和利益保护，农业企业可能关注实际生产和经营利益，地方政府可能关注农村经济发展和社会稳定，教育机构可能注重人才培养和教学质量。这些差异可能导致各主体在资源整合和协同配合方面存在困难。管理体制和监管要求的差异可能导致信息的难以共享和整合，以及资源的难以共享和调配。利益诉求的不一致可能导致各主体在资源分配和合作中存在矛盾和冲突，进一步限制了资源整合和协同配合的可能性。

5. 缺乏共同的规划和战略

缺乏共同的规划和战略是导致资源整合和协同配合困难的一个重要因素。在培育新型职业农民的过程中，各主体缺乏共同的规划和战略目标，无法形成一致的发展方向和合作框架。每个主体可能根据自身的需求和利益制定相应的规划和战略，但缺乏整体协调和统一行动。这导致各主体在资源整合和协同配合方面缺乏共同的指导和协调，难以形成合力和协同效应。

6.缺乏信任和合作文化

资源整合和协同配合需要建立在信任和合作的基础上。然而，在培育新型职业农民的过程中，各主体之间可能存在互不信任和缺乏合作的问题。这可能是历史上的合作经验不足、利益冲突、信息不对称等因素造成的。缺乏信任和合作文化使得各主体不愿意共享信息、合作资源和开展协同行动，进一步加剧了资源整合和协同配合的困难。

为了解决这一问题，需要加强各主体之间的沟通与协作，建立有效的合作机制和平台。同时，可以通过制定共同的规划和战略，加强信息共享和资源整合的意愿，以及培养信任和合作来促进资源的整合和协同配合。

（四）缺乏共同的评估和监测机制

缺乏行业和地方的协同合作导致评估和监测机制的建立困难。对于培育新型职业农民的效果和影响，进行评估和监测是确保培育工作质量和可持续性的重要手段。然而，由于各方缺乏协同合作，难以建立共同的评估和监测机制，无法全面了解培育工作的效果和问题，难以及时调整和优化培育策略。

1.评估目标的多样性

在培育新型职业农民的过程中，行业协会、农业企业、地方政府和教育机构等主体可能对于评估的目标存在差异。行业协会可能更关注技术能力和行业竞争力的提升，农业企业可能注重人才的实际应用和生产效益，地方政府可能关注农村经济的增长和社会稳定，教育机构可能专注于教学质量和学生发展。这种评估目标的多样性使得各主体在评估和监测的内容、方法和指标选择上存在差异，难以形成共同的评估和监测机制。

2.数据共享和信息整合困难

由于缺乏共同的评估和监测机制，各主体之间面临数据共享和信息整合的困难。行业协会、农业企业、地方政府和教育机构可能收集和拥有各自的评估数据和信息，但这些数据往往分散在各自的系统和部门中，难以进行统一的整合和分析。缺乏有效的数据共享机制和信息整合平台，限制了各主体之间对于培育工作效果和问题的全面了解和共同分析。

3.缺乏评估标准和指标的一致性

在培育新型职业农民的评估和监测过程中，各主体之间可能存在评估标准和指标的不一致性。不同的主体可能根据自身的需求和关注点选择不同的评估标准和指标，导致评估结果的可比性和一致性不足。缺乏共同的评估标准和指标的不一致性使得评估结果难以进行有效的对比和综合分析，限制了对于培育工作整体效果和问题的准确把握。

4. 缺乏评估和监测的协同机制和流程

缺乏协同合作的机制和流程是导致评估和监测机制建立困难的一个重要原因。在当前培育新型职业农民的过程中，各主体往往是独立开展评估和监测工作，缺乏一个统一的协同机制和流程。缺乏协同合作意味着各主体之间缺乏有效的合作和协调，无法形成统一的评估和监测框架。评估和监测工作可能存在重叠、冗余或遗漏的情况，导致资源的浪费和评估结果的不全面。缺乏协同机制和流程还使得评估和监测工作的安排和开展缺乏整体性和协调性，难以及时调整和优化培育策略。

5. 缺乏交流和反馈机制

在评估和监测过程中，及时的交流和反馈对于培育新型职业农民的持续改进和优化至关重要。然而，由于缺乏共同的评估和监测机制，各主体之间的交流和反馈渠道有限。行业协会、农业企业、地方政府和教育机构往往只是将评估结果在内部进行交流，而缺乏与其他主体的有效沟通和分享。这限制了各主体之间的经验共享和最佳实践的传播，难以借鉴他人的经验和教训，影响了培育工作的改进和创新。

6. 缺乏持续监测和评估机制

培育新型职业农民是一个长期的过程，需要进行持续的监测和评估。然而，由于缺乏共同的评估和监测机制，持续的监测和评估往往难以实施。各主体可能在培育初期进行一次性的评估，但随后缺乏对培育工作的持续跟踪和评估。这使得评估和监测的结果只能反映特定时间点的情况，无法全面了解培育工作的长期效果和问题，限制了培育工作的持续改进和优化。

缺乏共同的评估和监测机制是培育新型职业农民过程中的一个重要问题。为解决这一问题，需要各主体之间建立合作机制和平台，统一评估目标、标准和指标，促进数据共享和信息整合，制定协同的评估和监测流程，加强交流和反馈机制，以及建立持续的监测和评估机制。

第四节 信息化建设滞后

一、新型职业农民信息分析意识的培育内容不多

良好的信息分析意识是新型职业农民能在瞬息万变的农业市场中精准选择信息，避免决策失误的基础与前提。因如今网络信息量负荷且虚假宣传花样百出，使新型职业农民难辨真伪，在此形势下不得不提升新型职业农民的信息分析意识。

（一）信息爆炸与虚假宣传的挑战

如今，随着信息技术的快速发展和互联网的普及，农业领域的信息爆炸现象日益明显。新型职业农民在获取农业相关信息时，面临大量信息的负荷。同时，农业市场中也存在大量虚假宣传和不准确信息，使得新型职业农民在信息选择和分析过程中面临困难和挑战。然而，目前的培养体系和教育内容往往没有充分重视和提供相关的信息分析技能和知识，导致新型职业农民在面对信息时缺乏有效的辨别和分析能力。

1. 信息过载与负担

如今，农业领域的信息产出量巨大，新型职业农民需要面对大量信息并从中筛选出有价值的内容。然而，这种信息过载给新型职业农民带来了沉重的负担。他们需要不断浏览农业网站、阅读行业报刊、关注社交媒体等多个渠道来获取信息，但是面对庞杂的信息内容和数量，他们往往难以有效地进行筛选、分析和利用，导致信息获取效率低下和获取的信息质量参差不齐。

2. 虚假宣传与信息不准确

农业市场中存在大量虚假宣传和不准确的信息，这给新型职业农民带来了极大的挑战。不法商家和不负责任的信息发布者可能通过夸大事实、隐瞒真相或散布谣言来误导农民，使其在农业生产和经营中做出错误的决策。同时，信息的来源和真实性难以保证，新型职业农民往往难以辨别信息的真假，导致他们在信息选择和分析过程中陷入困境，无法准确把握农业市场的动态和趋势。

3. 缺乏信息辨别和分析能力

当前的培养体系和教育内容往往没有充分重视和提供相关的信息分析技能和知识，导致新型职业农民在面对信息时缺乏必要的辨别和分析能力。他们可能缺乏判断信息真实性和准确性的能力，也可能缺乏有效的整合和综合多个信息源的能力。这使得他们难以从众多信息中找到有价值的内容，并将其应用于实际的农业生产和经营决策中，影响了农业生产的效益和竞争力。

4. 忽视农民需求与实际情况

忽视农民需求与实际情况是在面对信息爆炸和虚假宣传时的另一个问题。在大量信息涌入的背景下，新型职业农民可能过于关注广告宣传和市场热点，而忽视了自身的实际需求和农业经营的实际情况。他们可能盲目跟随潮流，追求所谓的新兴农业模式或热门农产品，而忽略了自身资源、技术和市场的实际情况。这种情况下，即使获取了大量的信息，但由于缺乏对自身需求和实际情况的准确认知，新型职业农民仍然面临着决策失误和经营失败的风险。

5. 缺乏信息教育和培训机会

为了应对信息爆炸和虚假宣传，新型职业农民需要接受相关的信息教育和培训。然而，目前的培养体系往往缺乏提供针对性的信息分析技能和知识的机会。新型职业农民可能缺乏对信息筛选、评估和整合的培训，以及对数据分析和决策支持工具的使用培训。缺乏信息教育和培训机会使得新型职业农民无法掌握有效的信息分析工具和方法，无法应对复杂的信息环境和市场需求。

6.缺乏信息交流和合作平台

新型职业农民在信息分析中还面临着缺乏信息交流和合作的问题。信息分析的过程中，不同农民之间往往孤立地获取和分析信息，缺乏信息共享和交流的平台。缺乏信息交流和合作使得农民之间无法互相学习和分享经验，无法形成共同应对信息挑战的合力。同时，缺乏信息交流和合作也导致了信息孤岛的问题，农民之间的信息流通不畅，无法形成整体的农业信息网络和生态系统。

（二）缺乏信息获取渠道和工具

新型职业农民在信息分析中面临的另一个问题是缺乏多样化的信息获取渠道和使用工具。传统的农业培训和教育机构往往局限于传统的教学模式和教材，没有充分引导新型信息技术的应用。这使得新型职业农民难以掌握先进的信息搜索和筛选技巧，缺乏对于农业市场动态、科技进展、政策变化等信息的及时获取和利用能力。缺乏信息获取渠道和工具的问题导致新型职业农民在信息分析方面受到限制，无法从全面、准确的角度了解农业现状和市场需求。

1.信息获取渠道的局限性

传统的信息获取渠道，如农业期刊、培训课程和研讨会等，往往无法满足新型职业农民对多样化信息的需求。这些渠道的信息更新速度较慢，无法及时反映农业市场的变化和科技的进展。同时，信息获取渠道的覆盖范围有限，无法满足不同地区和农业领域的信息需求。因此，新型职业农民面临着信息获取渠道的局限性，无法获得全面、及时的信息。

2.缺乏先进的信息技术应用

新型职业农民缺乏掌握先进的信息技术应用的能力，无法充分利用现有的信息搜索和筛选工具。随着互联网和移动通信技术的快速发展，大量的农业信息可以通过网络和移动设备获得。然而，新型职业农民往往缺乏对于信息搜索引擎、农业App、数据分析软件等工具的熟悉和运用能力。缺乏信息技术应用的知识和技能限制了他们从全面、准确的角度了解农业现状和市场需求的能力。

3.信息获取能力的差异化

不同地区和农业领域的新型职业农民面临的信息获取能力存在差异化。一些地区和领域的农民可能由于交通条件、教育资源等方面的限制，无法获得高质量的农业信息。与此同时，一些先进地区和领域的农民可能能够充分利用现有的信息获取渠道和工具，获取到更多的农业信息。这种差异化导致新型职业农民在信息分析和决策制定中面临不平等的竞争环境，影响了他们的发展机会和竞争力。

（三）缺乏信息筛选和评估的能力

信息筛选和评估是信息分析的重要环节，能够帮助新型职业农民从众多信息中筛选出有价值的、可信的信息，并进行准确的评估。然而，现实中新型职业农民在信息筛选和评估方面往往缺乏相应的能力和方法。他们可能没有系统的判断信息可信度的能力，也无法准确地评估信息对于自身农业生产和经营的实际价值。缺乏信息筛选和评估的能力使得新型职业农民容易受到误导和欺骗，无法做出明智的决策。

1. 信息可信度判断的困难

面对农业领域的众多信息，新型职业农民往往缺乏准确判断信息可信度的能力。虽然存在一些权威的农业机构和专家发布的信息，但同时也存在大量的虚假宣传、不准确的信息和误导性的广告。缺乏判断信息来源和真实性的能力使得新型职业农民在信息筛选过程中容易受到误导和欺骗，无法准确地辨别哪些信息是有价值的和可信的。

2. 缺乏信息评估的方法和指标

新型职业农民往往缺乏对信息进行评估的方法和指标。他们可能没有系统衡量信息对农业生产和经营的实际价值的能力，无法准确地评估信息的可行性和可操作性。缺乏信息评估的方法和指标使得新型职业农民在决策过程中难以权衡各种信息的优劣，无法做出明智和可行的决策，影响了农业生产和经营的效益和竞争力。

3. 忽视信息的整体性和相关性

新型职业农民在信息筛选和评估时往往忽视信息的整体性和相关性。他们可能倾向于关注某一方面的信息，而忽视了其他相关信息的重要性。例如，他们可能只关注市场需求的信息，而忽视了技术发展、政策变化等对农业经营的影响。这种片面的信息筛选和评估导致新型职业农民无法全面把握农业现状和市场需求，影响了他们的决策质量和经营效果。

（四）缺乏信息整合和综合分析的能力

新型职业农民在信息分析中还存在缺乏信息整合和综合分析的能力的问题。他们可能将获取到的信息单独看待，缺乏将多个信息源综合起来进行分析和判断的能力。农业领域的信息涉及多个方面，如市场需求、技术发展、政策变化等，只有将各个方面的信息进行整合分析，才能得出全面、准确的结论和决策。然而，缺乏信息整合和综合分析的能力使得新型职业农民难以全面把握农业现状和趋势，影响了他们的决策质量和市场竞争力。

1. 信息分割与隔离

新型职业农民可能会将不同来源的信息分割开来、单独看待，而缺乏将各个信息源进行整合的能力。他们可能只关注某个方面的信息，而忽视了其他相关信息的重要性。例如，他们可能只关注市场需求的信息，而忽视了技术发展、政策变化等对农业经营的影响。这种信息分割与隔离的做法导致新型职业农民无法全面把握农业现状和趋势，无法形成系统性的分析和判断。

2.缺乏信息整合的方法和工具

新型职业农民往往缺乏信息整合的方法和工具。他们可能没有系统整合多个信息源的能力，无法将各个方面的信息进行综合分析。缺乏信息整合的方法和工具使得新型职业农民难以将不同来源的信息有机地结合起来，无法形成全面、准确的决策依据。他们可能仅凭个人经验和直觉进行决策，而无法充分利用农业数据分析工具和技术手段来支持决策。

3.缺乏系统性思维和综合能力

新型职业农民缺乏系统性思维和综合能力，无法将不同方面的信息相互关联起来进行综合分析。他们可能只看得到信息的表面，而无法理解和把握信息之间的内在联系和相互作用。缺乏系统性思维和综合能力使得新型职业农民无法全面考虑各种因素的影响，无法形成准确的判断和决策。

（五）缺乏信息保护和隐私意识

在信息分析过程中，新型职业农民还面临着信息保护和隐私意识的问题。虽然信息获取对于农业生产和经营至关重要，但新型职业农民需要注意保护自身信息的安全性和隐私性。然而，目前的培养体系和教育内容往往没有充分涵盖信息保护和隐私意识的培养，导致新型职业农民在信息分享和交流中存在安全风险。缺乏信息保护和隐私意识可能使新型职业农民在信息分析中存在被盗取、滥用或泄露信息的风险，对其个人和农业经营造成不利影响。

1.缺乏对信息安全的认识

新型职业农民往往缺乏对信息安全的充分认识，对于信息的保护意识不够强烈。他们可能忽视了信息的安全性和隐私性，过度依赖互联网和移动设备进行信息分享和交流，却未能采取相应的安全措施。这使得他们容易成为信息安全漏洞的目标，可能遭受信息泄露、身份盗用、恶意攻击等风险。

2.缺乏信息分享的谨慎性

在信息分享和交流中，新型职业农民往往缺乏谨慎性，过度共享个人和经营信息。他们可能没有意识到信息的敏感性和商业价值，不加区分地与他人分享个人信息、农业生产数据、经营策略等。这样的行为可能导致信息被滥用或不当使用，对农民个人隐私和经营利益构成潜在威胁。

3.忽视信息安全风险的教育内容

目前的培养体系和教育内容往往忽视信息安全风险的教育和培养。在培养新型职业农民的过程中，信息安全和隐私保护往往较少被提及，缺乏相关的教育指导和实践训练。这使得新型职业农民缺乏对信息安全风险的了解和应对能力，无法有效地保护自身的信息安全和隐私。

4.缺乏合适的信息安全措施

新型职业农民在信息分享和交流中缺乏合适的信息安全措施。他们可能没有意识到需要采取措施来保护自己的信息安全和隐私，例如使用强密码、定期更新软件和系统、加密敏感信息、使用安全的网络连接等。缺乏合适的信息安全措施使得新型职业农民容易受到信息泄露、数据被篡改、账户被盗等安全威胁。

5.缺乏对隐私政策和法律法规的了解

新型职业农民往往缺乏对隐私政策和法律法规的了解，无法正确理解个人信息的收集、使用和保护规定。他们可能不知道应该如何保护自己的个人信息，也无法正确应对个人信息泄露或滥用的情况。缺乏对隐私政策和法律法规的了解使得新型职业农民在信息分享和交流中容易陷入法律风险。

二、现代农业信息技术知识在培育课程上所占的比重较少

如今电商经济的迅猛崛起，带来了农业生产模式的新变革，而这也对个体的信息技术知识水平提出了更高的要求。培育机构未能有效扩充新型职业农民的现代信息技术与知识的储备量，以及部分科学技术没有在农业生产中得到普遍应用与推广的原因大致有现代信息技术知识的整合难度较大，专业师资力量薄弱，培育课程更新缓慢且不符合农户的实际需要等。

（一）现代信息技术知识的整合难度较大

现代农业信息技术涉及多个领域和学科，如物联网、大数据分析、人工智能等。将这些知识整合到培育课程中并有效教授给新型职业农民是一项复杂的任务。培育机构可能面临整合不同学科知识的难题，缺乏跨学科的教师团队和教学资源。此外，现代信息技术的快速更新和发展也增加了培育机构及教师在知识更新和跟进方面的压力。

1.跨学科整合的挑战

现代农业信息技术的整合需要涵盖多个学科的知识，如计算机科学、农学、经济学等。这些学科之间存在着不同的理论框架、方法论和术语，将它们整合到培育课程中需要克服学科之间的边界和沟通障碍。培育机构可能面临整合不同学科知识的困难，缺乏跨学科的教师团队和教学资源。这种情况下，建立跨学科的合作机制和教师团队变得至关重要，以确保不同学科知识的有机融合和协同教学。

2.技术更新速度的压力

现代农业信息技术发展迅猛，新的技术和应用层出不穷。培育机构需要不断跟进最新的技术发展，将其纳入培养课程中。然而，技术的更新速度对教师和教育机构提出了更高的要求。教师需要不断学习和更新自己的知识，以保持与行业发展同步。培育机构需要建立与行业和科研机构的紧密合作，了解最新的农业信息技术发展动态，并及时更新培养课程，以使新型职业农民具备最新的信息技术知识和应用能力。

3.教学资源的匮乏

现代农业信息技术的整合还需要充足的教学资源支持，包括实验室设备、软件平台、模拟系统等。然而，许多培育机构可能资源有限，无法提供充足的教学资源来支持学生的学习。这可能限制了学生在实践操作和实际应用方面的机会，影响他们的信息技术实践能力的培养。因此，培育机构需要积极寻求合作伙伴关系，争取外部资源支持，建立实验室合作基地，提供更多的实践机会和资源共享。

4.培育课程设计的复杂性

将现代农业信息技术知识整合到培育课程中需要综合考虑不同学科的学习目标、教学内容和评估方法。培育课程的设计需要充分了解新型职业农民的需求和背景，结合实际农业生产和经营的情况，确定适合的课程内容和教学方法。然而，这需要培育机构具备深入了解农业行业和现代农业信息技术的能力，并与相关利益相关方进行广泛合作。此外，培育课程的更新和优化也需要教育机构拥有灵活的管理机制和响应机制。

现代农业信息技术知识的整合难度较大，对于培育新型职业农民提出了挑战。解决这一问题需要培育机构加强跨学科合作，提升教师团队的专业素养，充实教学资源，深入了解农业行业的需求，优化培育课程的设计和更新。只有这样，才能培养出具备现代农业信息技术知识的新型职业农民，推动农业生产和经营的现代化和可持续发展。

（二）培育课程更新缓慢且不符合农户的实际需要

农业信息技术的发展速度快，涉及的技术和应用不断更新。然而，培育课程更新缓慢，未能及时纳入最新的农业信息技术知识。此外，培育机构对农户的实际需求了解不足，培育课程的设计与农户的实际情况和需求不够契合。这使培养出的新型职业农民在信息技术方面的能力和应用水平相对较低，难以适应现代农业发展的需求。

技术发展速度与课程更新不匹配。农业信息技术的发展速度极快，新的技术和应用层出不穷。然而，培育课程的更新速度却较慢，无法及时将最新的农业信息技术知识纳入课程中。这导致新型职业农民在培育过程中学习到的知识与实际应用存在差距，无法充分应对农业生产和经营的需求。培育机构需要加强与行业和科研机构的紧密合作，定期了解最新的农业信息技术发展动态，并及时更新培育课程，使新型职业农民具备最新的信息技术知识和应用能力。

缺乏对农户需求的了解。培育课程的设计应当基于对农户实际需求的深入了解和分析。然而，现有培育机构往往缺乏与农户的直接接触和沟通渠道，对农户的实际情况和需求了解不足。这导致培育课程的设计与农户的实际情况和需求不够契合，无法提供有针对性的培训和教育内容。培育机构需要积极与农户进行对话和交流，深入了解他们的需求和挑战，以便调整和优化培育课程的设计，使其更加符合农户的实际需要。

缺乏灵活性和反馈机制。培育课程应当具备灵活性，能够根据农户的反馈和需求变化进行及时调整和优化。然而，现有的培育机构往往缺乏有效的反馈机制和灵活的课程调整机制。培育课程的设计和改进往往缺乏与农户的密切互动，无法及时获取农户的反馈和需求信息。这种情况下，培育课程很难对农户的实际需要进行精确地调整和优化。培育机构应建立起与农户的密切联系渠道，例如组织座谈会、开展调研、建立农户反馈平台等，积极收集农户的意见和建议。同时，应建立灵活的课程调整机制，及时根据农户的反馈和需求变化对培育课程进行调整和优化，确保培养出的新型职业农民能够满足农户的实际需求。

教育体系和机制的滞后性。培育课程更新缓慢的一个原因是教育体系和机制的滞后性。传统的教育体系往往较为守旧，难以迅速适应农业信息技术发展的要求。教育机构的决策过程烦琐，课程审批周期较长，使得课程更新的进程缓慢。此外，培育机构的师资队伍和教学资源也需要相应的调整和改进，以适应新型农业信息技术知识的教学需求。培育机构应加强对教育体系和机制的改革，简化课程更新的流程，提高决策的灵活性，建立高效的师资培训和发展机制，确保教育体系与农业信息技术发展同步。

缺乏产学研合作机制。培育课程更新与农业信息技术的应用和发展密切相关，而产学研合作是促进知识转化和应用的重要途径。然而，现实中培育机构与企业和科研机构之间的合作机制不够紧密。培育机构需要与农业产业链上的企业、农业科研机构建立起密切的合作关系，共同研发和推广现代农业信息技术知识。通过产学研合作，培育机构可以及时获取最新的农业信息技术应用案例和实践经验，并将其融入培育课程中，使新型职业农民能够更好地掌握和应用现代农业信息技术。

（三）缺乏持续学习机会

信息技术的发展日新月异，新型职业农民需要不断学习和更新自己的技能和知识。然而，现有的培育体系缺乏提供持续学习机会的机制。培育机构应该建立起持续学习的体系，提供定期的培训和进修机会，使新型职业农民能够不断跟进信息技术的发展，提升自身的技能和竞争力。

1. 培育课程的局限性

传统的培育课程往往只注重基础知识和基本技能的传授，缺乏对新兴技术和前沿领域的覆盖。这使得新型职业农民无法获得最新的信息技术知识和应用能力。培育机构应该加强与行业和科研机构的合作，开展专业化和前沿性的培训课程，涵盖新兴技术和领域，为新型职业农民提供持续学习的机会。

2. 培育机构的资源限制

一些培育机构的资源有限，无法提供持续学习的机会。这可能是师资力量不足、教学设施不完善或者经费紧张等造成的。为了解决这个问题，培育机构可以积极寻求外部资源支持，例如与农业企业、科研机构、专业协会等建立合作关系，共享资源和信息，为新型职业农民提供更多的学习机会。

3. 缺乏行业认可和激励机制

在农业领域，对于持续学习和专业发展的重视程度相对较低。缺乏行业认可和激励机制，使得新型职业农民在学习和发展方面缺乏动力。培育机构应与相关行业协会和组织合作，建立起行业认可的学习体系和证书制度，鼓励和激励新型职业农民进行持续学习和专业发展。

4. 学习方式和平台的不足

传统的面授教育方式存在时间和地点的限制，无法满足新型职业农民灵活学习的需求。培育机构应借助现代信息技术，开发在线学习平台和教育资源，提供多样化的学习方式。通过在线学习平台，新型职业农民可以随时随地进行学习，选择适合自己的学习时间和节奏。同时，培育机构还应提供丰富的教育资源，如教学视频、在线课程、虚拟实验室等，以提供更多学习的机会和资源。

5. 缺乏交流和合作机会

学习不仅仅是知识的获取，还包括与他人的交流和合作。然而，现有的培育体系往往缺乏促进学员之间交流和合作的机制。培育机构应该鼓励学员之间的互动和合作，例如组织讨论班、研讨会、团队项目等，为新型职业农民提供交流和合作的平台，促进彼此之间的学习和成长。

6. 缺乏导师指导和辅导

持续学习需要有导师的指导和辅导，帮助学员制定学习计划、解答问题、提供指导和反馈。然而，现实中缺乏专业的导师指导机制，新型职业农民在学习过程中往往面临孤立和迷茫。培育机构应该建立导师制度，配备经验丰富的导师，为学员提供个性化的指导和辅导，帮助他们克服学习中的困难，提升学习效果。

7. 缺乏评估和认证机制

持续学习的效果需要进行评估和认证，以确保学员的学习成果得到认可。然而，现有的培育体系往往缺乏有效的评估和认证机制，使得学员的学习成果无法得到公正的评价和认可。培育机构应建立科学的评估和认证体系，包括考试、实践项目、综合评估等多种形式，以评估学员的学习成果和能力水平，为他们提供合适的职业发展机会。

为了解决缺乏持续学习机会的问题，培育机构需要改革和创新培育体系，提供多样化的学习机会和资源支持，加强行业合作和认可，建立有效的评估和认证机制，满足新型职业农民持续学习的需求，促进他们不断更新知识和提升技能，适应农业信息技术的快速发展和应用。这样，新型职业农民将能够更好地应对农业生产和经营中的挑战，为农业现代化发展做出更大的贡献。

三、涉及新型职业农民信息应用能力的培育内容不足

信息应用能力是新型职业农民将搜集到的信息知识转化为农业经济效益的关键一环，在农业生产中具有举足轻重的地位。

（一）信息获取和筛选能力不足

新型职业农民需要具备获取和筛选信息的能力，以从海量的信息中挑选出对农业生产和经营有价值的内容。然而，现有培育课程往往缺乏对信息获取和筛选的培养。培育机构应该注重培养新型职业农民的信息素养，教授他们有效的信息获取渠道和筛选方法，包括利用互联网、农业科研机构、农业媒体等资源，以提高他们在信息搜集和利用过程中的能力。

（二）信息整合和分析能力不足

信息应用能力还包括对信息的整合和分析能力，即将多个信息源综合起来进行分析和判断。然而，现有培育课程往往缺乏对这一能力的培养。新型职业农民应具备将不同领域的信息进行整合和分析的能力，以便制定综合农业决策和优化经营策略。培育机构应该注重培养新型职业农民的信息整合和分析能力，提供相关培训和实践机会，培养他们的综合思维和决策能力。

（三）缺乏信息应用的实践机会

信息应用能力的培育需要在实践中锻炼和提高。然而，现有培育体系往往很少为新型职业农民提供充足的实践机会。新型职业农民需要在真实的农业生产和经营环境中应用所学的信息知识，从而不断积累经验和提升能力。培育机构应加强与农业企业和农户的合作，提供实践机会和实地指导，让新型职业农民能够将所学的信息应用到实际农业生产中，并与农户、农业企业进行互动与合作，以提升其信息应用能力。

四、信息道德培育内容需进一步丰富

由于网络管理机制的不完善，使得诸多群体为了增加浏览量、曝光率，甚至是为谋取不合法利益，将大量虚假信息显现于大众视野中，导致个别人上当受骗，甚至产生经济损失。

（一）虚假信息的泛滥

由于网络的开放性和匿名性，一些不法分子利用网络平台传播虚假信息，追求浏览量和曝光率，以达到个人或组织的利益目的。这些虚假信息可能包括夸大宣传、虚构数据、误导性报道等，误导农民做出错误的决策，甚至导致经济损失。因此，培育机构应加强对农民的信息辨别能力培养，教授他们辨别真伪、客观评估信息来源和内容的能力，提高他们对虚假信息的警惕性和抵制能力。

（二）不良营销和欺诈行为

在农业信息化的过程中，一些商家和营销者为了推销产品和服务，采用不合法的手段进行宣传和营销。例如，以次充好、夸大产品功效、虚构用户评价等方式误导农民购买产品或接受服务。这种不良营销和欺诈行为不仅损害了农民的利益，也破坏了诚信经营的环境。培育机构应加强对农民的消费者权益保护教育，提高他们对不良营销和欺诈行为的辨识能力，引导他们理性购买和合理消费。

（三）隐私泄露和信息安全问题

农民在网络平台上发布个人信息、经营数据等，可能面临隐私泄露和信息安全问题。一些不法分子可能通过网络攻击、诈骗等手段获取农民的个人信息，给他们带来财产和声誉上的损失。培育机构应加强对农民的信息安全教育，教授他们信息保护的基本原则和技巧，增强他们对网络风险的防范意识，培养良好的信息安全行为习惯。

（四）缺乏信息共享和互助意识

信息社会注重信息共享和互助，但部分农民在信息获取和应用中存在着自私和封闭的心态，不愿意分享有价值的信息给其他农民。这种情况可能导致信息的不对称和资源的浪费。培育机构应加强对农民的信息共享和互助意识的培养，鼓励他们主动分享自己的经验和信息，通过互助合作提升整个农业行业的信息道德水平。

（五）缺乏自我约束和责任意识

信息传播的自由度和匿名性使得一些人在网络上发布言论时缺乏自我约束和责任感，恶意造谣，诽谤他人，对农民产生不良影响。培育机构应加强对农民的信息道德教育，培养他们正确使用信息的意识，引导他们树立良好的信息传播价值观，自觉维护网络环境的健康和稳定。

（六）缺乏法律意识和维权能力

信息社会中，法律法规对信息传播和使用有一定的规范和限制，但农民在面对信息道德问题时往往缺乏相关法律意识和维权能力。培育机构应加强对农民的法律教育，使他们了解相关法律法规，明确自己的权益和义务，并提供相关的维权指导和支持，帮助农民在遇到信息道德纠纷时能够合法维护自身利益。

为了解决涉及信息道德培育内容不足的问题，培育机构需要注重农民信息辨别能力的培养，加强对不良营销和欺诈行为的警示教育，增强农民的信息安全意识，培养信息共享和互助意识，强调自我约束和责任意识，同时加强农民的法律教育，使他们具备相关的法律意识和维权能力。这样才能有效提升新型职业农民的信息道德水平，使他们能够正确应用信息，维护自身利益，并促进农业领域的可持续发展。

第六章　乡村振兴背景下新型职业农民培育体系建设策略

第一节　大力开展新型职业农民培育工作

我国已形成了相对完善的农业信息服务体系，如何更好地发挥农业信息服务体系的作用，为新型职业农民提供更优质高效的信息服务呢？

一、加强农业信息资源建设

在乡村振兴背景下，加强农业信息资源建设是构建新型职业农民培育体系的重要策略。农业信息资源的充分建设和利用，能够为新型职业农民提供准确、及时、可靠的信息支持，促进其农业生产和经营的现代化发展。

针对新型职业农民需求，提高信息发布与服务水平。农民在农业生产和经营过程中对天气、市场等信息的准确把握往往具有重要意义。为满足新型职业农民的需求，应加强农业信息发布和服务的水平。通过建设专业的农业信息平台，提供及时准确的天气、市场等关键信息，并提供个性化的农业咨询服务，帮助农民做出科学决策，提高农业生产效益。

整合规范农业信息平台，确保信息权威性和可靠性。当前农业信息服务平台众多，内容交叉重复，存在信息质量参差不齐的问题。为了解决这一问题，应由权威的农业部门牵头，制定统一的标准和规范，加强对农业信息平台的整合和规范。通过统一的审核机制和流程，确保农业信息的权威性、可靠性和真实性，提高新型职业农民对农业信息平台的信任度。

推动农业专业数据库建设与开放共享。农业专业数据库的建设对于新型职业农民的信息获取具有重要意义。国家和政府可以提供资金支持和补贴，推动农业专业数据库的建设。同时，应加大对农业专业数据库的开放力度，使其对新型职业农民具有可用性和可访问性，甚至提供部分免费试用的机制，降低新型职业农民获取农业专业数据库的成本。

推动农业信息资源共建共享。根据各地区的农业特色和区位发展因素，应推动农业信息资源的共建共享。不同地区可以形成分工明确、特色鲜明的农业信息资源库，整合各地区的信息存储、网络传输等关键技术，实现农业网站的互建互联。这样的共建共享机制可以促进农业信息资源的高效利用，避免信息的重复建设和浪费。

注重农民信息获取的可获取性和易用性。新型职业农民通常没有专业的信息技术背景，因此，在建设农业信息资源时应注重信息的可获取性和易用性。信息平台和数据库的界面设计应简洁明了，给用户提供友好的操作体验，同时提供多样化的信息展示方式，如文字、图片、图表等，以满足不同农民的信息获取需求。

加强对农民的信息素养培养。新型职业农民需要具备良好的信息素养，包括信息搜索、筛选、整合和评估的能力。培育机构应该开展针对农民的信息素养培训，教授他们信息搜索技巧、信息评估方法和信息利用策略，提高他们在农业信息资源利用方面的能力。

提供定制化的农业信息服务。不同地区和不同农民对农业信息的需求存在差异，因此，农业信息服务应提供定制化的解决方案。通过分析农民的需求和特点，提供个性化的农业信息服务，例如定制化的推送服务、个别咨询和指导等，满足不同农民的需求，提高农民对农业信息资源的利用效果。

加强农业信息资源的宣传推广。为了提高新型职业农民对农业信息资源的认知和利用率，培育机构应加强对农业信息网站和数据库的宣传推广。通过各种渠道和媒体，向新型职业农民介绍农业信息资源的价值和利用方法，鼓励他们积极利用农业信息资源，提高农业生产和经营的效益。

在乡村振兴背景下，加强农业信息资源建设是培养新型职业农民的重要策略之一。通过提高信息发布与服务水平、整合规范农业信息平台、推动农业专业数据库建设与开放共享、推动农业信息资源共建共享以及注重信息获取的可获取性和易用性，培育机构可以促进新型职业农民对农业信息资源的充分利用，提高农业生产和经营的现代化水平。

二、培育农业信息服务人才

调查显示，我国农业信息服务方式中，科技特派员深入农村开展面对面的服务，是最为生动有效的一种信息服务方式，也是农民最为信任的一种方式。但是当前我国科技特派员数量过少，远远不能满足需求。因此，培育农业信息服务人才，对于深入开展农业信息服务工作至关重要。

（一）加强农业信息服务人才培养

加大农业信息服务人员培养力度，建立人才培养机制，各农业院校要充分发挥师资优势，开设农业信息服务专业，举办农业技术培训班，线上培训与线下培训相结合，大力培养各种类型的农业信息服务人才。

设立农业信息服务专业。农业院校应根据农业信息化的发展需求，设立农业信息服务专业，以培养农业信息服务人员为目标。该专业应包括系统的课程设置，涵盖信息技术、农业经济学、市场营销、农业政策等领域的知识，培养学生的信息技术能力、农业经济分析能力、市场营销策划能力等。

开展农业技术培训班。除了农业信息服务专业的本科教育外，农业院校还应举办针对农业信息服务人员的农业技术培训班。这些培训班可以面向农业从业人员、农民以及农村青年等群体，提供系统的农业技术和信息服务方面的培训，使学员能够熟练掌握农业信息技术工具的使用，了解市场需求和农业政策，提高信息服务能力。

线上培训与线下培训相结合。为了满足不同学员的学习需求和灵活性，农业院校应采取线上培训和线下培训相结合的方式进行教学。线上培训可以利用互联网技术提供在线课程、网络研讨会和虚拟实践等学习资源，便于学员随时随地进行学习。而线下培训则可以安排实地考察、实践操作和师生互动等活动，加强学员的实际操作能力和团队合作能力。

多元化培养各种类型的农业信息服务人才。农业信息服务人员的类型多样化，包括信息技术专家、农业经济分析师、市场营销顾问等。农业院校应根据不同岗位的需求，制定相应的培养方案，培养各类农业信息服务人才。

（二）完善农业信息人才管理制度

为了推动农业信息化发展和提高农村经济效益，需要完善农业信息人才管理制度，特别是针对科技特派员等农业信息服务人才的管理和激励措施。同时，要加强基层农业信息服务队伍的建设，发挥先进的新型职业农民的示范带头作用，提高农村信息服务效率和服务质量。

完善农业信息人才管理制度。建立健全农业信息人才管理制度，包括人才招聘、培养、激励、评价和流动等方面。制定相关政策，提高农业信息服务人才的待遇和福利，激励其在农村信息服务领域发挥专业优势和创新能力。同时，建立人才培养和成长机制，通过定期培训、学术交流和实践锻炼，提高农业信息服务人才的综合素质和专业能力。

稳定信息服务人才队伍。为防止农业信息服务人才的流失，要采取措施稳定人才队伍。包括提供良好的工作环境和发展空间，建立人才成长通道和晋升机制，给予合理的薪酬待遇和职业发展机会。同时，加强对农业信息服务人才的关怀和培养，提供个性化的职业发展规划和支持，增强他们的职业认同感和工作满意度。

提高农业信息服务人才的专业素养。加强对农业信息服务人才的专业培训和学术交流，提高其信息技术、农业经济学、市场营销等方面的知识水平。通过开展专业培训班、学术研讨会、实地考察等形式，提升他们的技能和能力。同时，鼓励农业信息服务人才积极参与农业信息化的科研和创新工作，提高其科研能力和创新能力。

发挥新型职业农民的示范带头作用。新型职业农民作为农村信息化的先行者和示范者，在农村信息服务方面发挥着重要作用。要通过宣传推广、示范和培训引导等方式，发挥新型职业农民的示范带头作用，推动农村信息服务的改善。农业院校和相关机构可以组织新型职业农民参与农业信息服务示范项目，展示他们在信息获取、整合和应用方面的能力和经验，激发农民对信息化的兴趣和参与度。

加强基层农业信息服务队伍的建设。基层农业信息服务队伍是农村信息化的重要力量，应加强其建设和管理。农业部门可以组织培训班、研讨会和实践交流，提升基层农业信息服务人员的专业能力和服务水平。同时，建立健全基层农业信息服务队伍的激励机制，通过奖励、岗位晋升等方式，激发他们的工作积极性和创造力。

建立农业信息人才交流平台。为促进农业信息服务人员之间的交流与合作，可以建立农业信息人才交流平台。该平台应包括在线论坛、交流会议、专业社交平台等形式，为农业信息服务人员提供交流、学习和合作的机会。同时，农业部门和相关机构可以组织人才交流项目和访问学者计划，加强国内外农业信息服务人员的交流与合作，提高农业信息服务的国际化水平。

加强农村信息服务宣传与推广。农村信息服务的普及和推广需要加强宣传工作。农业部门和相关机构可以利用多种媒体形式，如广播、电视、互联网等，宣传农村信息服务的重要性和优势，推广成功的案例和先进的技术。同时，组织农民培训班和农村信息化示范活动，让更多农民了解和参与农村信息服务，提高信息化应用水平。

完善农业信息人才管理制度，加强农村信息服务队伍建设，发挥新型职业农民的示范带头作用，构建全方位的人才培养和管理机制，是推动农业信息化发展的重要举措。这些措施将有助于提高农村信息服务效率和服务质量，推动农村经济的发展，实现乡村振兴的目标。

三、创新农业信息服务模式

发挥我国多元农业信息服务体系的作用，创新服务模式，提升服务质量。

（一）宣传推广农业信息服务平台

加大对农业信息服务网站、农业特色数据库等平台在农民中的宣传推广力度，向农民介绍其使用方法和功能。通过组织宣传活动、制作宣传资料、开展培训等方式，让农民了解并熟悉这些平台，丰富农民获取信息的渠道。

1.组织宣传活动

为了有效推广农业信息服务平台，组织宣传活动是至关重要的一环。下面是对组织宣传活动的详细扩展，以提高农民对平台的认知和使用率。

（1）农业信息平台启动仪式

农业信息平台的启动仪式是一个重要的宣传推广活动。活动应该规模盛大，邀请农业部门、地方政府、农业专家、农民代表等相关方参加。通过媒体报道、新闻发布会、现场演示等形式，宣传平台的功能、优势和重要意义，引起社会各界的广泛关注。

（2）推介会和体验活动

组织推介会是向农民介绍农业信息平台的重要方式之一。邀请农民、农业合作社、农业企业等目标用户参加，详细讲解平台的功能、操作方法和应用场景。同时，提供现场体验环节，让农民亲自操作和感受平台的便捷性和实用性。可以设置展示区和演示区，展示平台的界面、功能操作和实际应用效果。

（3）农民培训班和示范田观摩

举办农民培训班是提升农民对平台认知和使用能力的重要途径。邀请农民代表和农业专家分享平台的使用经验和成功案例，介绍平台在农业生产、市场营销、农资管理等方面的应用。同时，提供现场指导和解答疑惑，让农民能够亲自体验和学习平台的操作方法。示范田观摩活动可以在农民田间举办，展示平台应用的实际效果和农民的收益。

（4）基层宣传站点和农民交流活动

在农村地区设立宣传站点，如农业服务站、农民合作社等，设置平台宣传展示区，展示平台的功能、案例和使用方法。同时，定期组织农民交流活动，邀请平台优秀用户和专家进行经验分享和互动交流，增强农民对平台的信心和兴趣。

（5）媒体宣传和社交媒体推广

利用传统媒体和社交媒体渠道，增加农业信息平台的曝光度和影响力。与当地电视台、广播电台、报纸等传统媒体合作，制作专题报道、新闻报道和专访等，介绍平台的功能和成功案例，提高农民对平台的认知度。同时，利用社交媒体平台如微信、微博、抖音等，发布平台的推广内容和用户故事，吸引农民关注和参与。可以制作宣传视频、动画和短片，生动展示平台的使用方法和效果，增加农民的兴趣和参与度。

（6）农民参与式的宣传活动

组织农民参与式的宣传活动，鼓励农民亲身参与平台的推广和宣传。可以举办农民创意大赛，邀请农民通过照片、视频、文字等形式，分享自己使用平台取得的成果和收益。同时，组织农民分享会，让农民互相交流平台使用心得和经验，进一步激发农民的积极性和参与度。

（7）定期宣传活动评估和调整

定期评估宣传活动的效果和效益，了解农民对平台的认知程度、使用率和满意度。根据评估结果，及时调整宣传策略和活动方式，强化宣传效果和影响力。同时，密切关注用户反馈和需求，不断改进平台功能和服务，以满足农民的实际需求。

（8）与合作伙伴合作推广

与农业合作社、农产品市场、农业企业等合作伙伴开展联合推广活动，共同宣传农业信息平台的功能和优势。可以通过举办联合推广活动、开展合作宣传，让更多的农民了解和使用平台。同时，与相关政府部门合作，争取政府的支持和资源，提高宣传推广的覆盖范围和影响力。

通过组织宣传活动、制作宣传资料、开展培训和教育等多种方式，可以提高农民对农业信息服务平台的认知和使用率。同时，与合作伙伴合作，利用媒体宣传和社交媒体推广，加强农民的交流和参与，不断评估和调整宣传策略，以推广农业信息服务平台，提高农民获取信息的渠道和效率。

2.制作宣传资料

通过精美的宣传册、海报、展板、视频和动画等形式，可以生动直观地展示平台的功能和优势，吸引农民的注意力并促使其了解和使用平台。

（1）宣传册和手册

制作精美的宣传册和手册，通过清晰的文字和精美的图片，详细介绍平台的功能、特点和操作步骤，使农民能够全面了解平台的应用场景和使用方法。宣传册的封面应设计醒目、吸引人，内页的排版要简洁明了，重点突出平台的核心功能和与农民切身相关的优势。在宣传册中还可以加入真实的用户案例和成功故事，以增加农民的信任和兴趣。宣传册可以通过多种途径进行发放，如在农业服务站点、农贸市场、农民合作社等公共场所放置，也可以通过邮寄的方式发放给目标农户。

（2）宣传海报和展板

制作生动有吸引力的宣传海报和展板，通过图文并茂的方式展示平台的优势和成果，吸引农民的注意力并激发他们的兴趣。海报的设计要突出主题，色彩鲜明，内容简明扼要，能够一目了然地传达平台的核心信息。展板可以放置在农业服务站点、农贸市场、农民合作社等公共场所，以及农业展览会等相关活动现场。展板上的内容应该生动有趣，采用图文并茂的形式，通过图片、统计数据、用户评价等方式，展示平台的应用场景、用户满意度和实际效果，以引起农民的兴趣并获得其信任。

（3）宣传视频和动画

制作宣传视频和动画是一种生动直观的宣传方式，通过平台官方网站、社交媒体、电视等渠道进行传播，展示平台的功能和应用场景，引起农民的兴趣和关注。宣传视频可以包括平台的介绍、操作演示、用户体验和成功案例等内容。视频的长度应适中，内容要简洁明了，能够吸引观众的注意力并让他们快速了解平台的核心特点和优势。动画也是一种形象生动的宣传方式，可以通过动画形式展示平台的功能和使用方法。动画可以采用卡通、故事情节等形式，生动形象地展示平台的操作流程和应用场景，让农民更容易理解和接受。宣传视频和动画可以在平台官方网站上发布，通过社交媒体平台如微信、微博等进行传播，以及在电视中播放，以扩大影响力和覆盖面。

（4）农民使用案例和成功故事

收集和整理平台使用案例和成功故事，将农民在使用平台过程中取得的成果和收益进行记录和展示。可以采访农民用户，讲述他们通过平台的帮助在提高农业产量、改善经营管理等方面取得的实际效果。这些案例和故事可以通过宣传资料、官方网站、社交媒体等渠道进行发布，以鼓励其他农民积极尝试平台，并提供实实在在的参考。

（5）用户口碑推广

利用农民用户的口碑宣传，让他们分享自己在平台上获得的好处和满意度，可以邀请用户撰写使用体验文章、制作分享视频，或者进行线下座谈会和分享会等。用户的真实感受和推荐对其他农民的影响很大，可以有效提高农民对平台的信任和使用意愿。

通过制作精美的宣传资料，包括宣传册、海报、展板、视频和动画，以及整理用户案例和成功故事，农业信息服务平台能够生动直观地展示自身的功能、优势和应用场景，吸引农民的注意力，增加他们对平台的认知和兴趣，促使农民主动使用平台，从而推动农业信息化水平的提升和农民收益的增加。

3. 开展培训和教育

开展培训和教育是推广农业信息服务平台的重要手段之一，它能够帮助农民更好地了解和掌握平台的使用方法，提升他们获取农业信息的能力和效率。

农民培训班。定期组织农民培训班，为农民提供系统的培训课程，邀请专业人士授课。培训内容包括平台的基本操作、高级功能的使用方法、数据分析与决策等方面。培训班可以根据农民的需求和平台的特点，设置不同的培训模块，如农业生产管理、市场营销、农业技术应用等，让农民能够选择自己感兴趣和需要的培训内容。培训班可以采用线下面授的形式，也可以结合线上直播和录播等方式，以提高培训的灵活性和覆盖面。

在线视频教程。制作专业的在线视频教程，通过平台官方网站、社交媒体和视频分享平台发布，为农民提供平台的详细操作演示和使用指导。视频教程应该覆盖平台的各个功能模块，包括平台注册、信息查询、数据分析、市场预测等方面的操作步骤和技巧。视频教程的制作要注重内容的清晰度和易懂性，采用简明扼要的语言和图像示范，以帮助农民更好地理解和掌握平台的使用方法。此外，视频教程还可以根据不同的农业领域和地区特点，制作针对性的专题教程，如种植技术、畜牧养殖、农产品加工等，以满足农民的具体需求。

定期交流和互动。除了培训班和视频教程，定期组织农民交流会议、座谈会、经验分享会等活动，为农民提供与平台使用相关的互动交流机会。在这些活动中，农民可以分享自己在平台使用过程中的经验和心得，交流平台使用过程中遇到的问题和解决方法。可以邀请平台开发团队、农业专家或优秀的农民代表进行经验分享和专题讲座，引导农民深入探讨农业信息化的发展趋势和应用前景。此外，还可以邀请相关行业的专家或学者举办讲座，介绍最新的农业技术和趋势，帮助农民了解行业动态并提升他们的专业知识。

建立农民培训师资队伍。为了保证农民培训的质量和效果，可以建立一支专业的农民培训师资队伍。这些培训师可以是来自农业部门、农业技术推广机构、农业大学等专业机构的专家和教师，也可以是在农业领域有丰富经验和技能的优秀农民。他们应具备良好的教学能力和沟通能力，能够将复杂的技术和概念以简单易懂的方式传授给农民。培训师资队伍可以通过定期培训和交流，不断提升自身的教学水平和专业知识，以更好地为农民提供培训和指导。

建立学习交流平台。为了促进农民之间的学习交流和经验分享，可以建立一个在线学习交流平台。这个平台应包括论坛、博客、微信公众号等，供农民发布问题、交流经验、分享学习资源等。平台还可以设置专业人员在线答疑和指导，以及推荐学习资料和案例分析，帮助农民解决实际问题和提升专业能力。同时，可以开展线上学习活动，如在线讲座、网络培训课程等，提供更多学习和交流的机会。

与农业相关机构合作。与农业相关机构合作，如农业技术推广站、农业合作社、农产品加工企业等，共同开展培训和教育活动。这些机构可以提供场地、设备和资源支持，同时也能够提供对农业信息平台的实际应用和场景示范。通过合作，可以整合资源，提供更全面的培训服务，让农民更加深入地了解平台的应用，从而提高平台的使用率和效果。

通过定期组织农民培训班、制作在线视频教程、开展交流和互动、建立师资队伍和学习交流平台，可以有效提升农民对农业信息服务平台的认知和使用能力，帮助他们更好地获取农业信息，提升农业生产和经营效果。此外，与农业相关机构的合作也能够为农民提供更全面的支持和指导，进一步加强农民对平台的信任和依赖。

（二）个性化的信息服务模式

在选择农业信息服务模式时，要根据具体问题和实际情况进行分析和选择。考虑本地区的经济发展水平、信息化基础设施建设情况以及农民的受教育水平等因素，选择适合本地区和每个农民的特色化信息服务模式。例如，对于一些较为发达的地区和高受教育水平的农民，可以采用在线课程、远程培训等形式；对于一些经济欠发达地区和低受教育水平的农民，可以采用传统媒介如电视、广播等进行信息传递。

在线课程和远程培训。对于较为发达的地区和高受教育水平的农民，可以采用在线课程和远程培训的形式提供信息服务。建立农业信息服务平台的在线学习系统，开设丰富的课程和培训内容。农民可以通过网络参与在线课程，学习平台的功能操作、农业管理知识和技术应用等。远程培训可以通过视频会议、网络直播等方式进行，将专业的培训师直接分配给农民，帮助他们解决实际问题并提升专业能力。

传统媒介信息传递。对于一些经济欠发达地区和低受教育水平的农民，可以采用传统媒介进行信息传递。例如，通过电视、广播、报纸等媒体渠道传播农业信息，向农民介绍平台的功能和优势，提供农业管理技术、市场分析等方面的指导。这种方式适用于一些偏远地区和农民群体，能够以简单明了的方式传递信息，帮助他们了解和利用平台。

农业服务站点和现场培训。在农村地区设立农业服务站点，作为信息传递和培训的实体载体。农民可以到农业服务站点咨询、学习和交流。在这些站点，可以设置平台展示区、培训区和互动交流区，提供现场培训和指导，让农民亲自操作和体验平台的功能。同时，邀请专业人士定期开展现场培训和技术讲座，传授农业知识和平台使用技巧。

移动应用和短信服务。通过移动应用程序和短信服务，向农民提供个性化的信息服务。开发农业信息服务平台的移动应用程序，提供农业信息查询、市场行情、病虫害预警等服务，帮助农民随时随地获取所需的信息。通过短信服务，可以将关键的农业信息和技术指导发送给农民，帮助他们及时了解农业动态和管理技巧。移动应用和短信服务的优势在于便捷性和普及性，尤其适用于那些手机普及率较高的地区和农民群体。

定制化信息服务。根据农民的需求和偏好，提供定制化的信息服务。通过平台收集和分析农民的数据和反馈，了解他们的农业需求和关注点，进而向他们提供个性化的信息推送和建议。例如，根据农民所在地的气候和土壤条件，提供针对性的种植技术和作物管理建议；根据农民的养殖类型和规模，提供养殖管理和疾病防控的专业指导。定制化的信息服务，能够更好地满足农民的实际需求，提高信息的针对性和实用性。

社区培训和合作。在农村社区建立培训和合作机制，促进农民之间的学习和合作。组织农民参与小组培训活动，邀请专业人士进行现场指导和培训，帮助农民共同解决问题和分享经验。建立农民合作社等组织形式，促进农民之间的资源共享和合作发展。社区培训和合作可以增强农民之间的互动和学习氛围，提升整个社区的农业信息化水平。

个性化的信息服务模式是基于不同地区和农民的特点和需求进行选择和设计的。通过在线课程和远程培训、传统媒介信息传递、农业服务站点和现场培训、移动应用和短信服务、定制化信息服务以及社区培训和合作等方式，可以满足农民对农业信息的个性化需求，帮助他们更好地获取和应用农业信息，提升农业生产和经营效果。

（三）综合利用互联网和现代媒介

互联网和网络技术的发展为农业信息服务带来了新的机遇。除了传统的媒介如电视、广播，还可以借助互联网和现代媒介的优势来创新农业信息服务模式。例如，借助短视频 App 如抖音、快手等，可以制作有趣、简短的农业信息视频，提供实用的农业知识和技术指导，以吸引农民的关注和学习。同时，利用社交媒体平台如微信、微博等进行信息传播，提供农业专家在线答疑、交流互动等服务，增加农民与农业专家之间的联系和交流。

1. 短视频平台

短视频平台如抖音、快手等在近年来的快速发展中成为广大用户获取信息和娱乐的重要渠道。针对农业信息服务，可以利用短视频的形式制作有趣、简短的农业知识和技术指导视频，以图文并茂的方式向农民传递信息。这种形式的视频能够吸引农民的关注，增加信息的吸引力和传播效果。视频内容可以包括种植技术、养殖管理、农产品加工等方面的实用知识和经验分享。同时，可以邀请农业专家或优秀农民进行视频讲解，提供专业的指导和建议。通过短视频平台的推广，可以让更多农民轻松获得农业知识，提高农业生产的质量和效益。

2. 社交媒体平台

社交媒体平台如微信、微博等已经成为人们获取信息、进行交流的重要渠道。农业信息服务可以借助这些平台进行信息传播和互动交流。通过创建农业信息服务平台的官方账号，发布农业知识和技术指导的推文、图文、短视频等形式的内容，吸引农民的关注和学习。平台可以提供农业专家在线答疑、交流互动等服务，让农民能够随时随地向专家咨询问题、分享经验。同时，可以利用社交媒体平台的分享和转发功能，扩大信息的传播范围，让更多农民了解和使用农业信息服务平台。通过社交媒体平台的互动，可以建立起农民与农业专家之间的联系和交流，促进农业知识和技术的传播与应用。

3. 移动应用程序

借助移动应用程序的普及和便捷性，农业信息服务平台可以开发相应的移动应用，提供更方便、个性化的农业信息服务。移动应用包括种植技术指导、养殖管理、农产品市场行情、病虫害预警等方面的功能。通过移动应用，农民可以随时随地获取农业信息，查询农业技术、市场行情等数据，提高农业生产的效率和决策的准确性。移动应用还可以提供个性化的推送服务，根据农民的地区、作物类型等特点，向其推送相关的农业信息和技术建议。

4. 智能音箱和智能助手

智能音箱和智能助手的普及为农业信息服务提供了新的渠道。农民可以通过语音交互的方式向智能音箱或智能助手提问，获取实时的农业信息和技术指导。智能音箱和智能助手可以提供天气预报、农业技术指导、农产品市场行情等信息，帮助农民了解当前的农业情况并做出相应的决策。通过智能设备的智能化和便捷性，农民可以更加方便地获取农业信息和技术支持。

5.定制化信息推送服务

根据农民的需求和个性化要求，可以开展定制化的信息推送服务。通过农民的注册信息、地理位置等数据，进行智能化分析和推荐，向农民推送与其农业生产相关的信息和建议。例如，根据农民的地区和作物类型，向其推送当地的种植技术、病虫害防治措施、市场行情等信息。这种个性化的信息推送能够更好地满足农民的需求，提供有针对性的农业信息服务。

综合利用互联网和现代媒介，可以开创全新的农业信息服务模式。通过短视频平台、社交媒体平台、移动应用程序、智能音箱和智能助手等渠道，提供丰富、实用的农业知识和技术指导。这种个性化的信息服务模式能够更好地满足农民的需求，提高农业生产的效率和质量，推动农业现代化的发展。同时，还需要加强对农民的培训和教育，提升他们对互联网和现代媒介的使用能力和信息素养，使他们能够更好地利用这些工具获取农业信息，实现农业的可持续发展。

（四）打通信息传播的"最后一公里"

农业信息服务的最终目标是让信息真正进入农民的生活和实践中。要解决农村信息进村入户"最后一公里"的问题，需要综合利用不同的媒介和渠道。通过设立农村信息服务站点、培训农村信息服务员等方式，将农业信息直接传递给农民，解决他们在信息获取和应用过程中的障碍。此外，可以引入智能技术如物联网、大数据分析等，开发农业信息服务 App 或平台，为农民提供个性化的农业信息服务。通过推送定制化的信息、提供在线咨询和智能决策支持等功能，提高农民获取和应用信息的便捷性和效率。

1.设立农村信息服务站点

在农村地区设立农村信息服务站点是解决信息传播"最后一公里"问题的有效途径之一。这些服务站点可以设立在农业合作社、农村公共服务中心等地方，作为农民获取农业信息的重要窗口。在服务站点中，可以设置信息展示区、查询终端和培训区域，提供农民所需的信息查询、技术咨询和培训服务。农民可以通过服务站点了解农业信息服务平台的功能和优势，获取相关农业信息，同时还可以接受培训，提升信息获取和应用的能力。

2.培训农村信息服务员

为了更好地解决信息传播的"最后一公里"问题，可以培训一批农村信息服务员。农村信息服务员可以由当地有一定农业知识和技术的人员担任，他们可以在农村信息服务站点或其他农村场所提供信息服务和技术指导。这些信息服务员需要接受专业培训，了解农业信息服务平台的操作方法和应用场景，熟悉农业知识和技术，以便能够向农民提供针对性的信息和指导。他们可以帮助农民查询信息、解答疑惑，同时还可以开展现场培训和技术指导，帮助农民更好地利用农业信息服务平台。

3. 引入智能技术

引入智能技术如物联网、大数据分析等，可以更好地解决农村信息进村入户"最后一公里"的问题。通过物联网技术，可以将农业信息服务平台与农村智能设备、农业传感器等连接起来，实现实时监测和数据收集。这样，农民可以通过智能设备获取实时的农业信息和技术指导，例如土壤湿度、气温、病虫害预警等。通过大数据分析，可以对农村信息进行深入挖掘和分析，提供个性化的农业信息服务。基于农民的地理位置、作物类型等个性化信息，可以向农民推送定制化的农业信息，帮助他们在农业生产和管理中做出更好的决策。

4. 开发农业信息服务 App 或平台

针对农民的需求，可以开发农业信息服务 App 或平台，提供个性化的农业信息服务。通过这些移动应用程序，农民可以随时随地获取农业信息、查询市场行情、获取技术指导等。平台可以根据农民的地理位置、作物类型、种植历史等个性化信息，为农民推送定制化的农业信息，提供针对性的建议和解决方案。此外，通过 App 或平台，农民可以进行在线咨询和互动交流，与农业专家和其他农民分享经验和技术，形成一个互动学习和交流的社区。

5. 引入智能农具和传感器技术

引入智能农具和传感器技术，可以实现对农业信息的实时监测和数据采集。例如，在农田中安装土壤湿度传感器、气象站等设备，可以实时监测土壤湿度、温度、光照等参数，并将数据传输到农业信息服务平台。农民可以通过 App 或平台获取这些实时数据，并根据数据进行农业管理决策。智能农具如智能灌溉系统、智能施肥器等也可以帮助农民实现精细化的农业管理，提高生产效率和质量。

6. 利用农村电商平台

利用农村电商平台，可以将农产品和农业信息服务相结合，提供综合性的服务。农民可以通过电商平台销售农产品，同时获取农业信息服务。电商平台可以提供农产品的市场行情分析、销售渠道开拓等信息，帮助农民提升销售效益。同时，农村电商平台还可以推广农业信息服务平台，让更多农民了解和使用。通过整合农产品销售和农业信息服务，农村电商平台可以为农民提供一站式的服务，促进农产品的流通和农业信息的传播。

通过设立农村信息服务站点、培训农村信息服务员、引入智能技术、开发农业信息服务 App 或平台以及利用农村电商平台，可以打通农业信息传播的"最后一公里"，确保农业信息真正进入农民的生活和实践。这将帮助农民更好地获取和应用农业信息，提高农业生产的质量和效益，促进农村经济的发展和农民收入的增加。同时，这些措施还能够推动农业现代化进程，提升农业的可持续发展能力。

第二节 提高新型职业农民培育精准度

一、依据培育对象的特征，采取"因材施教"策略

新型职业农民信息素养培育对象间的年龄、文化水平、经济收入等方面存在较大的差异，因此若要取得有效的培育效果，则必须对不同特征的个体，采取不同的培育思路，以促进新型职业农民信息素养培育工作的科学化、人文化、个性化发展。

（一）针对不同年龄群体

年长一辈农民拥有丰富的社会阅历和农业经验，但在信息技术方面可能存在相对较低的接受能力。针对这一群体，我们需要摒弃对中老年人的偏见，尊重和关注他们的需求。首先，我们可以准备具有直观性和实践性的培育内容，例如通过讲故事、展示案例等方式，将信息素养培育内容与他们的生活经验相联系，使其能够更容易理解和接受。我们可以选择与农业经验相关的案例和实践活动，帮助他们将新的信息技术与实际情境结合起来，提升他们的应用能力。

在培育过程中，重复强调和反复讲述也非常重要。年长一辈农民可能需要更多的时间和反复的学习过程来理解和掌握新的信息素养内容。因此，我们可以通过不断重复和巩固培育内容，确保他们能够充分理解和掌握。

对于中青年群体的新型职业农民，我们应逐步探索他们的"最近发展区"，为他们准备更具深度和挑战性的培育内容。中青年群体通常更加乐于接受新知识和技术，有更高的学习动力和主动性。为了提升他们的信息整合和应用能力，我们可以提供更高级的技术培训和实践项目。例如，组织深入的案例分析、技术讲座、研讨会和实践活动，让他们有机会参与到解决实际问题和挑战的过程中，这样可以激发他们的学习兴趣，增强他们的应用能力和创新能力。

在培育中，我们还可以借助现代科技手段，例如利用在线学习平台、移动应用程序等，为中青年群体提供便捷的学习渠道和资源。通过这些工具，他们可以随时随地获取相关信息，进行自主学习和交流，拓宽视野和知识面。同时，我们可以建立学习社区或论坛，鼓励他们相互交流和分享经验，促进彼此的学习和成长。

此外，还可以结合新型媒体和互联网技术，开发适合不同年龄群体的信息素养培育工具和平台。针对年长一辈农民，可以设计简洁易懂、界面友好的手机应用或在线平台，提供农业知识、技术指导和交流互动功能，让他们能够随时随地获取信息和学习。对于中青年群体，可以开设专门的在线学习课程、培训班或社群，通过视频教学、

网络直播、在线讨论等方式，传授更深入的农业知识和信息技术应用，满足他们的学习需求和交流需求。

同时，要注重个性化培育，针对不同年龄群体的个体差异，提供个性化的指导和支持。可以通过与农民的面对面沟通、定期调研和反馈，了解他们的需求和困惑，针对性地调整培育内容和方法。在培育过程中，鼓励互相学习和分享经验，建立农民之间的互助和支持网络，让他们能够共同成长和进步。

为了提高新型职业农民培育的精准度，我们应根据不同年龄群体的特点，采取因材施教的策略。通过与农民的互动交流、个性化的培育内容和现代科技手段的结合，我们可以更好地满足不同年龄群体的信息素养培育需求，促进他们的学习和发展，为农业现代化提供坚实的人才支持。

（二）针对不同职业经历

针对打工者和长期务农者这两个不同的职业经历群体，可以采取针对性的培育策略，以提高他们的信息素养和应用能力。

首先，对于打工者来说，他们可能对新生事物有一定的抵触心理。为了解决这一问题，我们应注重心理疏导，帮助他们摒弃抵触心理，理解并接受新的信息素养培育内容。以下是一些具体的措施：第一，意识培育。通过与打工者的交流和讨论，加强他们对信息素养重要性的认识和理解。引导他们认识到信息素养对农业生产和个人发展的积极影响，激发他们主动学习的动力；第二，应用导向。将信息素养培育与实际问题解决相结合，通过实际案例和实践项目，帮助打工者理解信息素养在农业生产中的应用价值。例如，引导他们利用信息技术查询市场行情、了解新农业技术、实施精准农业管理等，从而提高农业生产效益；第三，小组学习。组织打工者参与小组学习活动，通过互相交流和合作学习，帮助他们共同解决问题和提升信息素养。小组学习可以促进彼此之间的互动和合作，增强学习的效果和积极性。

其次，针对长期务农者这一群体，他们可能对信息技术的接受能力较弱。为了提高他们的信息素养，我们应灵活把握他们的学习进度，因材施教，充分调动他们的个体主观能动性。以下是一些具体的措施：第一，基础知识培训。根据长期务农者的基础知识水平，提供针对性的基础知识培训，帮助他们掌握信息技术的基本概念和操作技能。包括使用电脑、手机、互联网浏览器等基本工具的培训；第二，渐进式学习。根据长期务农者的学习进度和理解能力，逐步引导他们学习更高级的信息技术内容。通过分阶段的学习计划，让他们能够逐步掌握和应用信息技术，例如电子邮件、社交媒体、农业管理软件等。

总结来说，针对不同职业经历的新型职业农民，我们应注重心理疏导、因材施教，充分调动他们的主观能动性。通过针对性的培育策略和方法，帮助他们克服抵触心理、提升信息素养，从而更好地应用信息技术提高农业生产效益。这将促进他们的个人发展和农业现代化进程。

（三）针对不同经济收入

针对低收入的新型职业农民，我们需要特别关注他们的信息素养培育工作，以提升他们的信息获取和应用能力，促进其农业生产的发展和收入的提高。

1. 贴近实际需求

了解低收入新型职业农民的实际需求，从他们的角度出发，确定培育内容和方法。通过与他们深入交流和调研，了解他们对信息素养的认知和期望，针对性地提供实用、切实可行的培育内容。

2. 结合农业生产收益

将信息素养培育与农业生产收益直接挂钩，激发低收入新型职业农民提升信息素养水平的内需性和紧迫性。例如，通过教授信息技术的应用，帮助他们降低成本、提高产量、拓宽销售渠道等，直接提升经济收益，增强他们学习和应用信息技术的动力。

3. 提供经济适用的培育资源

在信息素养培育过程中，考虑到低收入新型职业农民的经济压力，应提供经济适用的培育资源。例如，提供免费或低成本的在线课程、教材和学习工具，帮助他们更容易获得相关知识和技能。此外，也可以寻找农业企业、合作社等合作伙伴，提供培训补贴或优惠政策，降低培育成本。

4. 实践导向和技术示范

通过实践导向的培育方法，帮助低收入新型职业农民将信息素养应用于实际农业生产中。组织技术示范活动，邀请专业人员或成功农民进行现场指导和演示，帮助他们学习和掌握实用的农业技术和信息管理方法。同时，提供实践机会，让他们亲自动手解决实际问题，巩固学到的知识和技能。

5. 社区互助和合作

鼓励低收入新型职业农民之间建立合作关系和互助网络，共同分享信息素养的学习和应用经验。可以组织农民培训班、交流会议等活动，促进他们之间的交流与合作。通过共同学习和讨论，他们可以互相借鉴和分享成功经验，解决问题，并形成一种相互支持的社区氛围。

6. 提供终身学习机会

信息技术的发展日新月异，为了使低收入新型职业农民持续提升信息素养，我们应提供终身学习机会。建立健全的学习体系，持续提供培训和学习资源，以满足他们不断学习和适应新技术的需求。包括定期举办培训课程、讲座和研讨会，提供在线学习平台和资源库，以及支持个人学习计划的制订和实施。

7. 政策支持和资金扶持

政府和相关机构可以制定有利于低收入新型职业农民信息素养培育的政策，并提供资金和资源支持。例如，设立专项资金，用于培训和教育资源的投入；建立信息素养培育项目的申请和评估机制，帮助低收入农民获得培育机会和资源。

8.评估和反馈

对于低收入新型职业农民的信息素养培育工作，我们应建立评估和反馈机制，及时了解他们的学习进展和培育效果。通过定期评估和反馈，发现问题和不足，并及时调整培育策略和方法，以提高培育效果和个体满意度。

针对低收入的新型职业农民，我们需要特别关注他们的信息素养培育工作，采取针对性的措施和策略。通过贴近实际需求、结合农业生产收益、提供经济适用的培育资源、实践导向和技术示范、社区互助和合作、提供终身学习机会、政策支持和资金扶持以及评估和反馈，可以促进低收入新型职业农民的信息素养培育，助力他们实现农业生产的发展和收入的提高。

二、关注培育对象的文化水平，鼓励个体继续提升学历

低文化水平可能会对信息技术和现代农业知识的理解和接受能力不足，从而影响信息素养的培育效果。因此，为了提升新型职业农民的信息素养，我们应关注并鼓励个体继续提升学历和文化水平。

（一）推动农村高等教育助力新型职业农民发展

通过设立农业大学、农业职业学院等，为新型职业农民提供系统化的农业高等教育。这些教育机构可以开设与现代农业技术和信息素养相关的专业课程，培养具备信息化农业生产和管理能力的专业人才。

1.设立农业大学和农业职业学院

在农村地区设立农业大学和农业职业学院，提供专门针对新型职业农民的高等教育。这些学校可以提供与现代农业技术和信息素养相关的专业课程，包括农业信息技术、农业管理、农业市场营销等。通过系统化的学习，新型职业农民可以获得与农业现代化需求相匹配的知识和技能。

2.优化课程设置

在农业高等教育中，应根据新型职业农民的需求和实际情况，优化课程设置。除了传授农业专业知识外，还应注重培养信息素养、创新意识和问题解决能力。例如，设置信息技术应用、农业数据分析与决策、精准农业技术等课程，帮助农民掌握信息化农业管理的基本技能和方法。

3.提供实践机会和实习项目

为了加强实践教学的效果，农业高等教育应该提供丰富的实践机会和实习项目。通过与农业企业、合作社和科研机构的合作，学生可以参与实际的农业生产和管理活动，了解实际操作和问题解决的过程。这样可以加强他们的实践能力和信息素养的应

用能力。

4. 建立导师制度

在农业高等教育中，建立导师制度可以提供个性化的指导和支持。可以让专业教师或行业专家担任导师，指导学生的学习和研究。导师应与学生建立紧密的师生关系，为他们提供针对性的学术指导、职业规划和实践指导。这有助于培养学生的创新能力和实际操作能力，提高他们的信息素养水平。

5. 加强学术交流和合作

农业高等教育机构应积极与其他高校、科研机构和行业协会进行学术交流和合作。组织学术研讨会、研究合作项目等，促进教师和学生之间的学术交流和合作。通过与外界的合作，学生可以接触到更广泛的知识和经验，提升他们的学术水平和信息素养。

6. 提供奖励和资助机制

为了鼓励低收入新型职业农民继续提升学历，政府可以制定相应的奖励和资助政策。设立奖学金、补贴和助学金，减轻学习成本和经济压力，激励农民积极参与学习。此外，还可以设立培训补贴和就业创业扶持等措施，帮助农民更好地应用所学知识，提升收入水平。

7. 加强农业知识宣传和普及

为了提升低收入新型职业农民的文化水平，还需要加强农业知识的宣传和普及工作。通过农业技术推广站、农民培训中心等机构，向农民传授农业先进知识和信息技术的基本应用。通过举办培训班、讲座和示范活动，提高农民对信息化农业管理的认识和应用能力。

8. 建立农民合作组织和互助网络

农民合作组织和互助网络的建立有助于低收入新型职业农民之间的相互学习和资源共享。通过组织农民合作社、农民专业合作社等形式，农民可以共同学习和分享信息素养的学习经验，形成良好的学习氛围和合作机制。

提升低收入的新型职业农民的文化水平和信息素养是一个综合性的工程，需要政府、教育机构、行业组织和社会各界的共同努力。通过建立农业高等教育体系、优化课程设置、提供实践机会、建立导师制度、加强学术交流和合作等措施，我们可以为低收入新型职业农民提供更多学习机会和发展空间，促进他们信息素养的提升，实现农业生产的可持续发展和农民收入的提高。

（二）可以鼓励个体参与继续教育和培训

通过开设农业技术培训班、信息技术培训课程等，提供灵活的培训机会，帮助新型职业农民提升信息素养和专业技能。这些培训可以结合现代教育技术手段，如在线课程、远程教育等，使农民可以能够随时随地学习和提升自己的知识和技能。

1. 多样化的培训形式

针对低收入新型职业农民的时间和经济压力，我们可以提供多样化的培训形式，包括农业技术培训班、信息技术培训课程、短期培训项目等。这些培训可以根据农民的需求和学习能力进行分层和分级设置，确保培训内容和难度与实际情况相符合。

2. 灵活的学习方式

结合现代教育技术手段，如在线课程、远程教育等，为农民提供灵活的学习方式。通过建立在线学习平台或移动学习应用程序，农民可以随时随地通过网络学习相关知识和技能。同时，可以提供学习资源和学习指导，帮助他们自主学习和掌握所需的知识。

3. 实践导向的培训

在培训过程中，注重实践导向，通过实际操作和实践项目帮助农民巩固所学知识和技能。可以组织农田实习、技术示范、实验室实践等活动，让农民亲身参与到农业生产和技术应用中，提高他们的实际操作能力和信息素养水平。

4. 培训补贴和奖励机制

为了鼓励农民积极参与培训，可以设立培训补贴和奖励机制。政府可以提供培训补贴，减轻培训费用负担；同时，设立培训成绩奖励，鼓励农民在培训中取得好成绩，激发他们的学习动力和积极性。

5. 产学研结合的培训项目

通过与农业企业、科研机构和高校等合作，开展产学研结合的培训项目。这些项目可以提供更实用的农业技术和管理知识，帮助农民学习和应用最新的科学成果。同时，通过与企业合作，还可以提供职业实习机会，让农民在实践中学习和掌握技能，了解现代农业的实际运作和市场需求。

6. 建立农民技能认证体系

设立农民技能认证机构，为参与培训并通过考核的农民颁发相应的技能证书。这可以增强农民的自信心和专业能力，提升其就业竞争力和收入水平。

7. 培训资源共享

建立培训资源共享机制，促进不同地区、组织和机构之间的合作与交流。通过合作共享培训资源，可以减少重复投入，提高培训效率，使更多的农民受益。

8. 农民培训导师队伍建设

培养和选拔专业的农民培训导师队伍，他们具备丰富的实践经验和教学能力。导师可以提供个性化的学习指导和辅导，帮助农民解决学习中的问题和困惑，激发他们的学习兴趣和动力。

9. 定期评估和反馈机制

建立定期评估和反馈机制，对培训效果进行监测和评估。通过定期的评估，可以了解培训的成效和不足之处,及时进行改进和调整,确保培训内容和方式与农民的需求和期望相匹配。

通过积极推动农村高等教育的发展、建立农业高等教育体系以及鼓励农民参与继续教育和培训,我们可以提升低收入新型职业农民的文化水平和信息素养,帮助他们适应现代农业发展的需求,提高农业生产效益,实现农民自身的发展和乡村振兴的目标。

第三节 整合各类资源形成培育合力

一、打造培育情境,唤醒新型职业农民信息分析意识

众所周知,新型职业农民在提升经济收益和农业生产效益方面,拥有较高的信息分析意识是至关重要的。他们可以通过快速掌握网络上提供的多样化、低成本和全面性的信息资源,从中获取有益的农业知识和市场动态,并将其应用于实际生产中。然而,对于那些长期没有进行系统学习的新型职业农民来说,提升信息分析意识是一个必要的过程。在这一过程中,为他们创造适当的培育情境是非常重要的。

情境教学法是一种教学方法,通过引入或创设具有一定情绪色彩、以形象为主体的生动场景,引发学生的态度体验,帮助他们理解教材并促进心理机能的发展。在培育新型职业农民的信息分析意识时,培育机构的教师可以运用情境教学法来打造相应的培育情境,从而激发学员的学习动力和积极性。

(一)个性化教学情境激发新型职业农民的信息分析意识

在培养新型职业农民的信息分析意识方面,个性化教学情境起着至关重要的作用。教师应根据新型职业农民的背景和需求,创造符合他们实际情境的教学环境。

1. 成功情境的创设

成功情境是指通过讲述成功的农业案例和农民的成功经验,激发学员的学习兴趣和动力。以下是一些具体措施和方法:

(1)案例分享

教师可以邀请成功的农民或农业专家来讲述他们的成功经验。通过分享成功案例,学员可以了解到成功的关键因素和策略,从而激发他们的学习兴趣和追求成功的动力。

(2)实地考察

组织学员进行实地考察,参观先进的农业生产基地或农业科技企业。通过亲身体验和观察,学员可以深入了解先进的农业技术和管理模式,从而激发他们对信息分析的兴趣和探索精神。

(3) 角色扮演

通过角色扮演的方式，让学员身临其境地体验成功农民的角色。他们可以扮演农民经营自己的农田，面对各种挑战和决策，从而培养他们的信息分析能力和决策能力。

2. 快乐情境的创设

快乐情境是指通过丰富多彩的教学活动和互动，增强学员的参与度和积极性。以下是一些具体措施和方法：

（1）游戏化教学

将信息分析的学习过程设计成游戏化的形式，例如制作农业知识问答游戏、信息搜索竞赛等。通过游戏化的教学，学员可以在愉快的氛围中提升信息分析能力，并享受学习的乐趣。

（2）小组合作学习

组织学员分成小组，在小组中合作完成信息分析任务。通过小组合作学习，学员可以互相交流、分享经验，共同解决问题，激发彼此之间的合作精神和团队意识。教师可以设计一系列小组活动，如小组讨论、案例分析、项目实践等，让学员在合作中相互学习和支持，提升信息分析意识。

（3）身体活动与学习结合

在教学中引入身体活动，如户外实地考察、农田体验等，让学员通过实际操作和观察来获取信息，提升他们的信息分析能力。此外，可以结合农民体育运动、农艺表演等形式，增加学习的趣味性和参与度，激发学员的学习兴趣和积极性。

3. 个性化教学情境的重要性

个性化教学情境可以更好地满足新型职业农民的学习需求和个体差异。通过了解学员的背景和需求，教师可以根据他们的兴趣、能力和学习风格，量身打造教学情境，让学员在积极的情境中学习和探索。个性化教学情境可以激发学员的学习动力，提高学习效果，并为他们在信息分析领域的发展奠定坚实的基础。

通过引入成功情境和快乐情境，创造个性化的教学情境，可以有效激发新型职业农民的学习兴趣和积极性，提升他们的信息分析意识。教师应根据学员的背景和需求，设计多样化的教学活动和互动方式，让学员在愉快的氛围中学习和成长。这将为新型职业农民的信息化农业生产和农村发展注入新的活力，推动农业现代化进程，实现农村振兴的目标。

（二）教师应及时给予学员关于信息分析的反馈

在培养新型职业农民的信息分析意识方面，教师的及时反馈起着至关重要的作用。通过及时反馈，教师可以帮助学员了解他们在信息分析方面的优势和需要改进的空间，引导他们在学习过程中做出更准确、全面的分析，并不断提高他们的信息分析能力。

1. 正面反馈

教师应及时给予学员积极的、鼓励性的反馈，以增强他们的学习动力和自信心。例如，当学员在信息分析方面取得好成绩时，教师可以公开表扬他们的努力和成就，让他们感受到自己的进步和成就，进一步激发他们的学习兴趣和积极性。

2. 具体指导

除了正面反馈外，教师还应提供具体的指导，帮助学员改进他们的信息分析方法和策略。教师可以针对学员的学习表现和分析结果，指出他们的优点和不足，并给予相应的建议和指导。通过具体的指导，学员可以更好地理解和应用信息分析的技巧和原则，不断提高自己的分析能力。

3. 个性化反馈

教师应根据学员的个体差异和学习特点，提供个性化的反馈和指导。不同学员在信息分析方面存在着不同的困惑和难点，教师可以根据学员的具体情况，提供有针对性的帮助和解决方案。个性化反馈可以更好地满足学员的学习需求，促进他们的个体发展和进步。

4. 建立反馈机制

为了确保及时反馈的有效性，教师可以建立反馈机制，与学员建立良好的沟通渠道。可以设立固定的学习反馈时间，让学员定期向教师反馈自己的学习进展和困惑，教师则及时给予回应和指导。此外，教师还可以利用现代技术手段，如在线讨论平台、邮件、即时通信工具等，与学员进行交流和反馈，提供更便捷和及时的指导。通过及时的反馈，教师可以帮助学员不断完善自己的信息分析能力，增强他们的信息分析意识和技能。

此外，教师还可以结合具体的农业案例和实践活动，帮助学员将所学的信息分析知识应用于实际农业生产中。例如，组织农田实习、技术示范、市场调研等活动。

二、关注学员需求，加强新型职业农民信息知识培育

在培养新型职业农民的信息知识时，教育者应关注学员的需求，创造适合他们的学习环境和培育内容。

（一）传授传统知识和增添信息伦理、网络法律知识

1. 传统知识的传授

在培育课程中，继续传授农业生产中的传统知识，如品种选取、病虫害防治、作物栽培等。这些知识是新型职业农民必备的基础，帮助他们建立起对农业生产的全面认知和技能。

2. 引导正确传播和使用农业信息

除了传授传统知识外，还要增添专门的信息伦理、网络法律知识等内容，引导新

型职业农民正确传播、使用农业信息。学员需要了解信息的真实性、保密性和道德责任，以确保信息的有效性和合法性。

（二）加大信息技术和科学知识比重，培养复合型农业信息人才

1. 加大信息技术和科学知识的教学比重

随着信息技术的发展和应用，培育课程中应逐渐加大信息技术和科学知识的比重。通过教授新兴技术工具和应用，如农业大数据分析、远程监控技术等，帮助新型职业农民更好地理解和应用信息技术在农业生产中的巨大生产力。

2. 结合实际田间地头的学习方式

为了让新型职业农民深刻体验信息技术在农业生产中的应用，教育者可以带领学员深入田间地头，亲身参与农业生产实践。通过实地观察和实践操作，学员能够直观感受到信息技术对于提升农业生产效率和质量的重要作用。

（三）教授电子产品操作知识，提升市场竞争力和社交能力

1. 电子产品操作知识的教学

由于手机成了重要的工具，教育者应教授新型职业农民关于电脑、手机等电子产品的操作知识。学员需要学习如何灵活运用网络搜索引擎、涉农 App 等工具，以提升信息获取和农业经营的能力。通过学习电子产品操作知识，新型职业农民能够更加便捷地获取农业信息、进行市场调研、开展电子商务等活动，从而增强市场竞争力。

2. 促进社交能力的提升

在信息素养培育中，教育者也应注重培养新型职业农民的社交能力。通过教授与电子产品相关的社交平台和工具的使用，如社交媒体、农业社区等，学员可以扩展社交网络，与其他农民、专家、供应商等进行交流与合作。这不仅能够提供信息共享的机会，还能够满足新型职业农民的社会情感需求，促进农业社群的形成与发展。

（四）个性化学习和培育策略

针对不同学员的个体差异和学习特点，教育者应采取个性化的学习和培育策略。

1. 学习需求调查与分析

在培育开始前，对学员需求进行调查与分析，了解他们的知识储备、学习兴趣和学习风格等方面的信息，以便为他们提供定制化的培育方案。

2. 引导自主学习

培育过程中，教育者应鼓励学员进行自主学习，提供学习资源和指导，引导学员根据自己的需求和兴趣进行深入学习和实践。通过自主学习，学员能够更好地掌握所需的信息知识和技能，并形成持续学习的习惯。

3. 提供个性化反馈和指导

教育者应及时给予学员个性化的反馈和指导，帮助他们发现自身的优势和需要改进的空间，进一步提高信息分析能力。个性化的反馈和指导有助于学员理解自己在信

息分析方面的表现，并通过针对性的指导不断完善自己的技能。

三、强调协作学习，提高新型职业农民信息应用能力

不同于普通学生的是，新型职业农民的信息素养培育过程具有较强的社会性、现代性和实践性等特征，个体需要面临各种不同的社会人群和情境。为了提高新型职业农民的信息应用能力，采用协作学习（Collaborative Learning）的策略是值得期待的。协作学习是一种通过小组或团队的形式组织学生进行学习的方法，有利于个体发散思维的培养，能够增强个体间的信息交流和沟通，可以成为提升新型职业农民信息应用能力的有效手段。

线上培育是解决新型职业农民学习矛盾的有效途径，也是开展协作学习的合理路径。例如，微信群、QQ群等社交平台可以为新型职业农民提供协作学习的环境，确保其信息能力提升的持续性。基于此，教师应根据农业生产实际，设计与信息素养提升相关的主题活动，并以小组合作的方式安排任务，明确组长和组员的责任，并及时进行引导和纠正。新型职业农民一方面可以通过争论、辩解、角色扮演等方式解决问题，完成教师布置的任务。另一方面，他们还可以借助相关软件进行模拟操作，缓解在信息应用过程中的焦虑和不安。

古人说过，"纸上得来终觉浅，绝知此事要躬行。"实践始终是新型职业农民提升信息应用能力的必经之路。因此，在线上交流之后，培育机构必须为新型职业农民布置相应的实践任务，使他们能够深入社会实践，感受真实的社交氛围和信息应用场景。

在协作学习中，还可以采用以下策略来进一步提高新型职业农民的信息应用能力：

（一）多元化小组合作

在培养新型职业农民的信息应用能力时，采用协作学习是一种有效的策略。协作学习通过小组合作的方式组织学员进行学习，鼓励形成多样化的小组，让具有不同背景和专业知识的学员共同合作。这种多元化的小组合作能够促进不同思维方式和视角的碰撞，提高问题解决的创新性和多样性，从而提高新型职业农民的信息应用能力。

1. 多样化的小组组成

在协作学习中，教育者应鼓励学员形成多样化的小组，包括不同年龄、不同文化背景、不同专业知识的学员。通过多样化的小组组成，可以为学员提供更广泛的视角和思维方式，促进创新和多样性的产生。教育者可以根据学员的兴趣、专业背景和能力水平进行小组分组，确保小组内的成员互补性和多样性。

2. 促进思维碰撞

不同背景和专业知识的学员在小组合作中将带来不同的观点和思考方式。教育者应提供鼓励学员进行积极讨论和辩论的环境，引导他们充分发挥自己的观点，并学会尊重和倾听他人的观点。通过思维碰撞，可以激发学员的创新思维，培养解决问题的

能力。教育者可以设计开放性的问题和任务，引导学员从不同的角度和方法来解决问题，鼓励他们挑战思维定式，提出新颖的观点和解决方案。

3.强调问题解决的多样性

在协作学习中，教育者应提供多样化的问题和任务，鼓励学员从不同的角度和方法来解决问题。这样可以培养学员的创新性思维和问题解决能力。教育者可以引导学员采用系统性思维、批判性思维和创造性思维等方法来解决问题，培养他们的综合分析和判断能力。同时，教育者还可以设立实践项目和情景模拟，让学员在真实的农业场景中应用信息技术和解决实际问题，加深他们的理解和应用能力。

学员可以通过小组合作共同学习和解决问题，提高信息应用能力。在小组合作中，学员可以分享彼此的知识和经验，相互学习和借鉴。不同背景和专业知识的学员可以从不同的角度出发，为问题的解决提供多元化的思路和方法。通过相互讨论和合作，学员可以互相激发创新思维，拓展自己的视野。

在协作学习中，教育者的角色也得到了转变。教育者不再是传统的知识灌输者，而是充当着引导者和支持者的角色。他们需要引导学员展开合作学习，提供学习目标和任务的明确指导，帮助学员明确学习方向和目标。同时，教育者还应鼓励学员发挥主动性和创造性，在小组合作中自主探索和解决问题。

除了小组合作，协作学习还可以通过其他方式来促进新型职业农民的信息应用能力的提升。例如，教育者可以组织学员参加团队项目或实践活动，让他们在实际场景中应用所学知识和技能，锻炼解决实际问题的能力。此外，教育者还可以利用现代技术工具和平台，如在线协作平台、社交媒体等，为学员提供交流和合作的机会，加强学员之间的互动和信息共享。

通过多元化的小组合作和协作学习，可以促进不同背景和专业知识的新型职业农民之间的思维碰撞，提高问题解决的创新性和多样性。教育者在其中扮演着引导者和支持者的角色，帮助学员在合作学习中培养信息应用能力。此外，教育者还可以通过其他方式，如实践活动和现代技术工具的应用，进一步提升新型职业农民的信息应用能力。

（二）角色扮演和讨论

引导学员在模拟情境中扮演不同的角色，并进行讨论和互动。这种方式可以培养学员的批判性思维和解决问题能力，同时增强他们的团队合作能力和沟通技巧。

1.角色扮演：模拟真实情境，培养综合能力

角色扮演是一种模拟真实情境的教学方法，通过扮演特定角色，学员可以更好地理解和应用相关知识和技能。在培养新型职业农民的信息应用能力中，教育者可以设计不同的情境和角色，让学员在模拟农业生产、农产品销售等环节中进行角色扮演。例如，学员可以扮演农产品采购商、农产品供应商、市场调研员等不同角色，通过模

拟交流和协商，了解不同角色在信息应用过程中的需求和挑战。这样的角色扮演活动可以帮助学员更好地理解农业信息化的实际应用情境，培养他们的综合能力和解决问题的能力。

2.讨论：促进思维碰撞，培养批判性思维

讨论是协作学习中重要的环节，通过学员之间的互动和交流，可以促进思维的碰撞和启发，培养批判性思维和解决问题能力。在培养新型职业农民的信息应用能力中，教育者可以引导学员参与小组讨论，讨论与农业信息化相关的问题、挑战和解决方案。教育者可以设立明确的讨论议题，鼓励学员提出自己的观点和见解，并通过合理的论证和辩论，加深对问题的理解和思考。

在讨论过程中，教育者可以采用一些技巧和策略来促进学员的思维碰撞和批判性思维的培养：

提出开放性问题。教育者应提出开放性的问题，引导学员思考问题的不同方面和可能的解决途径。这样可以激发学员的思维，促使他们从多个角度思考问题，拓宽思维的边界。

鼓励积极的辩论和讨论。教育者应鼓励学员提出自己的观点，并鼓励他们之间展开积极的辩论和讨论。这样可以促进思维的碰撞和冲突，帮助学员从不同的观点中获取新的见解。

引导合理的论证和解释。在学员的讨论中，教育者可以引导他们进行合理的论证和解释，提出事实依据和逻辑推理，加深对问题的理解。这样可以培养学员的批判性思维，帮助他们辨别信息的可靠性和有效性。

注重团队合作和共享。在小组讨论中，教育者应鼓励学员进行合作和共享，互相倾听和尊重他人的观点。通过团队合作，学员可以相互补充和启发，形成更全面和深入的讨论结果。

提供适当的反馈和指导。教育者应及时提供适当的反馈和指导，帮助学员改进讨论的质量和效果。可以指出学员的思考漏洞或盲点，并引导他们深入思考和探索更多的可能性。

通过讨论，学员不仅可以加深对农业信息化问题的理解，还能够培养批判性思维、团队合作和沟通能力。讨论的过程使学员得以分享知识、交流经验，并从他人的观点和见解中获得启发，进一步提高信息应用能力和解决问题的能力。同时，讨论也能激发学员的创新思维，鼓励他们提出新颖的观点和解决方案，为农业信息化领域带来更多的创新和发展。

（三）项目合作和实践导向

除了角色扮演和讨论，项目合作和实践导向也是协作学习中常用的教学方法之一。通过组织学员参与项目合作和实践活动，教育者可以让他们在实际问题的解决和实践

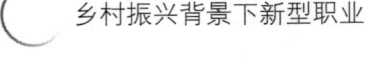

活动的开展中运用信息技术和农业知识，培养他们的信息应用能力和解决问题的能力。

1. 项目合作：实践中的知识应用与团队合作

项目合作是一种以实际项目为基础的学习方式，通过学员间的合作与协作，解决现实问题，培养信息应用能力。教育者可以组织学员参与农业科技示范项目或社区农业合作计划等实践项目。在项目合作中，学员需要运用自己的专业知识和技能，结合信息技术和农业知识，解决实际问题。例如，他们可以使用农业信息系统进行农产品市场调研和销售分析，利用无人机进行农田监测和病虫害预警，或者应用物联网技术实现智能农业管理。通过项目合作，学员能够将课堂知识应用于实践中，加深对信息技术在农业中的理解和运用，培养解决问题和创新的能力。

在项目合作中，团队合作是关键的因素。教育者可以根据学员的兴趣和专业背景，组织多学科、多专业的小组合作。学员在团队中承担不同的角色和任务，相互协作、交流和学习。团队合作能够促进学员之间的合作精神和沟通能力的发展，培养他们的团队合作和协作能力。

2. 实践导向：应用能力的培养与问题解决

实践导向是一种以实践活动为导向的学习方式，通过实际操作和问题解决，培养学员的应用能力。教育者可以设计实践任务，引导学员运用信息技术解决实际问题。例如，学员可以通过实地考察和数据采集，分析农业生产中的问题和瓶颈，并运用信息技术提出改进建议。他们可以使用农业管理软件进行农田管理和农作物生长模拟，优化农业生产计划和资源配置。在实践导向中，教育者可以提供实践任务和场景，让学员亲自动手解决问题。学员可以在实际农田中应用信息技术，采集和分析农作物生长数据，进行农业监测和预测，优化农业生产决策。他们可以利用传感器技术监测土壤湿度、气温和光照等环境因素，结合气象数据和作物生理模型，提供精确的农业管理建议，提高农作物的产量和质量。

在项目合作和实践导向中，教育者扮演着导师和指导者的角色。他们可以提供必要的指导和支持，帮助学员制定实践计划、选择合适的信息技术工具和方法，并解决实践中遇到的问题和困难。教育者还可以组织学员进行实践经验的分享和总结，促进彼此之间的学习和交流。

通过项目合作和实践导向，学员能够在真实的农业环境中应用信息技术和农业知识，解决实际问题，提高他们的信息应用能力和解决问题的能力。这种学习方式使学员能够将理论知识与实践操作相结合，加深对信息技术在农业中的理解和应用，培养他们的创新思维和实践能力。同时，项目合作和实践导向也能促进学员之间的合作与交流，培养团队合作能力和沟通技巧，为新型职业农民的发展打下坚实的基础。

四、关注教师角色，提升新型职业农民信息道德层次

信息道德是新型职业农民信息素养培育中最重要、最关键的部分，也是最难以进行教授的部分。个体的信息道德素养水平与其农业生产息息相关，倘若个体的信息道德水平低下，即便其拥有庞大的信息知识储备和高超的信息应用能力，也无法真正服务于我国农业信息化发展进程，甚至还可能阻碍我国农业现代化的转型升级。因此，提升新型职业农民的信息道德层次至关重要。

在课堂教学中，教师扮演着引导者的角色，需要以简单易懂的语言向新型职业农民讲授基本的信息道德与法律知识。教师可以通过实施案例分析法、角色扮演等方式引导学员积极思考与反思，促使他们在实际情境中思考道德问题，并形成正确的信息道德观念和行为准则。教师应注重培养学员的道德判断力、责任感和社会意识，引导他们树立正确的价值观和伦理观。

除了课堂教学外，教师还应加强与新型职业农民的互动和交流，深入了解他们的真正需求和期望，以便进行有针对性的道德教育。教师需要具备较强的共情能力和人际交往能力，与学员建立起信任和互助的关系，为他们提供积极的榜样和支持。通过与学员的互动，教师能够更好地了解学员的思维方式和价值取向，针对性地开展道德教育，引导他们在信息应用中树立正确的道德观念和行为准则。

在当前信息化快速发展的背景下，教师的以身作则是最好的教学内容与手段。教师应与时俱进，不断提高自身的职业修养和信息道德层次。教师需要具备坚定的理想信念、渊博的专业知识和扎实的业务能力，同时还要具备仁爱之心，关注学员的发展和福祉。通过自身的示范和实践，教师能够激发学员对信息道德的兴趣和理解。教师可以积极参与相关社会活动，参观农业信息化示范基地，组织学员参与信息伦理和道德问题的讨论，引发学员对信息道德的认识和思考。同时，教师应与新型职业农民进行真诚的对话和交流，了解他们在信息应用中遇到的道德困境和挑战，为他们提供有针对性的建议和指导。

此外，教师还应引导学员积极参与社会实践和志愿服务活动，通过参与公益活动等方式培养学员的社会责任感和公民意识。在这些实践活动中，教师可以组织学员进行团队合作，共同面对道德抉择和挑战，培养学员的合作精神、团队意识和解决问题的能力。

教师的言传身教对于新型职业农民信息道德层次的提升至关重要。教师应以身作则，做到言行一致，注重自身的道德修养和职业操守，成为学员的榜样和引领者。同时，教师还应积极引导学员参与信息道德评估和监督工作，促使学员在信息应用中自觉遵守道德规范，维护信息安全和隐私权。

提升新型职业农民的信息道德层次需要教师的积极引导和参与。教师应通过课堂教学、互动交流、社会实践等多种方式，培养学员的道德判断力、责任感和社会意识，

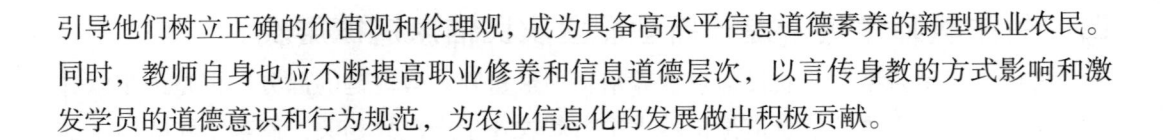

引导他们树立正确的价值观和伦理观，成为具备高水平信息道德素养的新型职业农民。同时，教师自身也应不断提高职业修养和信息道德层次，以言传身教的方式影响和激发学员的道德意识和行为规范，为农业信息化的发展做出积极贡献。

第四节　增强新型职业农民管理规范性

完善新型职业农民培育，提升新型职业农民准入机制，优化培育内容，追踪新型职业农民后续发展，从根本上提升新型职业农民综合素质。

一、细化认定标准，提升准入门槛

完善新型职业农民的培育，提升新型职业农民的信息素养水平，应首先对现有的新型职业农民认定标准进行细化，从硬性指标的角度，优化新型职业农民年龄结构，提升受教育程度，当然，对于不符合硬性标准但有志于从事农业产业的优秀的农民，应具体情况具体对待。

（一）调查结果分析：年龄和学历对信息素养的影响

通过对新型职业农民信息素养调查问卷的分析，发现新型职业农民的信息素养水平受到年龄和教育水平的影响。当前，我国大多数省市对新型职业农民的认定标准都包含了对年龄和学历的规定。通常情况下，新型职业农民的年龄范围为18～55岁，并要求具备初中以上的文化学历。然而，由于各省市的认定标准存在差异，调查结果显示，仍有一定比例的新型职业农民年龄超过55岁或学历仅为初中及以下，而且相对来说，这部分农民的信息素养水平普遍较低。

（二）优化认定标准：细化硬性指标，提升准入门槛

为了完善新型职业农民的培育工作，提升其信息素养水平，应当首先对现有的新型职业农民认定标准进行细化。从硬性指标的角度出发，可以优化新型职业农民的年龄结构和教育要求，以提高其信息素养水平。具体而言：

细化年龄要求。根据农业产业发展需求和信息化程度，可以进一步细化新型职业农民的年龄范围。对于农业信息化程度较高的地区，适当降低年龄上限，以吸纳更多年轻有为的农民加入新型职业农民队伍，利用他们的信息化意识和技能为农业发展注入活力。

提升学历要求。针对现有的初中以上学历要求，可以进一步提高学历门槛，如要求新型职业农民具备高中及以上学历。通过提升学历要求，可以促使新型职业农民接受更高水平的教育培训，增强他们的信息素养和综合能力。

弹性对待优秀农民。对于不符合硬性标准但有志于从事农业产业的优秀农民，应具体情况具体对待。在认定标准中设立一定的灵活性和借鉴性，对于那些具备丰富的

实践经验、农业技术能力和良好职业素养的农民，可以进行个别评估和特殊认定，使其有机会成为新型职业农民，进一步提升农业信息化水平。

（三）提升准入门槛：加强教育培训和评估机制

除了细化认定标准，还需要加强对新型职业农民的教育培训和评估机制，以提高他们的信息素养水平和管理规范性。具体措施包括：

加强信息素养培训。通过开展信息技术培训课程，提供农业信息化知识和技能的培训，帮助新型职业农民掌握农业信息化的基本概念、技术和应用，提升他们的信息素养和技能水平。

建立评估机制。建立健全的评估机制，对新型职业农民的信息素养进行定期评估和监测。通过考核评估，可以及时发现新型职业农民在信息素养方面的不足之处，并针对性地提供进一步的培训和指导，促使其不断提升信息素养水平。

加强行业组织和社会支持。加强行业组织和社会力量的支持，提供专业指导、信息交流和资源共享的平台，为新型职业农民提供更多学习和发展的机会。同时，建立农业信息化发展的示范基地和优秀案例，通过榜样效应推动新型职业农民的信息素养提升。

（四）培养农民信息化意识：加强宣传和教育

除了提升准入门槛，还应加强对农民的信息化意识培养。通过开展宣传活动、举办培训讲座和提供信息化案例，向广大农民普及农业信息化的重要性和优势，激发他们的兴趣和参与度。同时，加强与农民的沟通和互动，了解他们的需求和困惑，为他们提供针对性的信息化支持和服务，使农民逐步形成信息化思维和行动习惯。

通过细化认定标准、提升准入门槛，并加强教育培训和评估机制，以及加强宣传和教育的手段，可以增强新型职业农民的管理规范性，提升其信息素养水平。这将有助于推动我国农业信息化的发展，实现农业现代化的转型升级。同时，这也需要各级政府、农业部门、农业培训机构和社会组织共同努力，形成合力，为新型职业农民提供全方位的支持和指导，打造一支高素质、高效能的农业信息化人才队伍，为我国农业的可持续发展贡献力量。

二、优化培育内容，完善考核制度

为了提高新型职业农民的培育质量和效果，需要优化培育内容，并完善考核制度。具体措施包括以下内容。

（一）制订培育方案

制定具体的培育方案，明确培养目标、培训内容和培训方式。培育方案应根据不同培育对象的特点和需求，提供有针对性的培训和指导。例如，对于农业专业大学生，可以加强实践培训和促进技能提升；对于农村青年创业者，可以加强创业管理和市场营销等方面的培训。

1. 了解农业现状和市场需求

在进行需求调研时，可以从以下几个方面进行详细分析：

（1）农业现状分析

了解当地农业产业结构、农业生产方式、农产品市场供求情况、农业科技应用水平等。通过收集农业统计数据、相关研究报告以及与农业相关的政策法规，对农业现状进行全面评估。

（2）市场需求调研

深入了解市场对农产品的需求情况，包括产品种类、品质要求、销售渠道、市场价格等方面的信息。通过与农产品加工企业、农贸市场、超市等相关机构和买家的沟通，获取市场需求的实际情况。

（3）农民培训需求调查

通过问卷调查、访谈等方式，了解农民对培训的需求和期望。包括农民对技术培训、经营管理培训、市场营销培训等方面的需求。同时，也要了解农民的培训意愿、时间安排、培训费用等。

2. 分析培育对象的特点和需求

在对培育对象的特点和需求进行分析时，应综合考虑以下几个方面：

（1）教育背景和技能水平

分析培育对象的教育背景，了解其学历、专业领域等方面的情况。同时，也要评估其农业技能水平，包括基本农业生产技能、现代农业技术应用水平等。

（2）创业意愿和能力

了解培育对象对创业的意愿和能力。分析其创业的背景、经验、创业能力以及创新创业的意愿和潜力。

（3）就业需求和职业发展意愿

了解培育对象对就业的需求和职业发展的意愿。分析其对就业岗位的期望、发展方向以及对职业技能提升的需求。

3. 明确培养目标和方向

基于对农业现状、市场需求和培育对象的深入了解和分析，可以明确制定新型职业农民培育方案的目标和方向。这些目标和方向应与当前农业发展和乡村振兴的战略目标相一致，具体内容包括但不限于：

（1）提升农民的农业技术水平

通过培训和指导，帮助农民掌握先进的农业技术和科学的农业生产方法，提高农业生产效益和质量。包括种植技术、养殖技术、病虫害防治技术、农产品质量控制等方面的培训。

（2）推动农业产业结构调整

根据市场需求和资源禀赋，引导农民有选择地调整农产品种植结构和养殖品种，推动农业产业的优化和升级。通过培训和指导，引导农民发展高效特色农业、休闲农业、有机农业等新兴农业产业。

（3）促进农业可持续发展

注重培养农民的环境保护意识和可持续发展观念，推广节水灌溉、有机农业、农田综合治理等可持续农业生产方式。培训农民合理利用农业资源，提高农业生产的生态效益和社会效益。

（4）培养创新创业能力

通过对创新创业的培训和指导，提升农民的创新能力和创业能力，鼓励他们积极创新农业生产方式、农产品加工工艺和营销模式，促进农民就业创业，推动农村经济的多元发展。

（5）强化农民的职业素养和综合能力

除了农业技术培训，还要注重提高农民的职业素养和综合能力，包括农业经营管理、财务管理、市场营销、农村合作组织建设等方面的培训。这有助于农民更好地适应现代农业的管理需求和市场竞争。

通过深入的需求调研和分析，制定出明确的培育目标和方向，才能确保新型职业农民的培养方案能够切实满足农业现代化和乡村振兴的需要。

4. 制定培育内容和课程设置

根据培育目标和方向，制定具体的培育内容和课程设置。这些内容和课程应充分考虑培养对象的特点和需求，以提高其职业技能和综合素质。具体的培育内容和课程包括：

农业技术培训。包括种植技术、养殖技术、农产品加工技术等方面的培训，能够提升农民在农业生产和加工领域的专业能力。

农业经营管理培训。培养农民的经营管理意识和技能，包括市场营销、财务管理、农业投资与融资等方面的培训。

创新创业培训。提供创新创业知识和技能的培训，帮助农民发现创新创业机会，掌握创业管理技巧，实现自主创业。

可持续农业培训。培养农民的环保意识和可持续发展观念，提供生态农业、有机农业、农田水利工程建设等方面的培训。

职业素养和综合能力培训。培养农民的职业道德、沟通能力、团队合作能力等综合素质，提高其在农业领域的综合竞争力。

（二）开展实践活动

开展实践活动是新型职业农民培育方案中的重要环节，它为学员提供了与实际农

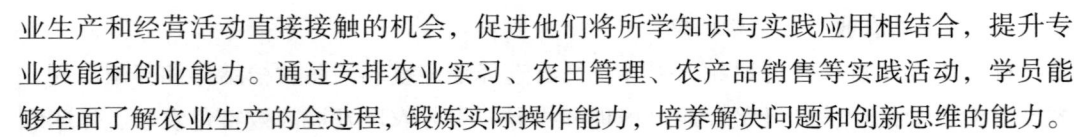

业生产和经营活动直接接触的机会，促进他们将所学知识与实践应用相结合，提升专业技能和创业能力。通过安排农业实习、农田管理、农产品销售等实践活动，学员能够全面了解农业生产的全过程，锻炼实际操作能力，培养解决问题和创新思维的能力。

1. 农业实习

选择实习农场或农业企业。与当地的农场或农业企业合作，为学员安排实习机会。根据学员的兴趣和专业背景，选择与其培养目标和领域相关的实习岗位。

实践农业生产技术。学员可以参与农田作业、种植管理、养殖操作等实际农业生产活动，学习并实践先进的农业生产技术。例如，学习合理施肥、病虫害防治、灌溉技术等农田管理技术，或者学习养殖技术、动物健康管理等养殖领域的实际操作技能。

学习农产品加工和质量控制。学员可以参与农产品加工环节，了解农产品的加工流程、质量控制要求等。例如，学习果蔬加工、畜产品加工等方面的实际操作技术，学习食品安全管理、质量检测等方面的知识。

实地考察和调研。组织学员进行农业生产实地考察和市场调研，了解不同农产品的生产现状、市场需求和竞争情况。通过与当地农民、农业专家、农产品加工企业等的交流，拓宽视野，了解实际问题和需求。

2. 农田管理

农田规划和设计。学员参与农田规划和设计工作，了解农田的布局、土地利用方式、排灌设计等方面的知识。学习如何合理规划农田，提高土地利用效率和生产效益。

农田耕作管理。学员参与农田的耕作管理，包括耕种、灌溉、施肥、病虫害防治等工作。学员将学习和实践农田管理的基本技能和技巧，了解不同农作物的生长需求，掌握科学的耕作方法，提高农田的产量和质量。

土壤检测与改良。学员学习土壤检测技术，了解土壤的性质和肥力状况，掌握土壤改良的方法和技术。通过实践活动，学员可以参与土壤采样和化验，分析土壤养分含量和pH值等指标，制订适合的土壤改良方案，提高土壤质量和农作物的生长条件。

3. 农产品销售

市场营销策略。学员学习市场营销的基本理论和实践技巧，了解市场调研、品牌建设、产品定价、销售渠道选择等方面的知识。通过实践活动，学员可以参与市场调研和分析，了解目标市场的需求和竞争情况，制定适合的营销策略。

农产品包装与标识。学员学习农产品包装和标识的重要性，了解包装材料和技术，学习设计农产品包装和标识的基本原则。通过实践活动，学员可以参与农产品包装设计和制作，提高产品的市场竞争力。

农产品市场销售实践。安排学员参与农产品的销售实践，例如组织农产品展销会、农产品集市等活动，让学员亲身体验销售过程，了解市场反馈和顾客需求。同时，学员还可以学习销售技巧和沟通技巧，提高与顾客的互动和服务能力。

4.创业实践

针对具有创业意愿的学员,可以提供创业实践的机会,例如:

创业计划书编写。指导学员编写创业计划书,包括市场分析、产品定位、财务预测、风险评估等内容。通过实践活动,学员将学习如何制订切实可行的创业计划,为将来的创业做好准备。

创业辅导和指导。组织创业导师或成功创业者与学员进行交流和指导,分享创业经验,解答学员的问题,帮助他们厘清创业思路,了解市场情况和创业过程中可能遇到的挑战,并提供切实可行的建议和指导。

创业实践项目。安排学员参与真实的创业项目,让他们在实践中学习创业技能和经验。可以与当地农业企业或农业合作社合作,让学员参与实际的农产品生产、加工或销售等创业项目,从中获得切身体验和实践机会。

5.行业交流和实践学习

参观学习。安排学员参观优秀的农业企业、示范农场或农产品加工厂,了解先进的农业生产技术和管理模式。学员可以与企业负责人、技术人员进行交流,分享经验和观摩现场操作,从中获得启发和借鉴。

行业培训交流会。组织行业专家和相关机构开展培训交流会,向学员介绍最新的农业科技成果、市场趋势和政策法规。学员可以与专家进行深入交流,了解行业动态,拓宽视野,提升专业知识和能力。

实践项目报告。要求学员在实践活动结束后,撰写实践项目报告,总结实践经验和收获。报告内容应包括实践活动的目的、过程、成果以及对个人发展的影响和启示。通过报告的撰写,学员能够进一步整理思路、提升表达能力,并对实践活动进行深入的反思和总结。

通过以上的实践活动,学员将能够全面了解农业生产和经营的实际操作,锻炼实际操作能力和问题解决能力,增强创新创业意识和能力。同时,实践活动也促进了学员与实际工作环境的接触和融合,为他们将所学知识应用于实际农业生产和经营中提供了有力支持。

(三)完善考核制度

建立完善的考核制度,对培育对象的学习成果和能力进行评估。考核制度包括笔面考试、实际操作考核、项目报告等多种形式。通过综合评估,全面了解学员的学习成果和能力水平,以确保培育的实效性和可持续性。

1.笔面考试

理论知识考试。开展针对培育内容的理论知识考试,测试学员对相关学科知识的掌握程度。考试可以包括选择题、填空题、简答题等形式,覆盖培育目标涉及的知识点。

案例分析与解答。组织学员进行案例分析与解答,考察学员的问题分析能力、解决思路和决策能力。通过给定的农业案例，学员需要分析问题、提出解决方案，并给出合理的解释和推理过程。

口头答辩。安排学员进行口头答辩，向考官介绍自己的学习成果和实践经验。学员需要清晰、准确地表达自己的观点，回答考官提出的问题，并展示自己的专业素养和逻辑思维能力。

2. 实际操作考核

农田管理操作考核。组织学员进行农田管理操作考核，考察其在耕作、种植管理、病虫害防治、施肥等方面的实际操作能力。通过观察和评估学员的实际操作过程和结果，判断其是否掌握了正确的操作方法和技能。

农产品加工操作考核。安排学员进行农产品加工操作考核，考察其在食品加工、农产品质量控制、包装等方面的实际操作能力，评估学员的加工技术水平、卫生安全意识和产品质量把控能力。

创业项目考核。对有创业意愿的学员，可以安排创业项目考核。学员需要展示自己的创业项目计划、市场调研报告、财务预测等相关材料，并进行口头答辩，解释和展示自己的创业思路和可行性。

3. 项目报告和评估

实践项目报告。要求学员在实践活动结束后，撰写实践项目报告。报告内容应包括实践活动的目的、过程、所学到的知识和经验，以及对农业生产和经营的理解和思考。报告的撰写可以促使学员对实践活动进行系统总结，提高他们的自我反思和表达能力。

实践成果展示。组织学员进行实践成果展示，让他们以展板、海报、PPT等形式展示实践活动的成果和收获。学员可以通过图文并茂的方式展示自己参与的农田管理、农产品加工、市场销售等实践项目的结果和影响，同时分享自己的体会和感悟。

实践经验分享。鼓励学员在培育方案结束后，进行实践经验的分享和交流。可以组织学员进行座谈会、研讨会或展示活动，让他们分享自己在实践过程中的收获、困难和成功经验，互相学习和借鉴，为其他学员提供参考和启发。

导师评估和指导。专业导师对学员的实践活动进行评估，并提供指导和建议。导师可以根据学员在实践中的表现、成果和成长情况，进行综合评价，包括对学员技能水平、专业素养、创新能力和团队合作能力等方面的评估。导师的指导和反馈对学员的进一步成长和发展至关重要。

学员自我评估和反思。鼓励学员进行自我评估和反思，让他们对自己在培育过程中的学习成果和能力水平进行评价。学员可以撰写自我评估报告，回顾自己的学习历程、成果和不足之处，并提出自我改进的方案和目标。这有助于学员更好地认识自己，发现自身存在的问题，并制订提升计划。

通过以上多种形式和方法的评估,可以全面了解学员在新型职业农民培育过程中的学习成果和能力水平,为制订个性化的学习和发展计划提供参考。同时,评估结果也可用于培育方案的优化和改进,确保培育工作的实效性和可持续性。

三、追踪后续发展,提供持续服务

追踪后续发展,提供持续服务是新型职业农民培育方案的重要环节,它有助于帮助新型职业农民克服发展中的困境,提高其经营能力和可持续发展。

(一)定期追踪和调查

定期追踪和调查是新型职业农民培育方案中的关键环节,它能够帮助我们了解新型职业农民的发展状况,并及时发现问题和需求,为其提供持续的服务和支持。

1. 建立信息档案

基本信息记录。对每位新型职业农民建立个人信息档案,包括姓名、性别、年龄、教育背景、家庭情况等基本信息。这些信息可以帮助我们更好地了解他们的背景和特点,为后续的服务提供参考依据。

培育过程记录。记录每位新型职业农民的培育过程,包括培训课程、实践活动、学习成果等。详细记录他们参与的培训项目、实习经历、考核成绩等,以及在培育过程中展现的优势和问题。

学习成果和发展目标。记录每位新型职业农民的学习成果和发展目标。包括他们在理论知识、实际操作、创业计划等方面的表现和成果,以及他们未来的发展目标和计划。

2. 定期调查和评估

问卷调查。定期向新型职业农民发放问卷,了解他们的经营状况、市场竞争、创业困难、发展需求等。问卷应涵盖各个方面的问题,包括农业生产、市场营销、资源需求、政策支持等,以全面了解他们的实际情况和需求。

访谈和深入交流。除了问卷调查,还可以通过访谈和深入交流的方式,与新型职业农民进行面对面的沟通。访谈可以针对个别农民或小组进行,通过开放性的问题引导他们表达自己的想法、困扰和需求,深入了解他们的具体情况。

经营数据分析。通过分析新型职业农民的经营数据,包括产量、销售额、利润等方面,评估他们的经营状况和经济效益。可以比较不同农民之间的差异,找出成功经验和发展潜力,为后续的服务和支持提供参考。

3. 跟踪发展进程

跟踪发展进程。与新型职业农民保持良好的联系,并跟踪他们的发展进程。可以通过以下方式实现:

定期电话或面对面交流。定期与新型职业农民进行电话或面对面的交流,了解他们经营项目的实际情况、产销情况、经济效益等。通过与他们的交流，了解他们面临的挑战、困境和需求，及时发现问题并提供帮助和支持。

农田考察和实地访问。定期进行农田考察和实地访问，观察和评估新型职业农民的农田管理情况、作物生长情况等。这样可以直观地了解他们的实际操作情况，发现问题并给予指导和建议。

经验分享会和交流活动。定期组织经验分享会和交流活动，邀请成功的新型职业农民、农业专家或相关行业的专业人士分享经验和知识。这样可以促进新型职业农民之间的互动与合作，让他们相互学习、交流经验，并得到更多的支持和启发。

利用信息化技术进行跟踪。利用信息化技术，如手机短信、社交媒体等渠道，保持与新型职业农民的及时联系。通过定期发送农业技术、市场信息、政策解读等相关内容，为他们提供及时的支持和帮助。

综合评估和反馈。根据调查、评估和跟踪的结果，对新型职业农民的发展状况进行综合评估，并及时向他们反馈评估结果。这样可以帮助他们了解自己的优势和改进的空间，为他们制定更具针对性的发展计划和培训方案。

通过以上的定期追踪和调查，可以全面了解新型职业农民的发展情况，发现问题和需求，并提供持续的服务和支持。同时，及时反馈评估结果，帮助他们不断改进和提升，实现可持续的发展。

（二）持续服务和支持

持续服务和支持是新型职业农民培育方案中的关键环节，通过提供多样化的服务和支持措施，帮助新型职业农民克服困难，提升经营能力并保证可持续发展。

1. 创业指导和咨询

创业计划指导。针对有创业意愿的新型职业农民，提供创业计划的指导和咨询服务。专业人士可以帮助他们制定切实可行的创业计划，包括市场调研、竞争分析、产品定位、营销策略等方面的内容，为他们的创业之路提供指导。

市场推广支持。帮助新型职业农民进行市场推广，包括品牌建设、产品包装设计、销售渠道选择等方面的支持。通过提供专业的市场营销知识和实践经验，帮助他们提高产品的市场竞争力，拓展销售渠道，实现良好的销售业绩。

融资渠道对接。协助新型职业农民寻找融资渠道，包括银行贷款、创业基金、农业扶持资金等。提供相关的融资申请指导，帮助他们准备融资材料，提高融资成功的机会，支持他们的创业和发展计划。

2. 技术培训和更新

定期技术培训。满足新型职业农民的发展需求，定期组织专业的技术培训课程。培训内容涵盖农业生产技术、农产品加工技术、病虫害防治技术等方面，帮助他们了解最新的农业技术和管理方法，提高农业生产效率和产品质量。

实践交流活动。组织实践交流活动，让新型职业农民互相学习和分享经验。可以组织现场观摩、农田考察、农业科技展示等活动，让他们了解先进的农业生产技术和管理经验，激发他们的创新意识和实践能力。

信息更新与推广。及时向新型职业农民推广最新的农业科技成果和管理方法。通过定期发布农业科技资讯、技术指导书籍、技术培训资料等，帮助新型职业农民了解和应用最新的农业技术，提高农产品的品质和产量。

3. 信息分享和交流平台

建立信息分享和交流平台，为新型职业农民提供及时的农业信息和市场动态。通过建立在线平台、社交媒体群组、农业经验交流会等形式，促进新型职业农民之间的交流与合作。可以发布行业资讯、成功案例、市场需求等信息，帮助他们了解市场趋势和机会，激发他们的创新思维和合作意识。

4. 资源对接与合作

与农业科研机构、农业企业、农产品加工企业等建立合作关系，为新型职业农民提供资源对接服务。通过建立合作项目、技术转移、资源共享等形式，帮助新型职业农民获取农业科研成果、先进农业技术、农产品销售渠道等资源。同时，可以提供市场信息和商业机会，促进新型职业农民与市场主体之间的合作与共赢。

5. 政策支持和项目申报

为新型职业农民提供政策支持和项目申报指导。及时向他们传达相关的农业政策和扶持政策，帮助他们了解和申报相关的农业补贴、农业科技项目、农产品质量认证等。提供政策咨询和解读服务，帮助他们充分利用政策红利，推动农业产业的发展。

持续服务和支持是确保新型职业农民培育方案取得成效的关键环节。通过创业指导和咨询、技术培训和更新、信息分享和交流平台、资源对接与合作以及政策支持和项目申报等措施，我们可以帮助新型职业农民克服困难，提升经营能力，实现可持续发展。

（三）信息素养提升

信息培训和教育。针对新型职业农民的信息素养提升需求，开展信息技术培训和教育活动。包括农业信息化技术的应用培训、农业大数据的分析与利用、互联网营销技巧等方面的培训，提升新型职业农民在信息化时代的应用能力。

信息资源共享。建立农业信息资源共享平台，为新型职业农民提供农业科技文献、市场信息、政策解读等的在线服务。通过定期发布行业动态、技术指南、经验分享等，满足新型职业农民获取信息的需求。

信息咨询和指导。为新型职业农民提供个性化的信息咨询和指导服务。设立专门的信息咨询热线或在线咨询平台，解答新型职业农民的疑问和困惑，提供相关农业信息的查询和解答服务。

（四）应对关键要素

天气信息服务。建立天气信息服务系统，为新型职业农民提供及时的天气预报和气象信息。通过短信、App等方式将天气信息传达给新型职业农民，帮助他们合理安排农业生产活动，减少灾害风险。

供求信息服务。建立农产品供求信息发布平台，及时向新型职业农民提供市场需求、价格行情、供应链信息等。帮助他们了解市场变化，调整生产结构和经营策略，提高农产品的市场竞争力。

价格信息服务。建立农产品价格信息收集和发布系统，为新型职业农民提供农产品价格信息的收集和发布。通过收集各地农产品的价格信息，并通过在线平台或短信方式将其传达给新型职业农民，帮助他们了解市场行情和价格趋势，做出合理的农产品定价和销售决策。

（五）创业孵化与帮扶

创业孵化基地。建立创业孵化基地，为有创业意愿的新型职业农民提供创业场所、设备和基础服务。提供办公场地、技术支持、市场推广等支持，帮助他们实现创业梦想，推动农业产业的创新和发展。

创业导师和咨询。指派创业导师或专业顾问，为新型职业农民提供创业指导和咨询服务。导师可以是成功农业企业家、行业专家或相关领域的资深人士，通过与他们的交流与指导，帮助新型职业农民解决创业过程中遇到的问题和困难。

创业资金支持。协助新型职业农民寻找创业资金来源，如银行贷款、创业基金、农业扶持资金等。提供相关的资金申请指导，帮助新型职业农民制定切实可行的资金产品价格信息的收集和发布。通过收集各地农产品的价格信息，并通过在线平台或短信方式将其传达给新型职业农民，帮助他们了解市场行情和价格趋势，做出合理的农产品定价和销售决策。

四、保障制度建设，确保培育工作落实

为了确保新型职业农民的精准培育工作能够有效落实，保障制度建设是至关重要的。具体措施包括以下内容。

（一）强化领导协调

各级党政领导干部在推动新型职业农民培育过程中，应统一思想、提高认识，将其视为转变农业粗放发展方式、推动乡村振兴和实现"六大发展"的重要途径。他们需要不断探索新型职业农民精准培育的新模式、新方法，提升培育工作的精准性和实效性。

首先，领导干部应加强对新型职业农民培育工作的认识和理解。他们要深入研究国家政策文件和相关指导意见，了解新型职业农民的培育目标和要求。通过学习和研

究，能够更好地指导和推动培育工作，确保各级政府和相关部门的行动一致。

其次，领导干部要积极引导和组织相关部门的合作。新型职业农民的培育涉及多个部门和领域，如农业、教育、科技、就业等。领导干部应加强组织协调，促进各部门之间的合作与沟通。他们可以召开联席会议或工作研讨会，就新型职业农民培育的政策、措施和工作进展进行协商和交流。通过多部门的协同合作，能够更好地整合资源、优化政策，提高培育工作的效果和成效。

最后，领导干部还应发挥基层组织和相关部门的作用。基层党组织和乡村组织是新型职业农民培育工作的重要力量，他们了解当地的实际情况，能够提供必要的支持和帮助。领导干部应加强与基层组织的联系，了解他们在培育工作中的需求和困难，积极解决问题，为他们提供必要的政策支持和资源保障。同时，相关部门如农业、教育、科技等部门也应积极参与培育工作，提供专业支持和技术指导。领导干部可以组织相关部门开展培训和技术指导活动，提升新型职业农民的能力和竞争力。

（二）落实工作责任

在当前大力开展"两学一做"学习教育的背景下，各县（区）应将精准培育新型职业农民作为其中一项具体内容。这需要各级党政领导干部深刻认识到新型职业农民培育的重要性和紧迫性，立即行动、真抓实干，保证工作落实。为了确保责任明确、工作有序进行，制度建设和落实工作责任是至关重要的。

1. 明确工作责任分工

各县（区）应明确新型职业农民培育工作的责任人、责任单位和时间进展要求。党委和政府要加强对新型职业农民培育工作的领导，明确责任部门和牵头责任人，确保责任的明确性和工作的连续性。同时，相关部门要切实履行职责，加强协调配合，形成工作合力。

2. 建立数据库和信息采集机制

建立新型职业农民数据库，对农民从事的职业、技能特长、培训情况、需求等信息进行收集和整理。通过定期开展调研和信息采集工作，了解农民的实际需求和培训情况，为精准培育提供基础数据和信息支持。

3. 制定精准培育方案

根据农民的实际需求和市场需求，制定精准培育方案。方案要具体明确培育目标、培养内容和培训方式，并考虑到不同地区和不同农民的差异性。同时，要注重提供农业技术、创业指导、市场信息等方面的培训和支持，以提高农民的综合能力和竞争力。

4. 督查培育工作和重点环节

建立健全督查机制，定期对新型职业农民培育工作进行督查。督查要有具体的目标和指标，对培育工作的进展、成效和存在的问题进行全面排查和评估。重点关注培育工作的重点环节，如培训质量、帮扶措施、政策落实等方面，及时发现问题并采取措施加以解决。

5. 提供帮扶和建议

在培育工作中遇到困难的农民应得到帮扶。相关部门要加强帮扶措施，为农民提供有效的支持和帮助。可以通过开展技术培训、创业指导、就业推荐等方式，提升农民的技能水平和就业创业能力。同时，要建立健全农民培训和就业服务体系，提供一站式的服务，帮助农民解决实际问题和困难。

6. 加强宣传和引导

领导干部要加强对新型职业农民培育工作的宣传和引导，形成全社会的共识和支持。可以通过开展宣传活动、发表文章、举办展览等方式，宣传新型职业农民的重要性和价值，鼓励更多的农民参与其中。同时，要加强对农民的引导和教育，让他们了解培育的机会和益处，积极参与培育活动。

7. 加强评估和总结

领导干部要定期对新型职业农民培育工作进行评估和总结，及时发现问题并采取措施加以解决。可以开展评估调研、召开座谈会等方式，了解培育工作的实际效果和存在的问题，总结成功经验和不足之处，为下一阶段的工作提供参考和借鉴。

通过以上的制度建设和落实工作责任，可以确保新型职业农民精准培育工作顺利进行。各级党政领导干部要以高度的责任感和使命感，推动新型职业农民培育工作向纵深发展，为实现美丽乡村建设和乡村振兴做出积极的贡献。

（三）实施检查督导

为了确保新型职业农民的精准培育工作能够有效落实，市县两级政府应该建立健全的制度和机制，实施检查督导，对各项工作进行监督和评估。以下是一些详细的措施和步骤。

1. 制订检查计划

市县两级政府应制定年度检查计划，明确检查的内容、时间和责任部门。检查计划应充分考虑实际情况和工作重点，确保检查的全面性和针对性。计划包括定期检查、专项抽查和督导检查等方式，以确保各项工作的有效实施。

2. 制订考核方案

市县两级政府应制订精准培育工作的考核方案，明确考核指标、权重和评分标准。考核指标包括新型职业农民的培育数量、质量、培训覆盖率、就业创业率等方面的指标。通过量化考核，可以客观评估各项工作的完成情况和成效，并为政府部门和相关责任单位提供考核依据。

3. 实施检查和抽查

市县两级政府应按照检查计划，对各项工作进行实地检查和抽查。检查包括走访调研、查阅文件资料、组织座谈会等方式。通过实施检查，可以了解各地工作的具体情况，发现问题和困难，并及时提出整改和改进意见。

4.督导工作进展

市县两级政府应设立专门的督导组或督导机构，负责对精准培育工作的进展进行督导。督导组可以由相关部门的专业人员和专家组成，定期对试点工作进行检查和评估。督导组可以与各县区政府和相关责任单位进行沟通，了解工作中的问题和需求，提供技术支持和指导。

5.总结经验教训

各县区应密切关注试点工作的开展情况，及时总结宣传经验教训、实际成效和意见建议，并及时报送相关信息。市县两级政府可以组织交流会议或座谈会，让各县区分享工作经验和成功案例，促进经验的复制和推广。同时，要重视意见和建议的收集和分析，及时进行改进和调整，提高精准培育工作的针对性和有效性。

6.建立监督和评估机制

市县两级政府应建立精准培育工作的监督和评估机制。监督机制包括定期报告、专项检查和监测评估等方式。通过监督和评估，可以对各县区的工作进行全面了解，及时发现问题并加以解决。同时，要加强对工作人员的培训和指导，提高其工作水平和能力。

7.加强宣传和推广

市县两级政府要加强对精准培育工作的宣传和推广，提高公众对新型职业农民培育工作的认知和支持度。通过新闻媒体、网络平台、宣传册等方式，向社会广泛传播培育工作的成果和经验，鼓励更多的农民积极参与到新型职业农民的培育中。

8.建立奖惩机制

市县两级政府可以根据精准培育工作的成效，建立奖惩机制，激励和推动各县区在培育工作中取得突出成绩。对于工作成绩突出的县区，可以给予表彰和奖励；对于工作不力、问题突出的县区，要及时进行整改和约谈，并采取相应的纠正措施。

市县两级政府要高度重视新型职业农民的精准培育工作，建立健全的制度和机制，实施检查督导，对各项工作进行监督和评估。只有通过科学有效的监督和评估，才能不断完善工作，确保精准培育工作的顺利推进，为乡村振兴和农业现代化提供坚实的人才支撑。

新型职业农民精准培育工作与农村和农业的发展水平息息相关，要加快农村基础设施建设，提高农村宜居系数，缩小城乡差距，提高农村人才吸引力。鼓励大学生到农村就业，建立并完善相关制度和政策。中国将来潜在的新型职业农民精英的主要来源便是大学毕业生，他们的农业理论基础比较扎实，对于新技术的接受能力强，也有一些农业经营管理理念和经验，对于新市场的分析能力强。因此，接受过系统的职业农民培训的大学毕业生如果能够到农村就业或创业，将极大带动和引导中国现代农业的发展。同时，做好农业院校职普沟通、新型职业农民学历与非学历教育衔接工作，提高涉农专业的吸引力，解决涉农专业生源匮乏问题。

参考文献

[1] 张瑞静. 媒介环境变迁与身份认同建构 [M]. 北京：中国时代经济出版社，2018.

[2] 张世海. 中国农村的媒介使用与社会变迁 [M]. 北京：社会科学文献出版社，2016.

[3] 张彤璞. 中国现代农民生成机制研究 [M]. 北京：中国经济出版社有限公司，2020.

[4] 郑欣. 进城传播学视野下的新生代农民工 [M]. 北京：社会科学文献出版社，2018：281.

[5] 赵建芳，张守臣，杜雨来，等. 大学生感觉寻求领悟社会支持与手机成瘾的关系 [J]. 中国学校卫生，2017，38（6）：876-878.

[6] 赵一楠，冷敏敏，李慧，等. 互联网技术在老年性痴呆患者的家庭照护者心理支持中的应用进展 [J]. 解放军护理杂志，2020，37（4）：66-68.

[7] 周孟杰，吴玮，徐生权. 重拾、共构与嵌合：乡村青年的抗疫媒介实践——以新冠肺炎疫情中的武汉市黄陂区 A 村为例 [J]. 新闻界，2020（2）：18-28.

[8] 朱启臻. 新型职业农民与家庭农场 [J]. 中国农业大学学报（社会科学版），2013，30（2）：157-159.

[9] 朱秋博，白军飞，彭超，等. 信息化提升了农业生产率吗？[J]. 中国农村经济，2019（4）：22-40.

[10] 朱瑞娟. 80 后城市女性产后抑郁、社会支持与互联网使用的质化研究 [J]. 中国健康教育，2016，32（4）：355-358.

[11] 庄曦，王旭，刘百玉. 滴滴司机移动社区中的关系结构及支持研究 [J]. 新闻与传播研究，2019，26（6）：36-58，127.

[12] 张承蒙，周林刚，牛原. 内涵式增权与外生性赋能：社会资本视角下的残疾人社会支持网络构建 [J]. 残疾人研究，2020（1）：72-80.

[13] 张党省，刘义成，张可跃. 乡村振兴背景下适应乡村农业产业发展的农村人才队伍建设路径研究 [J]. 襄阳职业技术学院学报，2022，21（1）：39-42.

[14] 张召兴，闫丽丽，崔海明，等. 乡村振兴战略下农业职业教育改革助推承德产业融合发展研究 [J]. 当代农机，2022（5）：63-65.

[15] 黄建平. 高职院校涉农专业群的改革与建设：以广西职业技术学院为例 [M].

北京：北京师范大学出版社，2012.

[16] 孙波，吴勇，黄燕，等.农牧专业群"六业融合"协同育人培养模式的探索与实践[J].农业灾害研究，2020，10（4）：169-172.

[17] 翠凤.乡村振兴战略背景下中职涉农专业群"三园一平台"育训结合模式研究：以横州市职业技术学校为例[J].广西教育，2022（5）：7-11.

[18] 朱巽，单武雄.基于"四合作"的农职院校专业群建设研究[J].安徽农学通报，2016，22（23）：166-169.

[19] 戴有华.面向农机装备产业链的涉农高职院校现代农业装备专业群建设研究[J].中国教育技术装备，2021（20）：53-57.

[20] 喻彩霞.家庭农场专业群建设下高职农旅复合创新型人才培养对策[J].山西青年，2021（22）：146-147.

[21] 胡焱，王伯达.新型职业农民培育困境及对策研究[J].理论月刊，2017（8）：148-152.

[22] 杨柳，杨帆，蒙生儒.美国新型职业农民培育经验与启示[J].农业经济问题，2019（6）：137-144.

[23] 陈春霞，石伟平.新型职业农民胜任素质形成规律研究[J].现代远程教育研究，2020，32（6）：69-76.

[24] 毛学峰，刘靖.本地非农就业、外出务工与中国农村收入不平等[J].经济理论与经济管理，2016（4）：100-112.

[25] 郑兴明，曾宪禄.农科类大学生能成为新型职业农民的主力军吗？——基于大学生农村基层服务意愿的实证分析[J].华中农业大学学报（社会科学版），2015（5）：97-102.

[26] 高云才，常钦，郁静娴.农业农村现代化迈上新台阶[N].人民日报，2021-01-07（1）.

[27] 李国祥，杨正周.美国培养新型职业农民政策及启示[J].农业经济问题，2013，34（5）：93-97，112.

[28] 农业农村部科技教育司.我国新型职业农民总量突破1500万人[J].农经，2018（12）：12-13.

[29] 杨继瑞，杨博维，马永坤.回归农民职业属性的探析与思考[J].中国农村经济，2013（1）：40-45，66.

[30] 农业农村部新闻办公室，宁夏农业农村厅信息中心.农业农村部印发《全国乡村产业发展规划（2020—2025年）》[J].新农业，2020（16）：9.

[31] 国务院第三次农业普查领导小组办公室，国家统计局.第三次全国农业普查主要数据公报[N].中国信息报，2017-12-18（1）.

[32] 崔红志. 新型职业农民培育的现状与思考[J]. 农村经济，2017（9）：1-7.

[33] 徐辉. 新常态下新型职业农民培育机理：一个理论分析框架[J]. 农业经济问题，2016，37（8）：9-15，110.

[34] 张进财. 地方政府如何参与新型职业农民培育[J]. 人民论坛，2020（11）：62-63.

[35] 崔宁波. 智慧农业赋能乡村振兴的意义、挑战与实现路径[J]. 人民论坛，2022（5）：26-28.

[36] 白描，苑鹏. 现代化进程中我国农民全面发展的制约因素与推进路径[J]. 改革，2021（12）：116-126.

[37] 李新仓，刘新志. 乡村振兴战略视野下新型职业农民培育研究[J]. 农业经济，2021（10）：76-77.

[38] 赵秀玲. 农民现代化与中国乡村治理[J]. 清华大学学报（哲学社会科学版），2021，36（3）：179-191，210.

[39] 王宇雄. 以农民现代化为牵引助推乡村振兴[J]. 山西农业大学学报（社会科学版），2020，19（5）：38-44.

[40] 彭志武. 中国财政支持职业农民培训：为何支持、有何问题、如何支持[J]. 深圳职业技术学院学报，2022，12（6）：3-10.

[41] 赵婉丽，张怡. 乡村振兴战略下数字化新型职业农民培育模式创新研究[J]. 湖北农业科学，2022，61（21）：234-239.

[42] 纪金雄，李晓倩. 乡村振兴视域下女性新型职业农民可持续发展能力研究[J]. 福建农林大学学报（哲学社会科学版），2022，25（6）：30-38.

[43] 郭永艳，张璐，田雁飞，等. 湖南新型职业农民培养对策探究[J]. 广东蚕业，2022（11）：148-150.

[44] 黄义君. 铜仁市职业农民培育模式构建[J]. 河北农业，2022（11）：56-57.

[45] 胡秀明. 试论新型职业农民培训对农村经济发展的促进作用[J]. 农村经济与科技，2022，33（20）：255-257.

[46] 徐春梅，吕莉敏. 新型职业农民培训的价值定位与发展路径[J]. 南通职业大学学报，2022，36（3）：46-50.

[47] 宋丽华，黄薇. 乡村振兴背景下山东省新型职业农民培养存在的问题及对策[J]. 现代化农业，2022（12）：56-58.

[48] 林金华，赵胜东，蔡真珍. 巩固脱贫攻坚—乡村振兴背景下新型渔业职业农民培育模式探索与实践——以厦门海洋职业技术学院为例[J]. 黑龙江水产，2023，42（1）：61-63.

[49] 王玉峰，刘萌. 我国新型职业农民培育的政策目标与实践探索[J]. 长白学刊，

2022（1）：132-141.

[50] 张杰，曹克亮，王新辰.高职院校培育新型职业农民的使命、困境与路径［J］.教育与职业，2021（11）：72-76.

[51] 董彦宗.扩招百万背景下高职教育生态系统的失衡分析与优化策略［J］.教育与职业，2021（10）：53-59.

[52] 李明佳.高职扩招背景下的人才培养探析［J］.教育与职业，2021（2）：41-44.

[53] 徐进，康芳.乡村振兴推进新型职业农民培育的现实挑战与实现路径［J］.教育与职业，2021（1）：83-89.

[54] 赵竹，王忠楠，李云飞.高职扩招百万背景下"1+1+1"人才培养模式探索［J］.教育与职业，2020（24）：56-61.

[55] 杨光龙，黄玉芳.高职扩招背景下高素质农民教育培训现实问题与应对策略［J］.继续教育研究，2020（4）：71-74.

[56] 康红芹，宫政.新型职业农民培育中的累积优势研究［J］.现代远程教育研究，2020，32（5）：60-69.